宁波民营跨国公司竞争力的
影响因素与提升机制研究

刘美玲　著

ZHEJIANG UNIVERSITY PRESS
浙江大学出版社

图书在版编目（CIP）数据

宁波民营跨国公司竞争力的影响因素与提升机制研究 /
刘美玲著. —杭州：浙江大学出版社，2019.6
　　ISBN 978-7-308-18704-6

　　Ⅰ.①宁… Ⅱ.①刘… Ⅲ.①民营企业－跨国公司－
竞争力－研究－宁波 Ⅳ.①F279.245

中国版本图书馆 CIP 数据核字（2018）第 233707 号

宁波民营跨国公司竞争力的影响因素与提升机制研究

刘美玲　著

责任编辑	杜希武	
责任校对	杨利军　张培洁	
封面设计	刘依群	
出版发行	浙江大学出版社	
	（杭州市天目山路 148 号　邮政编码 310007）	
	（网址：http://www.zjupress.com）	
排　　版	杭州好友排版工作室	
印　　刷	浙江省良渚印刷厂	
开　　本	710mm×1000mm　1/16	
印　　张	18.75	
字　　数	336 千	
版 印 次	2019 年 6 月第 1 版　2019 年 6 月第 1 次印刷	
书　　号	ISBN 978-7-308-18704-6	
定　　价	59.00 元	

宁波市人民政府与中国社会科学院合作共建民营经济研究中心课题成果

本课题系宁波市人民政府与中国社会科学院合作共建民营经济研究中心 2016 年度立项课题,并得到中心课题经费资助,课题名称为"基于全球生产网络构建的宁波民营企业竞争优势形成机制研究"(项目编号:NZKT201615)。

前　言

　　长期以来,发达国家跨国公司主导和控制全球生产网络,掌握国际分工最高"话语权"并为发达国家在国际贸易和市场竞争中带来显著竞争优势。苹果、微软等等一批发达国家跨国公司主导全球生产、技术等网络的国际分工,决定了各国贸易收益水平,进而影响国家的国际地位和综合实力。因此,跨国公司竞争力已成为各国国际市场地位和国际贸易实力的重要判别标准。

　　近年来,我国实施"走出去"战略的企业在国际市场上取得大规模扩张,民营跨国公司凭借市场化机制驱动,逐渐成为对外直接投资的新主力。在过去30多年中,宁波的民营企业凭借低廉的要素成本和政策先发优势,通过开展国际贸易和引进外商直接投资等方式嵌入发达国家所主导和控制的国际分工体系中,推动了宁波经济总量快速扩张及综合实力的持续增强。在此过程中,宁波市一批优秀民营企业快速国际化,从吉利集团并购沃尔沃公司、均胜并购德国普瑞到雅戈尔构建海外生产基地,这些民营企业在国际市场的活跃表现备受全球瞩目。截至2017年年底,核准中方投资额39.1亿美元,宁波市境外投资企业和机构超过2400家,约占全省总量的1/3,也是我国境外设立企业和机构最多的城市之一。但其中多为民营跨国公司,普遍存在规模较小,国际化程度低,尚未充分重视全球生产、研发等网络的构建,不能掌握产业链条"话语权"等问题,在国际分工中处于不利地位,国际竞争力增长乏力。综上所述,宁波民营跨国公司竞争力提升已成为推动区域技术进步、品牌培育、市场扩张的重要推手。因此,促进民营跨国公司"功能升级"和"链条升级",培养具有国际水平的跨国公司,已成为宁波"十三五"期间国际化战略中的重要任务和目标。在此目标下,宁波民营跨国公司如何规避"俘获效应",摆脱"低端锁定"发展困境? 作为制度创新和政策引领者的地方政府,又该如何引导民营跨国公司构建全球生产网络,形成跨国公司成长的良性生态系统? 以上问题的解答,对宁波"走出去"战略的实现有着关键性意义。

　　因此,本研究在客观评价宁波民营跨国公司竞争力水平的基础上,进一步提炼民营跨国公司国际竞争力的影响因素,构建基于全球网络的民营跨国公司竞争力提升机制模型。在此基础上,提出民营企业竞争力的提升路径,即通过主动参与全球网络,改变宁波民营跨国公司参与国际分工的方式,充分利用复合竞争战略,培育企业复合竞争力,从而为企业"走出去"战略思路和政府相关政策制定提供新的依据。

作　者

2018 年 9 月 9 日

目 录

第一章

引　言

第一节　民营企业发展现状

作为经济发展的重要推动力量,民营企业已经成为社会各界人士共同关注的对象。在我国经济社会发展和转型过程中,民营企业在吸纳就业、创造新领域、支持产业结构调整等方面发挥着重要作用。这些现象已经成为管理研究的重要议题。在民营企业成长的相关研究领域,民营企业跨国经营活动是一个关键性问题。跨国经营并不是大型企业的专利,民营企业也可以成为跨国经营活动的重要载体。实际上,从我国的产业发展现状来看,在进出口贸易中较为活跃的企业大半属于民营企业。因此,民营企业跨国经营的相关内容理当成为管理研究的主要构成。在探讨民营企业跨国经营活动的基本特征之前,有必要就民营企业进行概念界定,从而在基础层面建立起对于民营企业的直观性认识。

一、民营企业概述

(一)民营企业概念

民营企业简称民企,是指所有的非公有制企业。中华人民共和国法律并没有"民营企业"的概念,"民营企业"是在中国经济体制改革过程中产生的。广义的民营企业是对除国有和国有控股企业以外的多种所有制经济的统称,包括个体工商户、私营企业、集体企业、港澳台投资企业和外商投资企业。狭义的民营企业则不包含港澳台投资企业和外商投资企业。本书的民营企业指狭义的民营企业。现实中大多的民营企业都是中小企业,因此,为探讨民营企业跨国经营活动的规律及特征,本书基于中小企业成长理性分析民营跨国公司成长。

中小企业(small and medium enterprises,SMEs)是从企业规模的角度认识企业。从目前国际上对于中小企业的认识来看,还没有一个统一的规范概念。一般在谈到中小企业的时候,往往指的是资产规模较小、人员配置简单、经营领域较为狭小的企业。这种企业通常在管理上较为独立,企业所有权属于一个或多个个体,企业经营所在地往往较为固定,很少发生重大调整,它们也很少直接与产业内的强大竞争者发生面对面的竞争行为,而更多的是关注那些暂时还不曾为大型企业所占据的细分市场。因此,中小企业在经营行为方面展现出相对独特而稳定的特征。我国关于中小企业的界定主要来自于国家经贸委、国家计委、财政部、国家统计局研究制定的《中小企业标准暂行规定》(国经贸中小企业〔2003〕143 号文件)。文件中对于中小企业的界定标准是以企业职工人数、销售额、资产总额等为指标,同时结合行业特点,适用于各类所有制和各种组织形式的企业,体现了不同所有制企业将享有同等的待遇。

根据《中小企业标准暂行规定》中的相关条例,中小企业标准分为以下几方面。

工业,中小型企业须符合以下条件:职工人数 2000 人以下,或销售额 30000 万元以下,或资产总额为 40000 万元以下。其中,中型企业须同时满足职工人数 300 人及以上,销售额 3000 万元及以上,资产总额 4000 万元及以上;其余为小型企业。

建筑业,中小型企业须符合以下条件:职工人数 3000 人以下,或销售额 30000 万元以下,或资产总额 40000 万元以下。其中,中型企业须同时满足职工人数 600 人及以上,销售额 3000 万元及以上,资产总额 4000 万元及以上;其余为小型企业。

批发和零售业,零售业中小型企业须符合以下条件:职工人数 500 人以下,或销售额 15000 万元以下。其中,中型企业须同时满足职工人数 100 人及以上,销售额 1000 万元及以上;其余为小型企业。批发业中小型企业须符合以下条件:职工人数 200 人以下,或销售额 30000 万元以下。其中,中型企业须同时满足职工人数 100 人及以上,销售额 3000 万元及以上;其余为小型企业。

交通运输和邮政业,交通运输业中小型企业须符合以下条件:职工人数 3000 人以下,或销售额 30000 万元以下。其中,中型企业须同时满足职工人数 500 人及以上,销售额 3000 万元及以上;其余为小型企业。

邮政业中小型企业须符合以下条件:职工人数 1000 人以下,或销售额 30000 万元以下。其中,中型企业须同时满足职工人数 400 人及以上,销售额 3000 万元及以上;其余为小型企业。

住宿和餐饮业,中小型企业须符合以下条件:职工人数 800 人以下,或销售额 15000 万元以下。其中,中型企业须同时满足职工人数 400 人及以上,销售额 3000 万元及以上;其余为小型企业。

值得注意的是,中小企业和新创企业之间存在区别。新创企业是针对企业的成立时间而言的,它泛指那些刚刚成立,还未在市场上成功站稳脚跟的企业。二者在大多数情况下是一致的。刚刚成立的企业一般来说是中小企业。当然,也有很多特例:很多企业已经成立多年,却由于种种原因不愿扩大规模,因此,从企业规模的角度来看,仍属于中小企业;相反,很多依托重要产业背景或母公司成立的企业,在一开始就拥有很强的实力,那么,它们就不属于中小企业。中小企业和新创企业的这一联系也使得它们的研究框架在撤除了一些特例的情况下可以通用。

(二)民营企业的特征

总体来看,民营企业拥有如下几个方面的特征。

1. 民营企业活动与创新密不可分

在市场经济活动日益活跃的今天,民营企业的成功越来越需要依托于创新。创新并不仅仅指技术方面的革新,在生产工艺、商业模式等方面的改进也是一定程度上的创新。民营企业的发展需要以创新为基础。在市场竞争中,民营企业的直接竞争对手是成熟的大企业,其中很多企业同时还是国家重点扶持的国有企业。如果民营企业准备走出国门在海外经营,还将面临国外已经经营多年的同行的倾轧,但无论如何,直接在价格、产品、服务等方面与之展开针锋相对的竞争并不是一个最好的选择。民营企业应当把创新作为竞争的利器。

创新不仅能够积极推进企业的市场开发,从企业内部的生产运作流程来看,创新也与成本密切相关。企业在创新方面投入大量资源,也往往能够有效降低企业的生产成本,提升赢利空间。我国民营企业大多属于劳动密集型企业,在国际性的竞争中,其主要优势在于生产成本方面。而这一优势更多的是依托于人力方面的不断挖掘,而不是通过创新改变流程,提升效率。实际上,这一方式已经在长期的发展中走到了尽头,难以拥有进一步提升的空间。相反,如果能够以创新改进流程,带动成本优势,则能够进一步提升我国民营企业的核心竞争优势。

创新同时也是企业内部资源的重新整合。民营企业本身资源较为匮乏,这是民营企业不同于大型企业的重要特征。在这种不利条件之下,更需要企业能够形成有效的资源整合与资源利用方式,充分发挥资源对于企业成长的促进作用。相对而言,资源充裕的企业没有很强的动力对资源配置方式进行改进。因此,创新作为强有力的资源整合方式,具有独特意义。从国内外民营企业发展的历史中可以看到,创新是在某一区域内民营企业不断涌现、成长、壮大的推动力。可以预期的是,在未来的发展中,民营企业如果要保持当前迅速发展的局面,并且不断引领一次又一次的技术和商业新浪潮,必须要坚持以创新为根本。从这个意义上说,我国民营企业实施跨国经营归根到底要依靠创新。

2. 民营企业的发展具备一定的风险

民营企业的成长风险是多方面的。一方面,我国仍处于社会主义市场经济的完善阶段。很多经营领域还处于国有资本一枝独秀的状况。民营企业进入这些领域将会面临很多障碍,因此,大多数民营企业仍只能在部分不受限制的领域经营,这就加大了竞争的压力。另一方面,从我国当前发展的现实情况来看,对于民营企业的支持条件还并不完善。很多在发达国家已经高度市场化、运行效率较高的制度在我国还没有完全建立起来,因此,中小企业在发展过程中难以从外部获得更多政策、资金、技术、知识等方面的资源,这又进一步制约了中小企业的成长空间。

从民营企业自身的发展情况看,我国民营企业总体上以劳动密集型为主,拥有自主知识产权和创新技术的很少。这就使得民营企业的发展受制于企业的内在条件,难以有更大的空间供其发挥。而且,这种内部不利条件具有很强的路径依赖特征,也就是说,那些已经依靠劳动力密集投入发展起来的企业难以跳出原有的框架,实现成功转型。因此,近年来,尽管我国政府不断呼吁各地区积极促进产业升级,但是现实发展仍有很多不尽如人意的地方。

民营企业的风险性特征要求管理者应当积极正视民营企业的创立和发展,尽可能吸纳更多的外部资源支持企业发展,用科学、规范的战略决策流程代替管理者个人的盲目决策,降低企业失败概率。民营企业的风险性特征对我国政府有关部门也提出了更高要求:应当着眼于更高的发展层面,为民营企业提供更广阔的发展平台,让更大范围内的民营企业都能够享受到有力的政策扶持,从而在宏观层面降低民营企业的死亡率。

3. 民营企业的发展过程体现了价值创造属性

民营企业的价值创造是非常明显的。从国际上的发展经验来看,很多创新型发明并不是由大型企业所开发的,相反,由民营企业所主导的创新活动却产生了大量的创新性成果。以美国硅谷地区的发展史为例,在历次由技术推动的硅谷创业活动浪潮中,涌现了大量的技术创新成果,不论是早期的集成电路和半导体技术,还是近期的互联网技术,都是以民营企业为主体开发的。从国内的高新技术创业活动的发展进程中也可以清晰地看到这一点。

当然,民营企业的价值创造功能不仅仅体现在技术领域,在创造就业、创造财富等方面,民营企业也是社会经济活动的主体。因此,民营企业的发展具有很强的外部效应,其价值具备很强的外溢性。民营企业的价值创造过程需要依托于一系列的管理过程。除了管理者本人要具备一定的管理素养以外,更需要企业层面的系统规划、决策和执行。如果中小企业想要到海外发展,创造比在本土市场更为显著的价值,那么需要在战略规划、产品销售、人力资源招募和激励方面倾注更多精力。因此,民营企业的价值创造并不是轻易就能够实现的,如果缺乏相应的规划实施,再美好的价值也只不过是镜花水月。

(三)中小企业的分类

根据标准的不同,可以将中小企业分为多种类型。

1. 按与大型企业的关系分类

中小企业是相对于大型企业而言的。在市场经营中,中小企业和大型企业之间也存在一定的关系。按照这些关系的属性特征,可以分为独立型中小企业、互补型中小企业、替代型中小企业和竞争型中小企业。

2. 按所有制分类

所有制类型是企业在法律归属方面的属性特征。按照我国有关法律规定,企业所有制可以分为国家所有、集体所有和个体私有,中小企业也可以分成国有中小企业、集体中小企业和私有中小企业。一般来说,在零售、餐饮、住宿、商贸等领域,私有中小企业所占比重较大,在技术含量不高的加工制造业,私有中小企业的比例也很高,但在大型工业中,私有中小企业比重较小。

3. 按生产要素特征分类

生产要素是企业投入生产环节的不同元素。通常而言,在企业进行生产的过程中,投入要素大致可以分为技术、劳动力、知识三方面。技术是指那些专用于产品生产制造环节的工具或规则,对于高新技术中小企业来说,这一要素是企业竞争的重要工具;劳动力是企业组织生产的主要力量,我国很多企业都属于劳动密集型企业;知识是人们在改造客观世界的实践中所获得的认识和经验的总和,在企业经营中,尤其指那些能够应用于企业管理整个流程的创新原理和模式。因此,从技术、劳动力、知识三方面来看,中小企业可以分为技术密集型、劳动密集型和知识密集型三类。

4．按生产方式特征分类

企业生产方式随着技术的不断进步而发生蜕变。在传统的生产活动中,大部分中小企业由于实力和规模所限,通常以手工生产作为主要方式。在这样的中小企业中,分工尚不明确,组织结构还没有规范地设定,企业所需的各项资源来自于企业股东的家庭,企业成长空间也存在局限性。现代意义上的中小企业已经借助技术发展的有力条件,实现了较先进的生产技术,机械化的生产加工流程已经在一定程度上取代了传统的人工,这就使得企业在经营效率上有了较大的突破,边界在不断扩大,也拥有了更大的成长空间。

5．按目标市场分类

按企业所面向的目标市场特征可分为外向型中小企业和内向型中小企业。外向型中小企业主要面向海外市场,其主要产品和服务通过出口实现价值,在沿海一带的制造加工产业中,很多中小企业都属于外向型的中小企业。内向型中小企业则将主要的经营精力放在国内市场上,特别是针对特定区域的消费人群。在这一区域之内,通过精耕细作的经营,企业也能够获得一定的成长空间,甚至向外向型中小企业发展。

6．按产业进化程度分类

按中小企业所处的产业进化程度可以分为先导产业的中小企业、新兴产业的中小企业、成熟产业的中小企业和衰退产业的中小企业。产业的进化程度决定了产业的竞争格局和成长空间。在产业进化初期所创办的中小企业能够在产业迅速成长之前获得较有利的市场地位,而在产业进化后期进入市场的中小企业却有可能面临较为激烈的市场竞争。因此,在不同进化程度产业结构中的中小企业需要具有差异性的产业政策。

二、民营企业发展历史与现状

(一)民营企业发展历史

第一阶段:民营企业基本消失(1949—1982 年)。解放初期,从 1949 年到

1956年,中国几乎彻底消灭了私有企业,全国各地仅存了9万多个体户。但是经过20世纪50年代的工商业改造和手工业改造,特别是在人民公社化运动后,这个阶层在城乡基本消失了。据统计,1966年,全国工商业人员共805万人,其中从事社会主义商业的有545万人,合作商店(小组)190万人,个体商贩只有57万人。到1970年,全国商业人员下降为775人,其中社会主义商业人员反而增加到613万人,合作商店(小组)缩减为124万人,个体商贩锐减到25万人。

从1979年到1982年,随着农村搞联产承包,一些农业大户开始自己跑运输,城市发展中面临大批返城知青解决就业问题,个体经济开始出现。1982年12月,五届人大第五次会议把发展和保护个体经济写入《宪法》:"在法律规定范围内的城乡劳动者个体经济,是社会主义公有制经济的补充。国家保护个体经济的合法的权利和利益。"

第二阶段:民营企业开始出现(1982—1988年)。改革开放以来,国民经济逐渐恢复,取得较快增长。党的十一届三中全会确立了以经济建设为中心的指导思想,极大地解放了生产力,非国有投资增长迅速,个体和集体经济等有了一定的发展。党的十二大的召开及1982年宪法中对个体经济的规定,标志国家关于发展个体经济的方针基本形成,赋予了个体经济合法地位。1978年,全国个体工商户约有14万户,个体工商注册资金220万元。而到1982年年末,个体工商户已经增加到261万户,从业人员达319.8万人[①]。详见图1-1。

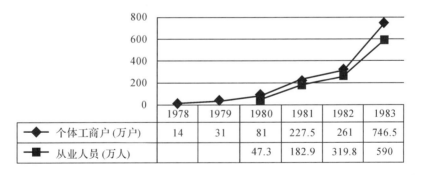

	1978	1979	1980	1981	1982	1983
◆ 个体工商户(万户)	14	31	81	227.5	261	746.5
■ 从业人员(万人)			47.3	182.9	319.8	590

图1-1　1978—1983年全国个体工商户发展情况

1983年国务院相继发布了《关于城镇劳动者合作经营的若干规定》、《〈关

① 资料来源:陈乃醒等.中国中小企业发展报告.北京:中国经济出版社,2009.

于城镇非农业个体经济若干政策性规定〉的补充规定》及《关于城镇集体所有制经济若干政策问题的暂行规定》。上述文件的一项重大突破是,指出城镇个体经济是公有制经济必要的、有益的补充;城镇集体所有制经济是社会主义公有制经济的一个重要组成部分,是我国基本的经济形式之一。在政策的指引下,全国各地纷纷涌现个体工商户,他们所从事的是较为简单的商业交易行动,如贩卖手工制品。虽然这些企业活动以今天的眼光看起来毫不起眼,但却拉开了企业发展的重要序幕。

第三阶段:民营企业曲折发展(1988—1992 年)。1988 年中国宪法修正案中明确规定:"国家允许私营经济在法律规定的范围内存在和发展。私营经济是社会主义公有制经济的补充。国家保护私营经济的合法权利和利益,对私营经济实行引导、监督和管理。"这在法律上确立了民营经济的地位。当时全国的私营企业已达 8 万多家。

20 世纪 80 年代是乡镇企业快速迅猛发展的时期。除了个体工商户和乡镇企业,私营经济的发展也非常迅速。私营经济产生于 20 世纪 70 年代中期,曾被视为社会主义经济的对立物。从公有制经济向多种所有制经济共同发展的转变,也就是非公有制经济从对立、补充到共同发展的过程。20 世纪 80 年代以来,随着我国建设中心逐步向经济发展上转移,一系列的政策对私营企业产生了积极的推动作用。从城乡个体工业产值看,由 1984 年的 14.81 亿元增长到 1991 年的 1287 亿元,增长了近 86 倍;占工业总产值的比重也从 1984 年的 0.19% 提升到 1991 年的 4.83%。

第四阶段:民营企业起步发展(1992—1997 年)。20 世纪 90 年代以来,我国民营企业得到了进一步的发展。1992 年初邓小平南方谈话,对社会主义现代化建设的一系列理论问题做了全面精辟的阐述。在改革开放大潮的推动下,中国的企业改革和市场经济建设加快了步伐。党的十四届三中全会通过的《中共中央关于建立社会主义市场经济体制若干问题的决定》指出,建立社会主义市场经济体制,就是要使市场在国家宏观调控下对资源配置起基础性作用,为了实现这个目标,必须坚持以公有制为主体,多种经济成分共同发展的方针。1993 年国家工商行政管理局出台《关于促进个体经济私营经济发展的若干意见》,明确指出,除国家法律、法规明令禁止个体工商户、私营企业经营的行业和商品外,其他行业和商品都允许经营,而且允许个体工商户、私营企业根据自身条件从事跨行业经营或综合经营。随着投资领域的拓宽和开放地区的扩大,三资企业大量增加,到 1992 年年末,在我国注册的三资企业已达 8.4 万家,比上年末增加 4.7 万家。

1997 年以来,国民经济成功实现"软着陆",整体运行健康快速。受亚洲金融危机的影响,物价指数呈负增长,全社会固定资产投资总额增长率有所下降。为了应对危机,国家实行了扩张型的宏观调控,鼓励加强投资力度,使得经济增长率保持相对稳定的水平。1997 年党的十五大召开之后,国家在坚持公有制为主导的前提下,积极发展非公有制经济成分,提倡国有经济步入市场,参与竞争。此举提高了国企经营的积极性,放活了国有小企业,带动了全国中小企业的发展。自党的十五大提出积极发展非公有制经济及股权改革以来,股份制在国家的鼓励和扶持下迅速发展,完善了非公有制经济的形式,为我国经济的发展提供了良好的经济体制基础。《个人独资企业法》和《企业合伙法》的颁布,从法律范畴上规范了个体工商户的转型和发展。而市场竞争的逐渐加剧、经营成本的不断上升、城市社区服务的不断完善、连锁经营的不断扩大,使一些个体工商户的生存空间被挤压,歇业与停业的现象时有发生。

总体来看,在这一阶段,中小企业的发展仍处于起步发展阶段。个体工业产值占全国工业总产值的比例在不断攀升,个体商业消费品零售额也从 1997 年的 8074 亿元增至 2000 年的 11350 亿元。同时,个体经济分布在全国各地,虽然属于低端的劳动密集型产业,但在吸纳劳动力就业方面起到了重要作用。1997 年,我国个体经济共吸纳社会劳动生产力 5441 万人。

第五阶段:民营企业稳定发展(1997—2002 年)。党的十五大明确规定"非公有制经济是中国社会主义市场经济的重要组成部分",再一次提高了民营经济在整个国民经济发展中的地位。此后民营经济才与中国经济真正融为一体,被视为社会主义市场经济的重要组成部分。2001 年 7 月 1 日,江泽民总书记在中国共产党建党 80 周年纪念讲话中,第一次把民营企业家定位为"有中国特色的社会主义事业的建设者",为民营企业家加入中国共产党铺平了道路。

从民营企业数量及吸纳社会劳动生产力人数看,民营企业已成为经济发展的主力,其增长速度远远高于其他所有制成分的增长速度。1998 年到 2002 年间,私营企业户数从 120.1 万户增加到 243.5 万户,私营企业就业人数从 1709.1 万人增加到 3409.3 万人。详见图 1-2。

(二)民营企业发展现状

1. 民营经济规模及民营企业数量呈现快速增长

新世纪以来,中国经济总体保持快速发展的态势。2001 年 12 月 11 日,我国正式加入世界贸易组织(WTO),这为我国融入经济全球化的发展进程提

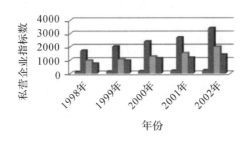

图 1-2　1998—2002 年私营企业数及就业人数情况
资料来源：根据中国统计局网站数据整理而得。

供了新的历史契机。自"入世"以来，我国经济发展取得了巨大成就，经济持续、稳定、快速增长，进出口贸易总额不断稳步上升。以民营企业为主要实施主体的外向型产业在我国经济发展中占据着越来越重要的地位。对于民营企业来说，加入 WTO 有利于为民营企业营造宽松公平的国际环境，中小企业可以享受到更多国家和地区关税减让的优势，从而更容易实施跨国经营战略。当然，加入 WTO 之后，民营企业也面临竞争加剧，逐渐失去成本优势的挑战。从企业持续发展的角度来看，民营企业必须积极提升自身在技术方面的优势，减轻对劳动力、资源等方面的依赖，形成占据国际产业高端地位的良好局面。

根据统计资料表明，2003 年我国私营企业户数 300.55 万户，私营企业就业人数为 4299.1 万人，2007 年私营企业户数达到 551.31 万户，私营企业就业人数为 7253.1 万人。受 2007 年美国"次贷危机"影响，全球经济发展放缓，中国实体经济发展受阻。在此背景下，中国政府提出"四万亿"投资计划等多项措施，振兴实体经济复苏。2010 年，中小民营企业成为国民经济中最活跃的主体，推动经济不断发展。其中，私营企业户数从 2010 年的 845.52 万户，增加到 2016 年的 2309.2 万户。私营企业就业人数指标 2010 年为 9417.6 万人，截至 2016 年年底，该指标已超过 17997 万人。详见表 1-1。

民营企业创造的最终产品和服务价值相当于国内生产总值的 60% 左右，上缴税收约为国家税收总额的 53%，生产的商品占社会销售额的 58.9%，占商品进口额的 68% 左右。在 40 个工业行业中，中小企业在 27 个行业中的比例已经超过 50%，在部分行业中的比例已经超过 70%，提供了近 70% 的进出口贸易额，创造了 80% 左右的城镇就业岗位。

表 1-1　2003—2016 年中国私营企业法人单位数

指标	2016 年	2015 年	2014 年	2013 年	2012 年	2011 年	2010 年
私营企业户数（万户）	2309.2	1908.23	1546.37	1253.9	1085.72	967.68	845.52
私营企业就业人数（万人）	17997.1	16394.9	14390.4	12521.6	11296.1	10353.6	9417.6
城镇私营企业就业人数（万人）	12083.4	11180	9857	8242	7557	6912	6070.9
乡村私营企业就业人数（万人）	5913.7	5215	4533	4279	3739	3441.7	3346.7
指标	2009 年	2008 年	2007 年	2006 年	2005 年	2004 年	2003 年
私营企业户数（万户）	740.15	657.42	551.31	498.08	430.09	365.07	300.55
私营企业就业人数（万人）	8607	7904	7253.1	6586.3	5824.1	5017.3	4299.1
城镇私营企业就业人数（万人）	5544.3	5124	4581	3954.3	3458.4	2993.7	2545.2
乡村私营企业就业人数（万人）	3062.6	2780	2672	2632	2365.6	2023.5	1754

资料来源：根据中国统计局网站数据整理而得。

2. 民营经济区域分布呈现东部沿海地区集聚

从民营企业的发展历史可以看出,我国的私营企业首先是在最富有经济活力的东部沿海地区产生和发展的。在其不断发展壮大的过程中,逐渐由东向西、由沿海向内地不断推进。私营企业的发展促进了我国市场的发育和迅猛扩张。统计局数据显示,东部地区私营企业数量 2007 年为 365.88 万户,占比为 66.37%;2012 年全国私营企业突破千万户,东部地区达到 678.82 万户,占比为 62.52%。截至 2016 年年底,东部地区私营企业数指标达到 1422.03 万户,占比为 61.58%。通过数据分析,可以看出一方面东部地区仍然是私营企业的主要集聚地,另一方面东部地区私营企业数量占比呈现缓慢下降趋势,私营企业在市场经济体制改革的不断深入和发展过程中,逐渐向中西部转移。详见表 1-2。

表 1-2　2007—2016 年东部地区私营企业发展情况

指标	2016 年	2015 年	2014 年	2013 年	2012 年
全国私营企业户数（万户）	2309.18	1908.23	1546.37	1253.9	1085.71
东部地区私营企业户数（万户）	1422.03	1165.53	947.64	779.8	678.82
东部地区私营企业占比（%）	61.58	61.08	61.28	62.19	62.52
指标	2011 年	2010 年	2009 年	2008 年	2007 年
全国私营企业户数（万户）	967.65	845.51	740.16	657.43	551.31
东部地区私营企业户数（万户）	614.39	543.05	476.31	428.92	365.88
东部地区私营企业占比（%）	63.49	64.23	64.35	65.24	66.37

资料来源：根据中国统计局网站数据整理而得。

东部地区尤其是江浙沪粤等省市由于先天优势和体制优势,民营经济起步较早,也形成了民营经济发展较快的主要经济特点。通过上述分析,我们可以看出东部地区各省市私营企业发展较为活跃,也是我国民营经济的主要省市。以 2016 年东部地区私营企业数量看,广东省私营企业数量为 317.17 万户,企业数在东部地区占比达到 21%,稳居全国第一。私营企业数量较为集中的省市还有江苏、山东、浙江、上海及北京,企业数量分别为 222.91 万户、174.95 万户、152.14 万户、148.95 万户和 120.97 万户。在各个地区的经济活动中,哪里的私营企业数目最多、活动最活跃,哪里的政府职能的转换也最明显,市场经济也最发达,社会经济发展也最有活力,国有和集体企业的改革进程也发展较快。详见图 1-3。

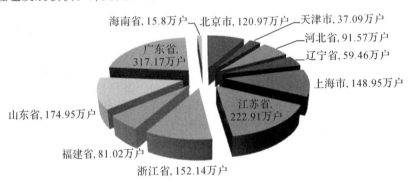

图 1-3　2016 年东部地区各省市民营企业数量

资料来源:根据中国统计局网站数据整理而得。

3. 民营经济所占产业结构比重日益提升

在产业结构方面,我国私营经济的第三产业的比重在不断上升,而第二产业的比重在不断下降,这是由我国市场经济发展的总体特征所决定的。伴随着市场经济的发展,第三产业得到迅猛发展。第三产业中的典型产业,如餐饮业、批发零售业、社会服务业等,是私营经济快速发展的主要领域。尽管第三产业的比重在不断提升,但私营经济仍未占据主导地位,尤其是金融保险、航空运输、通信业等重点产业,民营经济比重更低。

第二节　民营企业在经济中的作用

从民营企业的发展历史,特别是改革开放 40 年的发展历史来看,民营企业的发展离不开外部的支持力量,这些外部要素首先包括政府机构所制定的政策法规,同时也包括各类外部组织机构,如金融机构、咨询机构、孵化机构等的支持。在认识到民营企业的发展需要依赖于多元化的社会力量的同时,也要注意到民营企业的发展对于社会经济的发展具备很强的正面效应。

一、支持民营企业发展的外部力量

(一)政策法规体系支持

中小企业的发展离不开必要的政策法规体系的支持。2002 年 6 月,全国人大颁布了《中华人民共和国中小企业促进法》,这是我国制定的扶持和促进中小企业发展的第一部专门法律。该法明确指出,国家对中小企业实行积极扶持、加强引导、完善服务、依法规范、保障权益的方针,为中小企业创立和发展创造有利的环境。同时,中央财政预算应当设立中小企业科目,安排扶持中小企业发展专项资金,地方人民政府也应当根据实际情况为中小企业提供财政支持。

新中国成立以来首部以促进非公有制经济发展为主题的中央政府文件——《国务院关于鼓励支持和引导个体私营等非公有制经济发展的若干意见》(简称《意见》)于 2005 年 2 月出台,文件内容共 36 条,通常被简称为"非公 36 条"。《意见》强调公有制为主体、多种所有制经济共同发展是我国社会主义初级阶段的基本经济制度。同时为了积极鼓励非公有制经济发展,《意见》规定,允许非公有资本进入法律法规未禁止的行业和领域,包括电力、电信、铁路、民航、石油、公用事业与基础设施、社会事业、金融服务业等不同领域。同时,也强调加大对非公有制经济的财税金融支持,例如逐步扩大国家有关促进中小企业发展专项资金的规模,研究完善有关税收扶持政策,引导和鼓励各金融机构从非公有制经济特点出发,提高对非公有制企业的贷款比重等。与此同时,我国还相继完善修订了《公司法》《证券法》《企业所得税法》等法律,颁布了《物权法》,为各类市场主体公平竞争创造了良好的法制环境。这些法律规范和政策的出台,有效促进推动了中小企业的发展壮大。

2009 年 9 月,《国务院关于进一步促进中小企业发展的若干意见》出台,这是继"非公 36 条"后又一条促进中小企业发展的重大政策,是对"非公 36 条"的补充和完善。为鼓励和引导民间资本进入基础产业和基础设施等领域,《国务院办公厅关于鼓励和引导民间投资健康发展重点工作分工的通知》明确了 40 项工作任务。鼓励和引导民间资本进入的投资领域包括基础产业和基础设施、市政公用事业和政策性住房建设、社会事业、金融服务、商贸流通、国防科技工业、重组联合。

2015 年,党的十八届三中全会和中央经济工作会议明确提出,坚持深入实施创新驱动发展战略,推进"大众创业、万众创新",依靠改革创新加快新动能成长和传统动能改造提升。进一步优化民营经济发展环境,推动"大众创业、万众创新",是加快促进民营经济转型升级、跨越发展的重要政策依据。

2017 年 9 月,为了改善中小企业经营环境,促进中小企业健康发展,扩大城乡就业,发挥中小企业在国民经济和社会发展中的重要作用,第十二届全国人民代表大会常务委员会第二十九次会议上,进一步修订了《中华人民共和国中小企业促进法》。

(二)融资支持

融资难的问题一直是困扰民营企业发展的大问题。国家统计局公布的数据显示:2009 年第一季度,我国金融机构各项贷款余额 349555 亿元,比年初增加 45812 亿元,同比多增 32485 亿元。但据银监会有关负责人披露,自 2009 年 10 月底放松贷款规模以来,民营企业受惠并不明显,对它们的贷款增速大大低于大企业。民营企业融资难是当前我国经济运行中的突出问题之一。民营企业难以获得外源性资本青睐的主要原因是市场与民营企业间的信息不对称。相对于中小企业,融资市场更愿意选择大型企业,或者说,中小企业获得融资需要更高的成本。

为了改善民营企业的融资环境,推进民营企业的发展,多部门纷纷出台相应的政策。2009 年 2 月,工业和信息化部下发通知指出,将继续深入推动"创办小企业,开发新岗位,以创业促就业"工作,并提出要加大创业融资支持,进一步加强与金融机构的协调、合作,积极探索和开发适合创业企业的贷款产品与服务,对于符合国家政策规定、有利于促进创业带动就业的项目,鼓励金融机构积极提供融资支持。2009 年 3 月,财政部宣布,中央财政下达 10 亿元中小企业信用担保业务补助资金,资助 330 家符合条件的信用担保机构,以鼓励此类机构积极开展中小企业贷款担保业务。根据资料显示,上述 330 家机构在 2008 年共为约 4 万户中小企业提供了符合政策要求的贷款担保业务约

1148 亿元,其中仅在第四季度就多达 327 亿元①。虽然上述措施并不能够立竿见影地解决中小企业融资难的问题,但是各个部委的做法表明了我国政府在促进中小企业发展方面的决心,也为缓解中小企业融资难提供了一种崭新的思路和探索性的解决途径。

自"大众创业、万众创新"被写入政府工作报告以来,针对"创业创新"的政策不断出台。在搞活金融市场方面,《意见》特别强调"优化资本市场",支持符合条件的创业企业上市或发行票据融资,并鼓励创业企业通过债券市场筹集资金。根据中国人民银行定期公布数据显示,金融机构人民币小微企业贷款规模呈现稳步增长。以近两年数据看,2016 年,社会融资规模增量为 3.42 万亿元,分别比上月和去年同期多 1.61 万亿元和 1.37 万亿元。其中,对小微实体经济发放的人民币贷款增加 2.54 万亿元,同比多增 1.07 万亿元。2017 年末,我国银行业金融机构本外币资产 252 万亿元,同比增长 8.7%,本外币非金融企业及机关团体贷款余额 81 万亿元,同比增长 8.8%,增速比上年末高 0.5 个百分点;全年增加 6.6 万亿元,同比多增 8454 亿元。其中,2017 年末,人民币小微企业贷款余额 24.3 万亿元,同比增长 16.4%,小微企业贷款余额占企业贷款余额的 33%,占比比上年末高 0.9 个百分点。全年小微企业贷款增加 3.4 万亿元,同比多增 3967 亿元,增量占同期企业新增贷款的 39.9%,比上年占比水平低 9.2 个百分点。

(三)资本市场支持

近年来,随着资本市场的进步发展,创业板与新三板已经成为支持民营企业发展的重要融资工具。未来随着我国不断推进资本市场的建设,上市融资将能够惠及更多的民营企业。

随着我国市场经济体制的不断完善,我国民营企业具有十分广阔的发展前景。可以预期,在未来数十年间,民营企业和非公有制经济仍将在我国社会经济活动中扮演重要角色。各地各级政府也将继续坚持推进支持中小企业的政策服务体系建设。当然,不可忽视的是,民营企业和非公有制经济仍将继续面临一系列的挑战,一些政策方面的障碍还将持续。在实施跨国经营的中小企业中,劳动密集型企业仍是主体,他们在市场竞争中将面临更加艰巨的竞争挑战,这需要社会各界人士共同关注、共同努力,为我国民营企业的发展提供有益的支持和帮助。近两年,政府及相关部门积极推进中小企业上市制度与

---

① 资料来源:鄢来雄.破解中小企业融资难题.中国信息报,2009-05-16.

互联网和高新技术企业到创业板发行上市的制度。根据深交所两市数据显示,2016 年,中小企业板上市公司数量达到 822 家,总发行股本 6423.69 亿股,其中,中小企业板块 IPO 企业数 46 家,IPO 融资额为 221.21 亿元;创业板上市公司数量达到 570 家,总发行股本 2630.61 亿股,其中,当年创业板块 IPO 企业数 78 家,IPO 融资额为 257.64 亿元。2017 年 IPO 企业分别从 2016 年的 46 家增加到 82 家、78 家增加至 141 家,数量将近翻倍;从总融资额上看,因为中小企业单笔融资额较小,因此在上海主板,上市数从 103 家增长至 214 家,但融资额仅上升 35%,单笔融资额从 2016 年的 10 亿元降低至 6 亿人民币[①]。

　　除了融资问题以外,各地政府也在积极推进支持民营企业的社会化服务体系。在信息方面,民营企业需要多样化的市场信息;在管理方面,民营企业需要更多的管理智慧和管理人才;在技术和知识方面,民营企业需要来自于科研院所的支持;在人员方面,民营企业需要多层次的人力资源,如此等等。因此,为了推进民营企业发展,全国各地在创业指导师队伍建设、相关教材开发、创业基地建设方面进行了积极大胆的探索。在东部一些地区,区域性的民营企业支持和服务网络已经初具规模,这些做法也有力地推动了当地民营企业的迅速发展。

二、民营企业对经济生活的重要作用

(一)对技术发展的促进作用

　　民营企业的发展对区域或产业层面的技术创新活动具有重要影响,大范围的民营企业创立和发展是新技术不断研发并成功实现产业化的主要原因之一。从世界各国的技术发展过程来看,民营企业是技术创新的主体。民营企业的技术创新活动大致可以分为两种:一是由企业自身所主导的创新活动,这一活动对企业的要求比较高,需要企业能够拥有较为丰富的资金和人力资源和较为灵活、开放的鼓励创新的文化氛围;二是企业与外部其他企业或组织机构所共同实施的技术创新活动,相比较第一种形式,合作开发创新方式在资源方面可以适当减轻压力,企业甚至可以将大部分的研发活动交给外部机构执行,从而缓解企业的创新压力。这两类创新活动各有利弊,不过从企业长期发展的角度,还应该鼓励企业依托自身实力开展创新。

---

①　资料来源:根据深圳证券交易所网站公布数据整理而得。

技术创新的最终目标是在市场上实现成功的商业化，而不是研发出一个永远停留在实验室中受观摩的艺术品。因此，企业的技术创新活动目标性很强，如果达不到这一目标，企业的研发投入将大大浪费，这对于资源匮乏的中小企业来说是致命的决策失误。因此，民营企业在技术创新中会更为审慎，会更加仔细地评测技术或产品的市场潜力。通过反复的论证，那些真正能够实现市场价值的技术和产品将被企业所坚持下来，而那些仅仅是看起来好玩的技术将被摒弃。众多的中小企业共同以这一目标进行技术创新的结果就是整个高新技术产业朝着人们真实需求的方向演进，技术与社会大众生活也在不断加强联系，这是一个正反馈的过程。

（二）对劳动力就业的促进作用

在世界范围内，解决国家或区域的就业问题的主力并不是大型企业，而是广泛的民营企业。当前，我国每年有大量的适龄青年面临就业，大学生就业难等问题一直受到社会各界人士共同关注。针对我国当前就业人口与岗位需求之间的高度不均衡状况，我国应当积极鼓励创业活动，用蓬勃发展的中小企业去吸纳这些待业人群。同时，从民营企业或新创企业的发展过程来看，企业为主体的就业体系具有很强的扩散性，很多人进入创业型企业之后，受到创业文化的熏陶，掌握创业的基本技能，也会在不久的将来选择自行创业，从而解决一批新的就业人群问题。如果社会各界能够给予足够的支持，这一扩散性效应就能够在区域层面迅速形成积极的创业氛围，并进一步促进区域经济的发展。

从我国民营企业的发展现实来看，目前民营企业仍是以劳动密集型为主。当然，这一现象背后具有更为深远的历史性、社会性原因。就目前的现实情况而言，为了充分解决城镇就业问题，保持社会经济稳定，仍应当重点支持这些劳动密集型的民营企业。因此，一方面要采取强有力的措施积极支持和鼓励民营企业技术创新，进而带动产业转型，推进我国民营企业占据产业链的上游位置；另一方面，又要给劳动密集型企业一个较为稳定宽松的环境，避免企业在经济环境剧烈变动的时期出现大涨大落，给就业和社会稳定造成冲击。

（三）对产业结构调整的促进作用

民营企业的创立和成长需要立足于特定的产业，一定规模的民营企业的发展又反过来积极促进产业结构调整，民营企业活动与创新密不可分。民营企业对创新机会的不断挖掘会带动更多的追随者共同加入这一产业，即使这一产业仍处于萌芽状况，在大量中小企业的共同耕耘下，也会逐渐发展成熟。

产业内部的不同细分领域将会被深度开发,围绕产业内部最为核心的价值将会延伸出很多附带性的价值,这就使得整个产业迅速发展壮大,甚至成为区域内部的支柱性产业。

因此,区域内部产业结构的调整仍应当以民营企业为主体,而不是大型企业。产业结构调整和产业升级是一个市场行为,从世界范围的发展经验中很难看到单纯依赖行政命令就可以实现产业成功转型的例子。所以,应当把产业转型的重任放置于民营企业身上,让大范围内的民营企业自发地去尝试新的领域,并且不断地用大量的政策或资金等方面的支持去鼓励中小企业的创新活动。这种基于群体层面的中小企业的不断发展,有助于成功实现整个国家或者区域范围内的产业调整。

第三节　民营企业跨国经营的背景及机遇

中国民营企业实施跨国经营一方面代表了管理者的雄心壮志,另一方面则立足于特定的经济背景。换言之,我国现阶段所出现的大量民营企业实施跨国经营的现象是与我国经济活动的总体发展阶段特征密不可分的。正是经济全球化的宏观背景,为我国企业走出国门到海外经营提供了大量的商机。同时,我国社会经济发展的客观现实也需要不断鼓励和培育一大批能够融入国际商业社会,并且在国际经济活动中扮演重要角色的企业。从这一点上看,民营企业跨国化经营具有很强的现实意义。

一、经济全球化对我国经济的影响

经济全球化给我国带来的影响既有积极的方面,也有消极的方面,并且随着其进程不断加快,影响也将越来越广泛和深远。中国正处于社会主义现代化建设时期,与世界经济的整体联系也越来越紧密,更好地面对全球化带来的机遇和挑战,对国民经济的建设和发展是十分重要的。

(一)积极影响

1. 有利于企业接轨国际市场,扩大对外贸易

自改革开放以来,出口一直是中国国民经济的重要增长点,被称为拉动经济增长的"三驾马车"之一。随着经济全球化的发展,全球经济联系日益增强,发达国家与发展中国家的贸易往来也迅速增多,与此同时,中国丰富的资源和

廉价的劳动力,成为在国际竞争中一个重要优势。尤其是中国加入世贸组织后,逐步融入世界经济体系当中,国内和国际市场接轨,我国企业能够参与国际市场竞争,这些都有利于我国熟悉市场经济运行和国际市场规则,更好地开展国际贸易活动。

2. 有利于国内市场加快开放,吸引外资流入

目前,中国已经成为一个资本净流入国,同时也是世界上最大的外资直接投资国之一,因为中国拥有数量巨大的人口和丰富的资源,为西方国家提供了巨大的市场。大量引入的外资,代表着国外先进的技术和管理,促进了我国产业结构的升级换代,以及生产效率的提高。同时,我国现代化建设所需要的资金的缺额也在一定程度上得到了弥补。党的十八大以来,我国吸引外资规模保持稳定,外资更多流向高新技术产业。在全球跨国直接投资下降 2% 的背景下,2016 年我国实际引进外资 8644 亿元,同比增长 3%。2013 年至 2016 年,全国累计新增外商投资企业 10.1 万家,实际吸引外资 5217 亿美元[①]。商务部新闻发言人高峰表示,我国吸引外资已连续 25 年居发展中国家首位,外资正更多地流向高新技术产业。

3. 有利于抓住新技术革命带来的机遇,实现经济的跨越式发展

经济全球化促进了各国资本、技术和人才等重要资源可以更加自由地在国际市场流动。在经济全球化背景下,我国应该积极参与其中,使得我国企业有机会利用国际上的资源来促进经济发展,从而可以发挥资源优势、市场优势和后发优势,提高我国企业的技术水平。具体来说,应该鼓励我国企业不断加大技术和人才引进以及科技创新的力度,建立和发展一批高科技产业,以发挥后发优势,掌握未来经济的主动权。

(二)消极影响

1. 经济全球化容易导致经济波动的发生

随着全球化的加速,世界各国经济越来越成为一个相互依存的整体,发达国家的经济周期、汇率、利率的异常变动,往往会导致我国经济的不利波动。另外,西方国家的大量游资也可能不时地对我们的金融市场产生冲击。我国作为一个发展中的社会主义国家,不仅要面对全球化经济的冲击,还要面对政治全球化和资本主义意识形态全球化带来的挑战。因为国际资本主义在输出

---

① 资料来源:根据中国商务部网站发布数据整理而得。

资本的同时,也在主导经济全球化的进程。经济全球化推动着政治和资本主义意识形态的全球化,而政治和资本主义意识形态的全球化又在保障经济全球化。因此,我国应该掌握好发展的主动权,避免经济受到外国操控,从而应对发达国家实施的"西化"和"分化"所带来的现实威胁。

2. 经济全球化对我国经济安全会产生不利影响

经济全球化导致了世界范围内的产业分工,有利于发达国家构筑以其为中心的国际经贸秩序,从而导致我国产业的比较优势削弱,只能在国际性的产业链条中处于附属地位。这种国际贸易秩序严重影响了我国的产业安全。对于正处于工业化加速发展阶段的中国,产业安全是国民经济的命脉所在。况且对我国来说,引进外资只是可以带动少数产业或行业的发展,而不能带动整个国家产业的整体发展。因为发达国家为了自身的利益,投入外资会有倾向性,这一倾向性与我国的产业政策并不完全吻合。实际上,目前资源密集型或劳动密集型的产业与贸易结构,已经加大了我国开拓发达国家市场的难度。

3. 经济全球化加大了缩小收入差距的难度

虽然发展中国家能从经济全球化中获得机遇,但是经济全球化却在一定程度上拉大了发展中国家和发达国家的收入差距。作为发展中国家,我国经济实力与发达国家还存在差距,而以发达国家为主的国际资本开拓寻求更高利润的地域和空间,使发达国家获得了更大的机遇。联合国开发计划署1999年发表的《人类发展报告》,呼吁人们重新认识经济全球化。报告指出,占全球1/5的人口生活在收入水平最高的国家,他们拥有全球国内生产总值的86%,全球出口市场的82%,外国直接投资的68%,全球电话总数的74%;而占全球人口总数1/5的贫困人口在上述几项上的占有率仅约1%。在平均收入方面,贫富国家之间相差74倍,而在1960年,这种差距还仅为30倍。此外,200名最富有者的资产总和超过占世界总人口41%的人的收入总和。通过1999年度《人类发展报告》提供的数字我们可以看到,经济全球化几乎涉及人类生活的各个领域,但贫富国家并没有能够平等地分享经济全球化所带来的好处,贫富差距有越来越大的趋势。

二、民营跨国公司的发展趋势

对跨国公司有许多不同的定义,比较权威并且被广泛采用的是1986年联合国制定的《跨国公司行为守则》中的定义:系指一种企业,构成这种企业的实体分布于两个或两个以上的国家,而不论其法律形式和活动范围如何。各个实体通过一个或数个决策中心,在一个决策系统的统辖之下开展经营活动,彼此有着共同的战略并执行一致的政策。由于所有权关系或其他因素,各个实体相互联系,其中一个或数个实体对其他实体的活动能施加相当大的影响,甚至还能分享其他实体的知识、资源,并为它们分担责任。

跨国公司的发展初期,主要以发达国家的垄断企业为代表,利用垄断优势获取高额利润。这些跨国公司在从事国际生产、国际贸易、国际金融、国际经营和资源控制等业务的过程中,常常会损害到东道主国家相关企业的利益。经济全球化趋势的加剧,不仅制造出了大量的跨国公司,还使跨国公司的发展出现了新的面貌。

(一)经营目标由利润最大化向企业价值最大化发展

企业的社会责任在当今受到了许多跨国公司的重视,一方面是由于人们生态观念的改变、环保意识的觉醒,另一方面是出于企业塑造良好形象的需要。同时,当前日益严重的资源和环境危机也促成了这样的转变。而在跨国公司发展早期,追逐利润和全球扩张成了大部分企业唯一考虑的事情。越来越多的东道国相关利益企业开始对跨国公司反感,并认为它们造成了不公平、不合理的国际经济秩序。

我们可以把企业的经营目标分为利润最大化、收入最大化和企业价值最大化。早期的跨国公司大部分以追求利润最大化为目标,但是,随着东道国本土企业的崛起,他们的发展遇到阻碍,因此企业经营目标向企业价值最大化转变。近年来,许多公司把保护生态环境作为企业责任的一部分,推崇绿色管理,以期逐步改善全球经营,甚至是人类生存的环境,这些都是追求企业价值最大化的表现。

(二)管理模式由辐射型向网络型发展

随着跨国公司业务的不断扩展,传统的辐射型跨国公司日益显现出许多缺点。由于是以母国的母公司为中心,公司总部拥有绝对决策控制权,所有子公司的经营权限集中于母公司总体发展战略的部署之中。在跨国经营事务越来越繁杂的今天,这种等级制管理模式越来越显得臃肿和低效。为了克服上述缺点,一种多中心和多节点式的管理模式逐渐被越来越多的跨国公司采用,这就是全球网络管理模式。其含义是在全球若干重点国家或地区设定地区总部,地区总部依照公司章程享有大量的决策权,可以针对复杂多变的环境变动迅速回应,而不需要事事汇报总部,从而提升管理效率。因此,全球网络管理模式适应了经济全球化的发展要求,成为跨国公司大规模推广业务的有力支持。

(三)经营方式更加注重本土化

跨国公司在经营方式方面加强了本土化建设,这是与跨国公司的不断发展密切联系的。在不断深入实施跨国经营行动的过程中,跨国公司认识到,不仅要使其产品必须更多地迎合东道国消费者的习惯,更要在企业的内部运营过程中添加更多的地方文化要素。也就是说,跨国公司不仅要在产品上实现本土化,更要在整个企业运作的环节实现本土化,这是跨国公司能够更好地应对本土企业的竞争手段。同时,跨国公司积极实施本土化也能够有效吸纳来自于本土市场的优秀人才,从而实现公司与本土市场的更好融合,这就加速了跨国公司向全球公司方向迈进。

(四)经营重点逐渐向新兴经济体转移和集中

21世纪以来,中国、印度、俄罗斯、巴西等全球新兴经济体迅速崛起,与此同时,欧盟统一大市场体系也已经发展成熟。在此基础上,国际性的市场竞争活动在广度和深度上都在不断扩大。尽管在传统的竞争格局下,跨国公司的原有规模和经营模式具备很强的优势,但在新的经济形势下,伴随信息技术的不断发展,与产品相关的技术不断迅速演变,跨国公司必须在全世界范围内不断整合资源和能力,并且将经营重点进行较为灵活的调整,以适应新的形势下国际性市场竞争的需要。

在全球产业价值链中,附加值最大的是研发、设计和服务环节。由于长期以来所积累的核心技术和关键资源方面的优势,跨国公司在全球产业链形成初期占领价值链顶端位置。在部分新兴的市场中,产业链上的财务管理、人力资源管理、企业信息化、产品设计等服务业务,也逐渐被跨国公司占据。而对于那些附加值低的加工、制造、组装环节,跨国公司通过产业转移将其转至拥有廉价劳动力的国家。因此,这种组合方式能够使跨国公司全面降低自身的成本,而且也使跨国公司在全球的生产经营网络布局方面的优势得到全面释放,从而进一步提高自身在产业链上的地位。

(五)技术创新组织形式日益全球化

当代跨国公司为了实现和保持其全球竞争优势,在全球范围内积极推进知识的创造、转移与利用,从而实现全球的技术和知识资源的整合。技术在知识经济时代的企业竞争中占有主导地位,技术创新全球化是当前的趋势。为了实现技术和知识的整合,跨国公司在全球范围内争夺占据前沿地位的高精尖技术,甚至以各种手段囊括技术领域的高级人才,从而构建和维持其在全球产业链上的竞争优势。

20世纪90年代中期以来,大型跨国公司开始突破母国在科技创新等方面资源不足的劣势,把研发设计业务向全球范围转移或扩散,在全球范围内建设全球化的研发中心。这种扩散依据的是全球各个不同国家或地区经济发展水平、科研实力、市场需求的差距,以及公司的全球生产运营网络体系的战略规划等因素。通过研发业务的扩散,公司的技术创新效率得到很大提升,跨国公司的优势和灵活性在全球竞争中得到了增强和延续。

三、我国跨国公司面临的现实问题

中国企业在国际化道路上还存在很多问题,中国本土较有实力的企业同在国际市场上纵横的跨国公司还有很大差距。跨国经营现象在中国还并未形成较大规模,很多企业仍处于国际化初级阶段,还没有迈出实质性的国际化脚步。一些企业虽然已经勇敢地走出国门到海外经营,但是一直遭遇较大的障碍,跨国经营中的文化障碍、沟通障碍、市场拓展障碍等问题也一直没有得到很好的解决。因此,纵观我国改革开放以来的跨国经营活动,尽管已经取得了一定的成绩,但是以下几个重要问题也是不可忽视的。

(一)资金和实力问题

资金和实力是中国企业跨国经营的普遍问题。缺少资金也就意味着没有与国际知名的跨国公司在国际市场竞争的实力,也缺少境外扩张的能力。境外的投资建厂、产品分销、广告宣传和售后服务工作都需要大量的资金。一方面,中国企业缺乏明确的对外直接投资规划,在国际上竞争力不强,在对外投资过程中缺乏议价能力,不适应国际竞争规则。另一方面,中国企业在管理体制与财务管理上存在不规范问题,这也导致企业融资能力差,缺乏对外直接投资的资本能力。中国企业由于缺乏专业人才和核心技术,因此在对外直接投资中的风险预警能力不足,对投资目的地的法律政策了解不足,很难在当地展现企业社会责任感。在对外投资企业中,中小企业缺乏融资能力,民营企业抗风险能力不强,这在一定程度上也阻碍了中国企业对外直接投资的发展壮大。

(二)经营成本问题

跨国经营程序复杂,提升了跨国经营成本。这首先体现在中国的项目审批手续烦琐,审批时间过长,企业的跨国经营行动在时效性上存在问题之上,从而影响了跨国经营的绩效。其次,跨国经营企业用汇困难,不能根据需要灵活调度资金,其原因是,我国一直实行着严格的外汇管制,限制了资金的灵活调度。另外,有一些民营企业,其员工出国只能使用因私护照,而不能拿公务护照,到有些国家签证困难。这也在一定程度上影响企业的用工效率。同时,中国对进入对外直接投资领域的资金有较为严格的审查和管理,这使得企业对外投资程序复杂,弱化了企业对外直接投资的积极性,打击了企业的投资热情。此外,中国的金融机构也没有针对企业对外直接投资而开发金融产品和服务,不能满足企业的对外直接投资需求。政府缺乏鼓励民间资本进入对外直接投资领域的政策,也使得民营资产在对外直接投资中占比较低。

(三)海外投资风险问题

跨国经营面临全新的经营环境,很多海外国家在政策体系、法制体系、市场转型中存在很多不确定性,这些难以规避的因素影响着跨国经营行动的发展前景。中国目前境外投资风险保障体系很不健全,缺乏有力的风险监控和管理体制;实施跨国经营的中国企业总体上投资规模普遍偏小,对跨国经营中可能的风险难以有效抵御。这些问题导致中国企业的海外业务容易遭遇挫折。

(四)缺乏国际核心竞争力

中国企业与跨国公司比起来,优势主要在投入要素的成本方面。但从长远的角度看,中国劳动力成本会不断上升,跨国公司也会优化其全球布局,因此中国企业的成本优势慢慢减弱。中国企业必须建立新的优势,才能在未来的国际竞争中占据较有利位置。但是从目前的情况看,中国企业大多都未实现强有力的转型,企业自身在管理水平、管理经验上都有明显的缺陷,在国际竞争中难以占到上风。

(五)缺乏自主创新能力

创新能力缺乏的一个重要原因是企业所投入的研发活动不足。据有关数据显示,大约超过一半的国有大中型企业没有开设专用的研发机构,民营企业的这一比例更低。这一点与国外跨国公司形成了鲜明的对比。自主创新能力不足导致了一系列不容乐观的后果,如中国在对外贸易中,大部分的产品属于资源开发,以及初级加工等方面,这些项目都是附加值低、技术含量低的劳动力密集项目。从中国企业实施跨国经营的前景上看,如果不能在自主创新方面有实质性的突破,就很难在未来的国际产业分工和协作中占据强有力地位。

(六)缺乏有国际影响力的知名品牌

在跨国经营中,能否拥有一个具备国际影响力的知名品牌,充分显示了实施跨国经营的企业主体能否在国际市场上具备影响力和市场掌控力。目前，世界级的名牌产品中来自中国的非常少。实施跨国经营的中国企业，大多数从事的是为国外企业提供代工贴牌的业务，这些经营行为并不能为中国本土企业带来品牌方面的改进，反而会给国外消费者带来一种印象，认为中国制造代表着低端、低成本，甚至是低质量的产品。

(七)缺乏拥有熟悉国际规则和经验的人才

人才是企业成长的最核心资源。我国企业实施跨国经营虽然已经有一段时间，但是在人才的储备和使用方面还远远落后于国外企业。所谓国际化人才，不仅要通晓国际性语言，还要对企业管理，特别是国际企业管理拥有丰富的经验和知识，对海外市场的法律、政治、社会文化等方面的情况比较了解。目前，我国很多企业已经意识到这一方面的不足，在海外经营中投入大量资源用于吸纳优秀人才加盟，但是力度还远远不够。同时，我国企业在吸纳一流人才加盟方面也存在很多不足，这与我国企业的总体实力、国际化程度是有关的。从上述分析可以看出，我国企业实施跨国经营还面临着很多问题，需要从战略规划、技术研发、人力资源培育、品牌营销等方面不断提升自身优势，这也正是本书后续章节所重点论述的。

四、民营企业跨国经营的必要性

民营企业的跨国化经营是全球化背景下我国国际化战略的必然选择。当今世界，一个国家跨国公司的实力很大程度上决定了一个国家的国际竞争力。跨国经营不仅能补充国内某些资源的短缺，而且能促进中国产品出口，并且能够通过学习国外企业的先进技术和管理经验，提高我国企业的竞争力。

(一)有助于企业转型升级

经过40年的改革开放，我国已经初步完成了轻纺、家电等产业的进口替代，这些产业中的许多企业及其产品在激烈的国内市场和国际市场的竞争中不断成长。在总供给相对过剩而国内市场相对饱和、内需相对不足的情况下，企业有必要主动调整和升级，面向国际市场，实施以对外直接投资为核心的国际化经营战略，积极参与国际市场的竞争，并在国际竞争中增强自身的能力。因此，企业通过实施国际化经营，既可以使生产能力向国外延伸，带动企业转型升级，同时，又可促进国内同类企业及产业的结构和国民经济结构的调整。

(二)有助于获取短缺资源

我国是一个幅员辽阔的大国，但人均资源占有量较低，在向现代化迈进的过程中,国内资源供求矛盾日益突出,如石油、天然气、有色金属、森林和渔业等资源,均面临不同程度的短缺问题,许多资源正面临着日益增长的进口压力。如果仅单纯依靠进口贸易,原料出口国可能限制其原料的出口,进口国易受到国际初级产品市场价格波动的影响,这些因素导致原料进口企业的生产规模、产品质量以及在市场竞争中的地位都处于不稳定状态。走出国门,进行资源开发型投资,可以使我们在一定程度上掌握主动权,在全球范围利用资源。另外,目前国内部分资源存在紧缺现象,如铁矿、铜矿、有色金属等,民营企业可以投资于海外市场,弥补国内这些资源紧缺的劣势,同时还可以通过开采、利用外国的资源,降低原料成本,获取更多的利润。

(三)有助于规避贸易保护

企业通过直接投资的形式在所在国家建立生产基地,可以规避关税和贸易壁垒,就地生产和销售。从当前的国际贸易形势看,贸易壁垒普遍存在。美国等西方国家通过进口配额,限制以中国为主的发展中国家的纺织产品进口,并通过不断提高标准,限制某些拉美国家的食品输入。通过高额关税、低进口配额、进口管制等手段实行的贸易保护,严重限制了发展中国家的跨国经营活动。我国多个出口行业都曾被外国以反倾销名义提出过诉讼,据不完全统计,国外起诉中国反倾销案近40年间达420多起。比较重大的反倾销案有阿根廷对中国产微波炉、美国商务部对中国31家汽车挡风玻璃生产厂进行的反倾销调查。贸易壁垒使得企业的原有销售市场受到威胁,并且因为保护关税而在价格竞争中处于弱势地位,甚至被排除在市场之外。因此,企业有必要全方位实施国际化经营,通过对外直接投资方式进入当地市场,从而带动国内设备、技术、零部件及原材料的出口,有效规避反倾销诉讼风险。

(四)有助于吸收先进技术

长期以来,我国民营企业由于不具备资金、人才及体制优势,致使企业设备、技术和管理水平相对落后,因此,在国际市场上也面临竞争力不足等问题。而发达国家对高科技出口一般都实行比较严格的限制,尤其是对发展中国家大量出口的一般是制成品,输出的也多为低于世界先进水平的设备和技术,如果我们直接在发达国家和地区投资,对于那些拥有世界先进技术和设备的企业,购买其多数股份进行控股,或者与其建立合作或合资企业,雇用当地工程师、科研人员、管理人员和大量熟练工人,利用当地或购买世界市场上的先进设备,我们就有可能获得许多在国内得不到的先进技术和管理经验。所以,海外投资企业一方面可直接利用当地先进技术进行生产管理,另一方面可为国内企业选择引进先进技术设备,从而为国内经济服务。

第四节　宁波民营跨国公司竞争力研究思路与框架

本节基于宁波民营企业跨国经营实践,结合当前新兴经济体企业竞争优势理论,延伸资源观、产业观、制度观等理论观点,提出民营跨国公司竞争力的来源。同时,利用复合基础观的理论,进一步提出民营跨国公司提升竞争力的路径和对策,形成本研究的整体思路与框架。

一、问题提出与研究意义

(一)问题提出

长期以来,发达国家跨国公司主导和控制全球生产网络,掌握国际分工最高"话语权"为发达国家在国际贸易和市场竞争中带来显著竞争优势。Yuqing Xing&Neal Detert(2010)通过苹果公司经典案例研究分析了各国跨国公司参与全球生产网络的国际分工决定了各国贸易收益水平,同时发达国家跨国公司在全球生产网络的主导地位呈现上升趋势。Koopman et al. (2010)、Noguera. G (2012)也先后在研究中分析了跨国公司如何通过生产分工地位,提升企业竞争优势,影响母国贸易收益。因此,跨国公司竞争力已成为各国国际市场地位和国际贸易实力的重要判别标准。近年来,我国实施"走出去"战略的企业在国际市场上取得大规模扩张,民营跨国公司凭借市场化机制驱动,逐渐成为对外直接投资的新主力。在此背景下,宁波吉利、雅戈尔、均胜等一批优秀民营企业先后通过对外投资、海外并购等战略,在国际化进程中快速成长。

新兴市场经济中的跨国公司的快速成长,作为制度转型和市场化进程中的一种独特现象已经引起了理论界和决策者的广泛注意,并成为当前战略管理研究的重要问题之一。目前,在企业成长战略的选择方面,研究领域主要有三种不同的理论视角——基于企业外部环境的产业基础观(IO)、聚焦企业内部资源能力的资源基础观(RBV)以及关注制度情境的制度基础观(IBV)。基于西方企业发展情境和实践,西方学者较早提出了资源观和产业观。其中,IO主张企业成长的外生性,强调企业外部环境,尤其是企业所在产业结构特征对企业成长战略的选择具有决定性作用,并认为企业成长或竞争优势主要来源于产业的吸引力。RBV 则强调企业成长的内生性，认为虽然市场结构、产业基础等外部因素确实会对企业成长产生影响，但它们并非决定性因素。企业内部异质性资源与能力才是企业成长与竞争优势的重要来源。近年来，随着新兴经济体制度变革和社会转型的深入，部分学者重点研究了新兴经济体国情和制度变迁等制度因素对企业成长的影响，研究成果逐渐为学者们关注，IBV 也因此逐渐形成。IBV 认为制度并非企业战略分析的背景条件，而是企业成长战略选择的决定性因素。

基于上述理论，可以看出宁波这些民营跨国公司不具备所有权优势和规模优势，大都通过"被动嵌入"的方式融入其中，导致长期被"俘获"在"微笑曲线"的低端环节，在全球化生产和利益分配链条中处于不利地位。因此，如何利用企业资源、产业结构和母国制度优势，解决宁波民营跨国公司"低端锁定"是当前企业必须破解的发展难题。部分学者也相继提出提升企业复合竞争力理论及新兴经济体企业"战略三角"等观点。在此基础上，本书认为宁波民营企业可以通过嵌入创新网络、主动构建全球生产网络等路径提升民营跨国公司竞争力，进而增强全球生产网络的控制能力，获取更多的国际分工利益。

跨国公司的全球生产分工地位，决定了跨国公司的贸易利益，进而影响国家国际地位和综合实力。宁波民营跨国公司竞争力提升已成为推动区域技术进步、品牌培育、市场扩张的重要推手。因此，促进民营跨国公司"功能升级"和"链条升级"，培养具有国际水平的跨国公司，已成为宁波"十三五"期间国际化战略中的重要任务和目标。

基于以上现实问题和理论背景，本研究探索尝试基于"战略三角"理论，综合资源观、产业观和制度观复合基础观等视角出发，以宁波民营企业跨国经营为分析对象，梳理归纳新兴市场国家民营企业竞争力的形成机制，以及民营跨国公司成长的路径；辨明在全球生产网络中企业要素禀赋、复合能力与竞争优势的作用关系；挖掘资源禀赋与复合能力的内在联系，剖析企业复合能力与企业竞争优势形成之间的作用机制；探析基于复合能力培养的竞争优势提升路径。

(二)研究意义

随着新兴市场国家在国际市场的快速崛起，我国实施"走出去"战略的企业在国际市场上取得大规模扩张。在此背景下，宁波一批优秀民营企业快速国际化，从吉利集团并购沃尔沃公司到阿里巴巴赴美上市，这些民营企业通过对外投资、海外并购等战略，在国际化进程中快速成长。与此同时，随着全球经济下滑，拥有核心竞争力的西方跨国公司纷纷面临经营困境，市场份额逐渐减少。资源基础观(RBV)下的传统竞争力理论认为,企业必须具备有价值、稀有、难以模仿和不可替代的核心能力,才能获取国际竞争的优势。然而,这些企业在资金、技术等方面都难以与发达国家的跨国公司相比,却能够在国际市场逆势扩张,对传统战略理论带来新的挑战。因此,本研究的研究意义体现为对已有理论的补充完善和对现实问题的分析解释。

(三)理论意义

首先,研究宁波民营跨国经营企业竞争力形成的机制与路径,发展传统战略理论与跨国经营理论,为解释新兴市场国家跨国公司成长提供理论基础。一方面,传统战略理论认为,企业核心能力来源于拥有的资源,尤其是不可流动的异质性资源(Ryall,1998),而企业的核心能力使其在竞争中获得优势(Delmas&Toffel,2008)。而新兴市场国家企业大多没有这种优势,这些企业通过对普通资源进行创造性复合,在发达国家跨国公司经营持续走低的情况下,却逆市发展壮大,传统理论对这一现象难以进行解释。另一方面,以 Marc Melitz(2003)为代表的企业异质性理论认为生产效率是企业跨国经营的基础条件,然而浙江省许多企业不具备资源优势,在国内市场还难以立足的情况下,率先进行了跨国经营,这一现象难以从最新的经济理论中找到答案。因此,研究宁波民营跨国经营企业竞争力形成的机制,能够为解释新兴市场国家跨国公司成长提供理论基础,同时,进一步发展现有战略理论与跨国经营理论。

其次,已有关于竞争力和竞争优势的研究,其中大量研究成果阐述了企业竞争力的形成内因,例如影响力较大的是资源基础观,主要强调了企业特有要素禀赋等内因作用。Edith Penrose(1959)将企业竞争力理解为以特定的途径、知识和经验来解决问题的优势。"一元思维"下的传统战略理论强调战略决策的"取舍"或"二者取一",如成本领先战略或差异化战略,从而获取企业竞争力。此外,部分研究重点从母国制度等角度出发,分析了制度等外因对企业竞争力形成的影响。竞争优势的内生观和外生观都强调竞争优势来源的某一方面,但是,结合宁波民营企业跨国经营实践,单一的内因或外因分析都难以解释新竞争环境中存在的种种问题。李海舰和聂辉华(2002)提出,要真正厘清企业竞争优势的来源问题,应全面综合考察企业外部生存环境以及企业内部能力。本书借鉴李海舰等专家的研究,在原有竞争优势来源内生论和外生论基础上,结合全球化竞争环境探讨企业影响力是当前情境下竞争优势的研究趋势和焦点。在全球生产一体化视角下辩证思考竞争优势来源,从而进一步推进竞争优势来源的相关研究。此外,已有研究分析了资源观(核心竞争力)对竞争优势的影响,缺乏了现实经营背景下,企业复合能力的形成对其影响竞争优势潜在机理的深入探究。因此,本研究在资源观、产业观和制度观的基础上,沿着复合基础观的理论框架,取径综合要素禀赋——复合能力——竞争优势的逻辑,进一步探讨企业内外部资源、企业复合能力与竞争优势间关系的理论,扩大原理论的应用范围,促进竞争优势理论的研究进展。

(四)实践意义

从"战略三角"、复合能力与竞争优势关系视角探讨企业跨国经营竞争优势的形成,不仅有以上理论意义,还具有重要的管理实践意义。

首先,改革开放40年也是中国企业成长的40年,随着全球经济一体化的发展,越来越多的中国企业开始走出国门,企业的国际化经营水平和竞争力不断提高。中国企业真正开始进行全球化的资源配置和布局,参与全球竞争获取综合竞争优势成为当前中国企业参与全球生产互动的又一重要方式。新世纪以来,宁波企业通过兼并、收购、对外投资等多种方式快速进入国际市场,并购规模和数量居全国大陆省市第一位。宁波企业跨国经营实践,为深化研究宁波民营企业跨国经营活动的内在规律提供了现实基础。宁波正处于经济转型与结构调整的过渡时期,宁波企业的跨国经营能够为浙江省获取国外先进技术提供渠道,为解决浙江省面临的资源约束提供获取途径。因此,对宁波企业跨国经营内在规律的研究将为宁波通过跨国经营获取稀缺资源提供思路,进而为宁波经济转型升级与结构调整创造更好的基础条件。

其次,参与全球网络是发展中国家企业提升生产能力的重要途径,通过全球生产互动,企业可以通过获得技术和积累技能,为长远产业升级创造机会。同时也可能带来诸如对社会和环境可持续性的影响、被长期锁定于低附加值生产活动的风险,以及全球价值链活动的高流动性等风险。虽然中国企业在参与全球化竞争过程中已经积累了一些实力,但近年来涌现出的"低端价值链固化"、"美国制造业回流"等问题,将全球生产网络视角下的竞争优势问题推至各领域学者的研究视野。因此,如何参与全球生产互动推动企业发展,获得更为广泛的影响力并获取竞争优势,是中国企业目前亟待解决的现实问题。因此,"战略三角"视角下,探索企业复合能力形成对竞争优势的影响作用,有助于增强中国企业增强在全球化竞争过程中的影响力,进一步提升中国企业国际化经营水平和竞争优势,同时为政府政策制定提供依据。

二、研究方法与技术路线

(一)研究方法

1. 跨学科领域的理论研究方法

鉴于研究主题横跨多个研究领域,本书将综合运用战略管理理论、产业组织的动态竞争理论、一般均衡理论、跨国经营理论等多个领域的理论与方法,以战略管理理论和跨国经营理论为主,跟踪制度观、复合基础观等适用于新兴经济体企业成长的最新理论,开展企业竞争力评价的理论研究;采用产业组织的动态竞争理论及一般均衡理论等研究国家制度环境及产业、行业技术创新及产业链等对跨国公司竞争力的影响等。

2. 文献研究方法

本书通过搜索中国期刊网(CNKI)、中国资讯行(China Infobank)、EBSCO 等中外文网络数据库,查阅图书资料,国际交流等途径,搜集了有关资源基础观、核心竞争力、组织绩效等方面的力量与文献资料;认真研读 *SMJ*、*ASQ*、*AMJ*、*AMR*、*Organization Science*、*International Business* 等国际顶级经济管理类期刊上的相关文章,对与复合基础观有关的各种理论进行梳理,对主要理论产生和运用的实际背景进行历史比较分析。

3. 案例研究方法

本书将通过调研大量新兴经济体跨国公司典型案例资料,在对案例进行研究和特征分析的基础上,针对其跨国竞争优势形成过程中的影响因素与关键决策进行调研,以探究我国跨国公司竞争优势形成的机制和路径,从而构建理论模型案例。通过深入访谈寻找模型构建中可能忽视的重要影响因素,访谈对象主要为代表性集群的典型企业、与其相关联的企业、政府相关部门、行业协会、中介组织等。最后通过结合理论基础以及调研数据和访谈内容的研究,梳理一批代表性跨国公司,以进行探索性研究,并结合理论研究成果进一步修正理论框架。

(二)技术路线

本书基于"战略三角"范式,重点研究"宁波民营跨国公司竞争力的提升机制",主要通过文献梳理(引入战略三角理论框架,进一步拓展和深化战略管理理论、海外直接投资理论、公司成长理论等)、典型案例企业调研访谈、行业专家和学者咨询(民营跨国公司、相关政府管理部门及专家学者等)等途径,归纳总结国际化成长理论、战略管理理论、新兴市场国家跨国公司投资、竞争力理论等,形成本研究的文献基础,构建民营跨国公司竞争力测度指标体系。基于战略管理理论和企业成长理论框架,将企业战略与跨国公司成长作为有机统一的系统进行研究。与此同时,基于广泛走访调研民营跨国公司,分析国际化战略选择、企业复合能力对民营跨国公司竞争力的影响机制。最后,借鉴发达国家跨国公司成长经验,总结提出跨国公司竞争力的提升路径和对策建议。

本书研究过程中将主要采用文献研究、问卷调查研究和案例研究等方法,各种研究方法在整体研究中发挥各自的作用,彼此有机结合,取长补短,保证本项目研究的科学性。

三、主要内容和框架安排

本书在梳理现有文献基础上,结合宁波民营企业跨国经营实践,构建竞争力形成机制的理论框架,解释宁波民营跨国经营公司如何整合普通资源创造竞争力的现象,提出竞争力培养路径及相关对策。本书利用资源基础理论、竞争战略理论、复合基础观及全球生产网络分析框架等理论最新研究成果,首先梳理西方传统战略理论和跨国的主要观点与理论预期,结合宁波民营企业跨国经营的实践,探索传统理论对宁波民营跨国公司成长解释的悖论,提出新兴市场跨国经营企业复合竞争力形成的理论和现实基础;其次是结合宁波民营跨国公司的实际情况,构建竞争力测度指标体系,通过对宁波民营跨国公司进行横向和纵向比较,评价其竞争力现状及变动趋势;然后基于上述理论框架,通过探索性案例研究和问卷调查,从资源基础观和产业观,结合制度观和复合基础观,归纳跨国公司竞争力的影响因素,进而构建宁波民营跨国公司竞争力形成机制的理论框架和通过实证检验进一步完善理论框架;最后,基于战略过程理论,提出复合基础观下竞争力的"学习(LEARN)模型",寻找培育跨国公司竞争力的路径,为提升跨国公司竞争力提供政策建议。

(一)我国民营企业国际化及相关理论基础

本书将在第一章引言部分对我国民营企业概况、国际化背景等进行分析介绍。其中通过对我国民营企业国际化实践的梳理,了解新兴经济体国家企业国际化对传统理论的挑战。结合公司跨国经营实践与传统理论的预期进行对比分析,寻找传统竞争理论解释力薄弱的根源,为竞争力形成机制的构建提供理论依据。第二章对企业国际化、跨国公司竞争力、新兴经济体国家企业竞争力来源等理论进行详细梳理,从而提出研究所需的主要理论基础。指出宁波成功实施"走出去"战略的跨国公司在缺乏核心能力(如缺乏核心技术、品牌知名度及产品创新能力等)条件下,如何通过"快速市场反应",捕捉机遇,通过成本、产品、质量等产品复合能力优势,利用创新网络等模式创新,借力国家政策优势等获取特别竞争力的规律,找到竞争力理论提出的现实依据。

(二)宁波民营企业国际化现状及趋势分析

随着国际生产全球一体化的程度不断深化,发达国家跨国企业纷纷主导构建全球生产网络,发展中国家的企业也相继通过嵌入全球生产网络参与国际生产分工。第三章重点对我国的国际化政策历程进行梳理,以及对我国企业国际化的特点和趋势进行分析。在此背景下,进一步详细介绍宁波民营企业跨国经营实践。一方面是民营企业国际化现状,全球生产一体化为跨国公司成长赋予了新的内涵,本部分基于全球生产一体化视角,结合宁波民营经济发展历程,分析宁波民营企业国际化现状;另一方面对宁波民营企业跨国经营发展水平及趋势进行分析。

(三)宁波民营跨国经营企业竞争力测度分析

第四章在界定国际竞争力的内涵上,以民营跨国经营企业为研究对象,提出跨国经营企业竞争力的测度指标体系,本章在竞争力评价模型基础上,借鉴理论从规模、市场、要素、跨国程度等4个维度构建竞争力的测度指标体系。第五章在上章指标体系基础上,对宁波民营跨国公司竞争力进行综合测度,同时对宁波民营跨国经营企业竞争力的现状及变动趋势进行横向和纵向比较分析,对比分析宁波民营跨国公司竞争力的优势与不足。

(四)宁波民营跨国经营企业竞争力影响因素及机制分析

基于企业成长"战略三角"范式,第六章重点分析民营跨国经营企业竞争力影响因素。在传统资源基础观、产业基础观的战略理论基础上,结合新兴经济体企业成长实践提出的制度基础观和复合基础观等相关文献研究,归纳总结跨国公司竞争力的影响因素,主要包括企业内部资源禀赋(技术、市场、企业家精神等)、产业及外部市场环境(外部资源可获得性、市场进入等)、制度因素(政策扶植、利税等)等。同时,通过梳理竞争力影响因素,结合新兴经济体企业成长实践提出的制度基础观和复合基础观,构建宁波民营跨国经营企业竞争力形成的机制。

(五)宁波民营跨国经营企业竞争力形成机制与案例研究

第七章利用探索性的纵向多案例研究方法对宁波民营跨国公司的典型案例进行深入剖析,进而归纳宁波民营跨国经营企业竞争力形成的共性做法。

第七章重点研究海伦钢琴和杉杉集团典型案例,对案例企业进行纵向剖析和横向比较,从产品、竞争和能力 3 个维度分析归纳总结跨国公司竞争力形成的共性特点。同时,根据 Mehri(2006)的成本领先战略和 Bogner&Bansal(2007)的差异化战略,分析各构成要素在企业竞争力形成中的作用,以外部资源可获得性、合作导向、企业家能力等因素作为解释变量,以竞争力的其他影响因素为控制变量进一步提炼总结宁波民营跨国经营企业竞争力形成的要点。

(六)宁波民营跨国公司竞争力的培养路径与对策研究

第八章基于宁波民营跨国经营企业竞争力理论构建、绩效评价、案例分析的结果,进一步总结宁波民营跨国经营企业复合竞争形成的内在动力与外部环境,提出民营跨国经营企业竞争力的培育路径。一方面,借鉴欧美、日、韩等跨国公司竞争力培养经验和政策启示,从企业视角提出宁波民营跨国公司提升企业竞争力的路径。另一方面,从政府视角提出相关对策和建议。

第二章

相关理论与文献综述

第一节 跨国公司及竞争力理论

随着全球一体化进程不断深化,各国为应对日益激烈的国际竞争,相继涌现一批跨国公司成为各国参与竞争的代表。近年来,随着我国"走出去"战略和"一带一路"倡议的实施与推进,一大批跨国公司逐渐成长壮大,成为中国参与全球企业竞争的典范。目前,自主技术水平薄弱、创新能力不足等依然是我国民营跨国公司在全球竞争力不强的关键问题,致使中国企业仍低端嵌入全球产业价值链。本书以宁波民营企业跨国经营实践为基础,基于"战略三角"理论视角,结合资源观、产业观、制度观和复合基础观等理论,取径"综合资源禀赋——复合能力——国际竞争优势"的研究思路,探讨竞争力的形成机制及发展路径。

一、跨国公司及跨国公司竞争力

(一)跨国公司

跨国公司一般指以全球市场为目标开展跨国经营活动的企业。国外文献中关于跨国公司称呼较多,主要有"国际公司""全球公司"和"跨国公司"等。相关国外文献中对跨国公司的解释包括几点关键要素:以本国为基地,对外开展直接投资,具有一定资源优势的垄断企业。但随着新兴市场企业的快速成长和发展,这些国家的跨国公司实践与传统解释存在一定差异,因此学术界对跨国公司内涵的定义也发生了变化。

跨国公司理论从 20 世纪 60 年代兴起,西方经济学家主要把跨国公司理论分为两种——微观跨国公司理论与宏观跨国公司理论。在微观跨国公司理论中,Vernon(1966)在其《产品周期中的国际投资和国际贸易》一文中提出产品生命周期理论,该理论把国际投资同国际贸易及生命周期结合起来,利用产品生命周期变化,解释了美国战后对外直接投资动机和区位的选择,也被称为对外直接投资的产品周期理论。Hymer(1961)提出垄断优势理论,该理论从对外直接投资的角度解释了公司能够并且愿意开展国际经营的原因,突破传统国际资本流动理论,开创国际直接投资理论的先河。从宏观跨国公司理论来看,英国经济学家 Dunning(1977)提出了国际生产折衷理论,认为一个公司必须同时具备所有权优势、内部化优势和区位优势才可能从事对外直接投资,这为企业优势和国际经营方式选择提供了深远的借鉴意义。此后多位学者在研究发达国家跨国公司实践的基础上,分析国际直接投资发生的动机和原因,提出了一些经济理论。

而 20 世纪 80 年代是跨国公司的发展阶段,一方面,发展中国家跨国公司兴起,开始大规模开展进出口贸易和对外直接投资,其在世界对外直接投资总量中的份额一直在增加;另一方面,欧美等发达国家跨国公司研发活动开始走向全球化。这两个特点催生了一系列跨国公司新理论。在对发展中国家跨国公司理论研究中,Wells(1983)提出小规模技术理论,被学术界认为是研究发展中国家跨国公司的开创性成果,发展中国家跨国公司拥有的为小市场服务的生产技术是其对外直接投资的动因。英国经济学家 Lall(1983)在对印度跨国公司进行竞争优势分析后提出了技术地方化理论,认为发展中国家通过对从发达国家引进技术的改造、消化吸收和创新,使引进的技术更加适合发展中国家的经济条件和需求。王强和万祥春(2005)对发展中国家跨国公司的特点进行了研究,因为发展中国家和发达国家处于不同的发展阶段,对外投资的比较优势不同,对外投资的目标不同。发展中国家跨国公司的特点集中于三点:(1)对外投资的行业多以传统制造业为主;(2)发展中国家跨国公司的跨国程度明显低于发达国家的跨国公司;(3)发展中国家跨国公司海外投资项目的劳动密集程度高。虽然发展中国家跨国公司在营业额上已具备跨国公司应有的规模,但与发达国家相比,差距依然很大。

(二)跨国公司竞争力

企业竞争力问题一直是世界范围内的研究热点。在竞争力研究中,企业竞争力是核心。在经济关系中,如果没有竞争,世界便缺乏不断进步的动力。世界经济论坛(WEF)1985 年《关于竞争力的报告》中指出,企业的国际竞争力是指企业在目前和未来,在各自的环境中以比它们国内和国外的竞争者更有价格和质量优势来进行设计、生产并销售货物以及提供服务的能力和机会。国外学者较早地关注到了企业国际竞争力问题,亚当·斯密在《国富论》中剔除两国进行贸易的绝对优势理论,和李嘉图以劳动价值论为基础,认为企业国际竞争力的大小取决于劳动成本的高低。

1. 国外学者对跨国公司竞争力的研究

随着经济全球化和信息化进程加快,解释竞争力演变规律的理论逐渐显现,比较具有代表性的理论有竞争优势理论、核心竞争力理论和 IMD 的国际竞争力理论。Porter(1990)在 1980—1990 年相继出版的 4 部著作中分别提出了解释国家竞争力的"国家竞争优势模型"、解释产业竞争力的"5 种竞争作用力模型"和"价值链"等理论观点,建立了涵盖企业国际竞争力、产业国际竞争力、国家竞争力在内的多个理论分析模型,形成了一个涵盖国家、产业和企业三个层次竞争力的国际竞争力体系。西方经济学家对于国际竞争力研究逐步形成了结构学派、资源学派和能力学派三大学派。在核心竞争力理论方面,Prahalad & Hamel(1990)提出了企业核心竞争力的概念,认为企业的竞争优势根本源于企业具有的核心能力,是蕴含于企业内部的,支撑着企业过去、现在和未来竞争优势并使企业长期在竞争环境中取得主动的核心能力,他们认为,建立核心竞争力是公司长期竞争优势的来源。

竞争力的研究是一个循序渐进的过程,从刚开始竞争力的研究慢慢地引入更多的因素,再回到竞争优势的问题。在西方,早期研究将竞争优势界定为价值优势观、绩效优势观。Peteraf & Barney(2003)是价值优势观的代表人物,把竞争优势定义为企业之间创造价值方面的差异,提出如果企业能在产品市场上比其边际竞争对手创造更多的经济价值,那么该企业就更具有竞争优势。在绩效优势观中,许多西方学者把竞争优势定义为超额的财务绩效,即跨国公司将企业的价格定在平均成本以上,就可以获得超额利润。在垄断竞争条件下,跨国公司产品的价格取决于产品差异化的程度。产品差异化程度越大,跨国公司形成竞争优势的可能性越大。Powell(2001)明确指出,竞争优势不等于绩效,而且竞争优势也不一定能产生卓越的绩效,两者并不等同,不能混为一谈,他的观点也引发学者们对竞争优势概念界定的深入思考。Bingham & Eisenhardt(2008)指出竞争优势可能还有其他来源,探寻竞争优势的其他来源将是战略管理研究的一项长期任务。另外,资源、能力和竞争优势的其他来源能否相互替代,也应该是未来竞争优势演化研究的一个重要方面。

2. 国内学者对跨国公司竞争力的研究

我国对企业竞争力的研究相对较晚。目前对企业竞争力的描述很多,诸如"企业竞争力"、"企业国际竞争力"、"企业核心竞争力"等等。从跨国公司竞争力研究发展历程中可以看出,各国学者对跨国公司竞争力来源的探讨不断深入,逐渐从"劳动生产率"、"资本"、"技术"等单因子决定论向多因子综合决定论演化,对跨国公司竞争力的研究范式也逐渐从具体化研究向"结构分析"、"核心能力"等抽象化研究演进。跨国公司竞争力研究未来的发展方向也将延续这一趋势,变得更加综合、更加复杂、更加抽象。马桂景和孙岩(2008)基于当今世界经济全球化为主流趋势的背景,对现代经济条件下跨国公司的核心竞争力进行分析,把企业核心竞争力定义为一个成本的概念,认为其是企业拥有的独特性获取利润、持续发展的一种能力。而企业核心竞争力的内容包括具备创新能力、具有个性特色的管理模式、专有的品牌形象、可靠的市场网络等。文章进一步提到了关于跨国公司核心竞争力的塑造,提出发达国家与发展中国家的技术差距理论,发达国家在技术开发上拥有绝对优势,而技术差距决定了国际分工。对此,提出要加强知识管理和加大研发力度与技术开发,更要重视知识性资产等无形资产的有效运用。

我国一些学者从技术转移的角度来分析竞争力,吴昌南和曾小龙(2013)研究了西方的相关文献,表明跨国公司不仅仅是国际技术转移的输送方,也是东道国或者东道国子公司逆向知识转移的吸收方,即东道国或东道国子公司对跨国公司也存在逆向知识转移。学者结合我国跨国公司的实际情况提出相应建议,我国应适度地防止在华子公司向其母公司进行逆向知识转移,而我国海外公司也应该有效地发挥海外子公司的逆向知识转移,来增强竞争力。白瑛、蔡建峰等(2008)利用数学方法论证并建立模型,分析转移价格下的跨国公司的可持续竞争力,具体分析跨国公司内部如何制定转移价格,跨国公司如何在巨大的供应链中利用转移价格达到利润最大化,从而获取可持续竞争力。高祖原(2013)用典型案例对拥有核心竞争力的中国企业跨国并购进行研究,以中国联想收购 IBM PC 全球业务跨国并购案为重点,深入地分析了中国企业跨国并购过程中的问题,提出了企业跨国并购过程中应采用的战略,这种战略的核心是提高竞争力。该案例中的联想集团成功并购外国企业,成功提高了企业的核心竞争力。在跨国并购中,需要注意的重点在于企业要提升核心竞争力,不可忽略企业本身具有或应当具有的学习和实践的能力,跨国合并后,要融合双方的技术和文化优势,来提高企业效益。

在竞争优势内涵界定方面,我国学者郭玉华(2009)从经济学的角度来解释其含义,认为跨国公司的竞争优势是指在相同水平投入下,能获得较高的经济利润,同时指出跨国公司的竞争优势包含生存优势和发展优势,跨国公司生存的竞争优势理论是以垄断优势为基础的,跨国公司竞争优势的形成并不是一蹴而就的,是在以生存为基础的比较优势上发展起来的,最后把垄断优势转化为持续的竞争优势。马鸿佳、宋春华、葛宝山(2015)引进动态能力、即兴能力,并对其与竞争优势的关系做了系统的研究。文章进一步从效率、功能和持续性三方面进行竞争优势度量,并用实证的方法对动态能力、即兴能力与竞争优势三者的关系进行了研究,动态能力和即兴能力均与企业竞争优势呈正相关关系。

(三)跨国公司竞争力评价

1. 行业国际竞争力评价相关研究

对于产业国际竞争力的研究可以分为 3 个层次。第一层是利润和市场份额,主要是用产业利润和进出口数据进行评价;第二层是对于产业生产率水平的评估,典型评价方法是"产出和生产率国际比较";第三层是对于产业竞争力影响因素的综合评估,一般分别对各因素进行分析并进行综合评价,波特钻石模型是分析产业竞争力比较全面的理论,但难以指标化和量化。

目前国内各种产业竞争力评价方法基本停留在比较优势的层次上,尤其是考虑到数据的可获得性,对于进出口数据的实证研究成为应用最广泛的方法。具体评价指标包括显示性比较优势指数 RCA、贸易竞争指数 TC、国际市场占有率 MS、产业内贸易指数 IIT 等 8 种,最常用的是 RCA 和 TC(金碚,1997;张小蒂和危华,2008;朱彤和孙永强,2010)、MS(朱彤和孙永强,2010;蒋美娟等,2013)、出口产品质量指数(余为丽和王治,2006)、显示性竞争优势指数 CA(陈立敏等,2009)。此外,还有进出口价格比、出口优势变差指数等。任若恩(1998)较早使用"生产率法"评价产业国际竞争力,运用"产出和生产率国际比较"项目组所提出的"生产法",集中研究以生产率测量一国产业的国际竞争力。在其研究基础上,刘海洋和罗洋(2012)运用生产率法来衡量高技术产业,张凯竣和雷家骕(2013)采纳克鲁格曼提出的生产率/工资率的生产率修正指标研究光伏产业国际竞争力。

金碚(1997,2003)对行业国际争力评价提出创新观点,较早提出多因素测算指标体系,并应用研发投入和产业集中度因素指标测算制造行业竞争力。在其研究思想基础上,国内学者对行业国际竞争力评价进行了大量研究。蒋美娟等(2013)构建了成本与价格、生产要素、生产能力、产品质量、品牌与营销、产业集中度、市场需求、政府扶持政策等多个影响因素的评价指标体系,对我国羊绒产业国际竞争力进行评价。胡成春(2013)在对云南省高新技术产业竞争力进行分析时,也采用了多因素法进行衡量,从五方面选取 15 个指标进行分析。高秀艳和邵晨曦(2013)在对区域文化创意产业竞争力进行分析时选取 19 个指标作为影响因素进行因子分析。

2. 企业国际竞争力评价相关研究

国外企业竞争力评价指标体系主要以 WEF 和 IMD 关于企业管理国际竞争力的指标体系和《财富》、《福布斯》等世界主要杂志的评价指标体系为代表。IMD 和 WEF 关于企业管理国际竞争力的指标体系是针对一国企业的整体实力来进行考察。对以企业为主体的产品而言,竞争力是指在实现产品价值条件下,该种产品在一国、一地区进而在国际市场上的扩张能力,通常可以用该产品的劳动生产率、成本、价格、质量,以及市场占有率来衡量。对企业而言,竞争力是指在实现企业产品不断扩大市场的同时,该企业可持续的赢利能力。通常可以用企业销售额和销售利润率来衡量,但还需要设定别的指标来衡量其持续性,如企业的技术开发和创新能力(裴长洪,2002)。

加拿大学者 Muhittin(2001)通过分析竞争力的各种影响因素,包括国际环境因素,构建了一个描述企业竞争优势的模型,提出了定量评价竞争力的方法。另外,加拿大维多利亚大学 Mitche(2005)教授根据不同类型的企业设计开发了一套基于企业自诊的计算机专家决策系统的企业国际竞争力评估模型。

国内学者裴长洪(1997,2002)、金碚(2003)等较早对国内企业国际竞争力评价指标体系开展研究,并构建相应评价指标体系测算不同行业企业国际竞争力。之后,王建华等(2005)认为,企业竞争力的评价指标体系应该包括企业竞争力的经营环境(经济环境、产业环境)、产品市场竞争力(获利情况、市场占有)、企业战略能力、企业生产能力(生产效率、生产柔性和产品质量特性)、企业市场能力、企业技术能力、企业运营能力、企业财务能力,以及企业可持续能力,依此构建评价指标体系。王伯安(1997)认为,企业的竞争力主要体现在行为能力、潜在能力、战略与管理能力。行为能力主要用总资产贡献率、信用度指数、所有者权益比率、市场占有率指数、消费者综合满意度等指标来反映。潜在能力则用 R&D 占工业增加值份额、产品质量综合指数、加工成本、环境保护知识等来反映。战略与管理能力则体现在总经理决策成功率、劳动效率、生产工人与技术人员占全部职工比重。吴应宇(2009)从企业的量性发展能力和企业的质性发展能力两个方面来评价企业可持续竞争力。量性发展能力包括市场占有率、销售增长率、资产增长率;质性发展能力由财务能力指标、市场能力指标、技术能力指标、管理能力指标、信息资源利用能力指标和外部制约与内在动力指标构成。根据评价方法的特征,可以将企业竞争力的评价方法概括为定性分析法、综合评价法和定量模型法。

近年来,边春鹏、阮文婧、黄叶金(2015)基于内生异质性企业理论,对中国企业国际化竞争力进行评价,筛选出了中国企业国际化动力、能力、潜力等3个层面的国际化竞争力指标,针对国有企业、私营企业、港澳台企业、外资企业四种不同类型的企业国际化竞争力进行了评价,结果显示四类企业中国有企业的竞争力最强,外资企业和港澳台企业次之,私营企业的国际化竞争力最弱。

二、跨国公司竞争力影响因素研究

企业竞争力指企业在市场竞争中具有的能够持续获利超过其他企业的能力,该企业的产品和服务与其他企业相比具有竞争优势。企业竞争力体现了企业在竞争中获得优势的一种综合能力,综合能力高,竞争力就强,反之亦然。在竞争性市场条件下,企业通过培育自身资源和能力,获取外部可寻址资源,并综合加以利用,在为顾客创造价值的基础上,实现自身价值。现代一些学者对跨国公司竞争力的主要影响因素进行了更深入的分析和探讨。

(一)企业产品层面的影响因素

1. 价格及成本是基本影响因素

价格竞争是企业间竞争的基本方式,在其他因素不变的情况下,某一产品的价格就意味着具有一定的竞争力,因此价格是企业竞争力差异的一个来源。早期研究认为,提供复合式的产品服务组合相较于提供集中度更高或更加聚焦的产品被证明使得企业绩效呈现显著的降低(Lang ＆Stulz,1994;Berger ＆Ofek,1995),这一现象被称为"多元化折扣"。另外,成本是企业产品价格形成的基础,决定了企业的价格是否具有竞争优势和获利空间,成本优势就是企业竞争力差异的另一个来源(Luo,2012)。成本低的企业在价格制定过程中能够有较大的选择空间,能够吸引消费者对其产品产生购买倾向,可以获得高于行业平均利润水平的收益。周晓东和项保华(2003)认为,虽然竞争存在不同的层次,但竞争优势最终应当体现在为顾客提供的产品和服务上,离开市场、产品或服务,空谈竞争优势是没有意义的。竞争优势表征的是一种顾客价值优势,表现为一条独特的价值曲线。

2. 产品质量是企业竞争力的核心

产品质量是企业竞争力来源的功能性要素,质量既是产品在市场上实现交换的最根本前提,也是企业实现价值的决定性因素。企业的销售状况取决于提供产品的质量,质量好的产品在价格制定过程中的选择余地较大,劣质产品在市场中毫无竞争优势,消费者不会忍受花费一定的金钱换来的却是质量有缺陷的产品(任艳秋,2014)。产品质量包括内在质量特性(如产品结构、性能、精度、纯度、物理性能、化学成分等),外部质量特性(如产品的外观、形状、色泽、手感、气味、光洁度等)。

(二)企业资源层面的影响因素

1. 品牌是企业竞争力的重要来源

企业资源理论认为,企业的长期竞争优势源自于企业所拥有和控制的有价值、稀缺、难以模仿和难以交易的特殊资源和战略资产(Barey,1991)。品牌作为一种无形资产,对企业供应商、消费者和竞争者都提供相应的竞争优势。企业在技术、专利等方面的竞争优势往往很难长久保持,但是一般来说,只要企业在经营期间不出现严重的失误,品牌资产会不断增值,使企业的竞争优势不断扩大。

2. 人力资本是影响企业竞争力的重要资源因素

Johnson&Scholes(2002)认为,创新、技术进步、有效地组织有活力的经营管理、品牌、产品和服务的质量、人力资本被广泛地认为是公司竞争力至关重要的来源。在产品差异性不容易获得的高强度竞争环境中,品牌的经营对维持和提高组织竞争力是至关重要的。同样地,Drucker(1988)与 Kanter(1989)也越来越认识到竞争优势更可能通过有效的人力资源培育和雇佣而获得。这就包括加大对雇员训练和发展的投资,贯彻培育和利用雇员的创新精神,吸引人才去为公司工作的动力机制。大量中国公司的数据表明,产品差异化和国际化一直是新的公司战略。

3. 社会网络关系是企业竞争力的重要保障

随着经济全球化和科学技术的迅猛发展,越来越多的企业认识到,要在竞争激烈的市场环境中获得和保持竞争优势,不仅依赖于企业自身拥有的资源或能力,而且还依赖于企业的社会网络关系资本(Lee&Cavusgil,2006)。任何企业都处于关系嵌入和结构嵌入之中,只有优势互补才能实现"双赢"或者"多赢"(侯方森,2004)。这使得企业间关系的建立、维系和发展的重要性显现出来。蒋天颖、张一青、王俊江(2010)提出社会资本和竞争优势之间关系的假设模型,并通过对浙江省 72 家中小企业进行问卷调查的方法来验证竞争力的影响因素,得出中小企业社会资本对知识共享与创造具有显著的正向影响的结论,中小企业要确立竞争优势,必须先了解其影响因素,必须重视社会资本、智力资本的投入,同时还要营造有利于知识共享与创造的企业氛围。

(三)企业异质性的影响因素

1. 创新是企业核心竞争力的关键因素

创新经济学家熊彼特于 1912 年在其著作《经济发展理论》中首次提出"创新"概念。"创新"成为核心竞争力培育研究中不可缺少的一部分。在这理论提出之后,Bertrand(2000)在对 40 个欧洲及美国的职业经理进行面谈后,研究了创新能力与企业核心竞争力之间的关系,认为创新能力为核心竞争力的形成做出了重大贡献,并提出通过技术联盟、部门协作、战略联盟等形式培育核心竞争力(Faulknel&Bowan,1995)。在一个技术不断变化的环境中,产品的创新经常会面临失败,在技术进步加快的环境下,技术创新过程变得更具有风险性,并直接影响了企业竞争能力的变化和迁移。从上述来看,学者们共同认为一个重要的因素是创新。创新能力与品牌是跨国公司竞争力研究的重点研究方向,而发达国家与发展中国家的竞争力有着明显的区别,是因为其影响因素也存在着差别,发展中国家要基于自己国家的经济、政治、文化等各个方面来探讨竞争力的影响因素,来培育跨国公司的竞争力。

2. 异质性与差异化是企业竞争力的来源

近年来,越来越多的研究表明,企业的竞争优势和利润的来源不仅取决于市场结构,而且更多地由企业内部要素禀赋差异和核心生产力的差异来决定。Leonard Barton(1992,1994)认为核心竞争力是公司区别于其他公司并对公司提供竞争优势的一种知识群,即企业的异质性资源。企业的产品或生产经营的某些环节能够与竞争对手有区别,形成本企业特色的稀缺,即"局部的供不应求",就能将企业与其他企业区别开来,形成自身的竞争优势,并以此来获得超额价值(任秋艳,2014)。一般来说,具备竞争优势的企业都是拥有较强的差异化能力,或者说是差异化的能力使某一个企业在竞争的较量中脱颖而出。所以企业为了能够在竞争中取得胜利,拥有优势,就需要在经营的某方面创造出差异性。

(四)行业或国家特定影响因素

波特是第一位从产业层次研究国际竞争力的学者。波特在 1990 年出版的《国家竞争优势》一书中提出了解释国家、产业或企业竞争优势的全新理论,即"钻石理论"。钻石理论认为,国家竞争优势是指一个国家使其公司或产业在一定的领域创造和保持竞争优势的能力。一个国家的产业能否在国际上具有竞争力,取决于该国的国家竞争优势;而要形成国家整体的竞争优势,关键在于以下 4 个基本要素和两个辅助要素的整合作用:要素条件、需求条件、相关与支持性产业、企业战略;结构和竞争者、机会和政府行为。六项因素结合成一个体系,共同作用决定国家竞争优势。

从行业的竞争优势来看,杨振兵、马霞、蒲红霞(2015)基于中国工业行业面板数据对比较优势进行了研究,针对现有研究忽略的市场竞争等重要因素对贸易比较优势的影响,利用 2001—2012 年中国工业行业的样本数据,构建一个新的环境规制指标,实证考察了环境规制和市场竞争等要素对比较优势的影响,研究表明环境规制对贸易比较优势的影响呈现倒 U 型的趋势,市场竞争、人力资本、物质资本对贸易比较优势具有显著的积极影响。而重视人才战略、鼓励研发、规范行业竞争秩序对提升贸易比较优势具有重要意义。葛顺奇和罗伟(2013)以中国制造业企业为例,研究了其对外直接投资和母公司竞争优势。体现母公司竞争优势的因素,包括新产品占比、人均管理成本、人均产出、资本密集度、利润率和出口强度,对对外直接投资具有促进作用,体现竞争劣势的债务利息率则阻碍了企业对外直接投资。作者运用实证的方法证明了企业的竞争力越强,进行对外直接投资的可能性越大。而体现企业竞争优势的因素中新产品占比、人均管理成本、人均产出、资本密集度、出口强度和企业的年龄,与企业对外直接投资概率正相关。对于制造业企业对外直接投资现状的解释力,新产品占比和出口强度相当,年龄越大的企业进行对外直接投资的概率越高。

早期跨国投资理论较为典型的"垄断优势理论"(Hymer,1970)和"内部化理论"(Buckley&Casson,1976),从企业资源优势及市场缺陷解释了发达国家跨国公司竞争优势的影响因素。基于两种观点,Dunning(1988)补充了东道国因素,提出国际生产折衷理论,又称为 OIL 模型。其中,L(区位优势)就是重点分析东道国的市场、制度、文化等因素对跨国公司的影响。随着中国等新兴市场国家的崛起,这些国家的跨国公司快速成长及国际化步伐加快,但并不具备所有权优势(O)和内部化优势(I),与传统理论相悖。基于新兴市场国家制度特殊性及对企业国际投资的影响,制度安排成为新国际投资理论研究的新热点(Buckley,2002)。近年来,阎大颖(2009)、侯文平(2014)、余官胜(2015)等学者通过研究政府资源配置能力、企业国有化探讨了母国制度因素对中国对外直接投资的影响。

三、跨国公司竞争力的来源研究

(一)传统竞争力理论相关研究

Edith Penrose(1959)将企业竞争力理解为以特定的途径、知识和经验来解决问题的优势。Wenerfelt(1984)提出了"资源基础论",认为企业是一个资源集合体,并把资源分成三类:有形资源;无形资源;有关产品和工艺的知识资源。波特提出的"钻石理论"认为一国的特定产业是否具有国际竞争优势,取决于4个内生(主要)决定因素,即要素条件、需求条件、相关与辅助产业和公司战略、结构与竞争行为。Prahalad&Hamel(1990)最早提出公司核心竞争力(core competence)的概念,他们认为核心竞争力是组织中的共同性学识,尤其关于如何协调不同的生产技能和整合多种技术流的能力;是组织边界范围内的沟通、投入和对工作的深深的承诺,是集体学习。只有当核心竞争力能够同时满足有价值、稀有、难以模仿和不可替代4个标准时,才能为组织带来可持续的竞争优势(Prahalad,1993;Leherd,1997)。Hamel(1994)描述了核心竞争力的5个关键特征,即:第一,它们是形成有关整体不可缺少的技能和技术的整合,它们不可能存在于单个的人,而是源自于个人能力和企业系统的结合;第二,它们是基于知识的而不是资产的,它们是活动,是学习的结果;第三,它们有顾客价值,它们是使得企业能够给顾客以基本的顾客利益的技能;第四,它们是独特的竞争,是企业保持对竞争对手充分的优势而必须抓住的核心,竞争对手难以模仿;第五,它们应该给企业以进入新市场的机会,企业必须能够预见到由核心竞争力而生的新产品市场。Leonard(1992,1994)认为核心竞争力是使公司区别于其他公司并对公司提供竞争优势的一种知识群,即企业的异质性资源。之后Powel(1992)、Litz(1996)等学者从不同角度强调了资源的异质性是竞争优势的重要来源,并提出可通过组织、文化、并购及公司治理创新形成异质性资源。

(二)核心竞争力理论相关研究

核心竞争力的研究大多基于资源基础观,强调在企业资源的基础上如何引导和支持战略(Hamel,1994)。Prahalad(1993)认为核心竞争力是技术的融合,是市场进入能力、诚实关系能力、功能关系能力的整合表现。Leherd(1997)认为核心竞争力是职能的集合体,产品的基础,企业的核心竞争力来自于产品技术能力、对用户需求的理解能力、分销渠道能力、制造能力。Henderson&Cockburn(1994)认为核心竞争力来自于元件能力和构架能力的组合,其中元件能力包括:资源、知识技能、技术系统的组合,构建能力包括:合成能力、管理系统、价值标准、无形资产的组合。Hamel&Prahalad(1994)认为企业核心竞争力是由于以往的投资和学习行为所累积的技能与知识的结合,形成企业特长性的专长,是使一项或者多项关键业务达到世界一流水平的能力。Faulknel&Bowan(1995)提出企业核心竞争力是公司专有的、优异的、扎根于组织之中的和适应市场机会的,更有可能实现可持续竞争优势,获得超平均水平利润的一种复合性、整合性的能力。Mehri(2006)认为企业核心竞争力是一组技能集合,可以用一个技能网络来表示。基于企业的独特资源,企业可根据自身情况选择成本、市场、品牌等不同战略获取核心竞争力。

(三)复合竞争力理论相关研究

复合竞争力理论认为企业的竞争优势来自于内外部资源的创新组合。早期研究认为,提供复合式的产品服务组合相较于提供集中度更高或更加聚焦的产品被证明使得企业绩效呈现显著的降低(Lang&Stulz,1994;Berger&Ofek,1995),这一现象被称为"多元化折扣"。然而,更多的证据表明,提供复合式的产品服务组合能够为企业在内部资源配置、外部融资偿债甚至国际化方面带来显著的提升。Weston(1970)发现,外部资本市场存在的缺陷将导致公司可以通过内部产品的多元化经营来实现内部资源配置效率的提升。薛有志和周杰(2007)指出,中国企业提供多元化的产品与其国际化战略呈现显著正相关关系,而这种关系对于企业的绩效存在着间接的互补效应。唐晓华和徐雷(2011)区分了大企业与小企业的竞争能力,他们认为大企业竞争力由两个要素构成,一是应对政府的能力,二是应对市场的能力,并将其定义为大企业竞争力的"双能力"。在"双能力"的框架下,他们探讨了企业如何提升企业竞争力和政府如何提升国家竞争力的问题。在王朝辉(2013)等对广州12家企业进行的质性研究中,部分企业的实践表明,复合式地采用OEM、ODM和OBM,将可以使得企业兼具成本优势、创新能力和品牌优势,而上述复合式组织形式的构建取决于组织知识获取、内化和创新体系的建立。Luo(2012)提出复合式竞争力(compositional capability)是企业能够协同整合来自于其内部和外部现有有形或无形资源的独特能力。陆亚东、孙金云(2013)提出复合基础观,将复合基础观定义为,企业通过对自身拥有或外部可购买的资源与能力进行创新、整合地运用,提供具有复合功能特征的产品或服务,用复合竞争的手段获取、创造出独特的竞争优势或发展路径。

(四)新兴市场竞争力来源相关研究

近年来,蓬勃发展的新兴经济体正逐渐成为"世界经济稳定的来源",来自全球新兴经济体国家和地区的跨国公司正在掀起一场又一场海外扩张高潮，新兴市场也引起世界的广泛关注。国内学者主要把发达国家与新兴市场的竞争优势进行比较分析研究。王强、万祥春(2005)对发展中国家与发达国家的竞争优势做了对比，总结出发展中国家的主要的竞争优势有：(1)适用的技术优势，符合第三国家的口味；(2)适销的产品优势，在价格竞争上大做文章；(3)发展中国家跨国公司的管理经验和技巧植根于本国的经济条件和水平，更适合第三世界东道国的实际情况。黄兆银(2009)指出，一方面，新兴市场的跨国公司可以直接采用最新的资产和技术，发达国家的技术为它们以后的增长提供了坚实的平台；另一方面，许多新兴市场国家具有的竞争优势来源于巨大的贸易顺差，一些资源丰富的国家由于近年来大宗商品价格的上升而从出口中赚取了大量外汇，提高了资金的流动性，改善了公司融资条件，从而获得竞争优势。

之后，柴忠东和刘厚俊(2014)指出新兴市场与发达国家"先行者"跨国公司相比，这些"后来者"凭借"非传统型能力"更早、更快地开展国际化经营，其主要的竞争优势体现在独特的资源、经济以及制度因素在新兴市场大国企业所有权资产形成过程中发挥的决定性作用上。所以说，新兴市场的企业与发达国家的相比，还是具有一定的竞争优势，并且近年来朝着良好的势头发展。

从国内外研究的现状来看，资源基础观(Wernerfelt,1984)的提出为分析西方公司的成长规律提供了理论基础。新兴经济体中小企业在本土乃至国际市场不断壮大，传统资源基础观和竞争优势理论难以解释这些企业在技术、管理、工艺等条件不具备优势的情况下，为什么可以取代发达国家企业占领越来越大的市场份额。陆亚东(2012)通过提出复合资源观对这一现象进行了解释，唐晓华(2011)、王朝辉(2013)也从外部资源利用角度分析我国企业竞争力来源。通过文献研究，我们认为企业的竞争力并不只来自于以资源为基础的要素竞争力，对中小企业而言，企业的竞争力可能来自于内外部有形资源和无形资源的整合而产生的复合竞争力。本研究在此理论基础上，结合宁波中小企业成长的实践测度企业核心竞争力，构建企业核心竞争力形成的机制和路径，进一步发展延伸战略理论和竞争优势理论。

四、企业成长与国际化方式研究

(一)企业成长

借鉴企业生命周期理论，中小企业的成长过程可以大致分为如下5个阶段：种子期、启动器、成长期、扩张期和成熟期。如图 2-1 所示，其中横轴是时间，纵轴是诸如企业规模、销售额、利润之类的各企业成长指标。

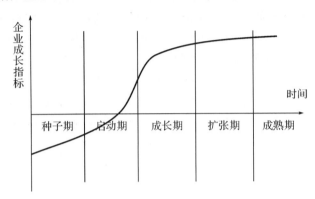

图 2-1　中小企业成长过程阶段划分

1. 种子期

种子期是中小企业创办的起点，这一时期的企业尚未将实体企业搭建起来。管理者创办企业的初衷是多元化的，一些人看到了潜在的商机，个体层面的创业倾向让他们创办实体企业去开发这一机会；一些人则是市场上的追随者，只有当先行者已经成功创办企业，市场需求已经得以开发之后，才决定进入市场。不论是哪一种情况，种子期对于管理者来说都具备很强的现实意义。企业创办之后是否具有很强的成长性，能否实现预期目标，主要取决于种子期的准备工作。管理者需要就将来可能开发的市场进行深入调查，并且尝试对企业未来发展战略进行规划。因此在种子期结束阶段，管理者应当已经拥有初步的企业成长规划，而不是盲目进入下一阶段。

2. 启动期

启动期属于企业的正式创立阶段。基于前期的市场调查和战略规划工作，管理者将正式组建企业。除了那些正式的登记注册程序以外，管理者的主要工作可以分为如下几个方面：首先是组织结构的创建，这就意味着管理者需要设计规范的组织章程，招募必要的高、中、低层组织员工，并且为员工的工作设置相应的岗位说明和激励措施；其次是对要投放市场的产品进行试制和试销，在很多情况下，管理者实现构思的产品在市场上试销的时候会遇到很多障碍，管理者应当根据这些市场反馈对产品进行调整，并且试图与消费者展开积极的沟通，从而提升产品的市场认可度；再次是对企业的发展战略进行检验和调整,企业战略是中小企业成长的根本力量,管理者需要就企业发展的总体情况检验事先所设定的战略是否具有可行性,是否有调整空间。总体来看,这一阶段企业刚刚起步,资源非常匮乏,容易面临巨大的市场挑战,很多企业在这一阶段会过早夭折。

3. 成长期

成长期的企业初步摆脱了生存问题,企业的产品已经得到了市场的初步认可,拥有一批稳定的消费群体,企业的利润也开始初具规模。进入成长期意味着企业在启动期所选择的目标市场和经营策略大致可行(当然,在启动期,企业的市场定位和战略规划可能经过一系列调整)。依托所开发的经营范畴,企业可以实现预期的成长目标。因此,成长期的企业主要的任务在于对前期的市场开拓和组织管理等事务的进一步深化。在成长期,企业可能面对的最大挑战在于潜在的竞争者将大大增加。在启动期,企业刚刚起步,能否实现可观的商业利润还是个疑问,即使存在潜在的竞争者,他们也大多是在观望。而在成长期,企业的发展已经为这些竞争者提供了一个可行的范本,很多模仿者可能出现,很多对企业已有产品进行适当改进的创新者也会进入市场。因此,处于成长期的企业应当把市场经营作为企业的业务重点,切不能失去进取精神。

4. 扩张期

扩张期是相对于成长期而言的。中小企业的扩张和大型企业不同,后者资源非常充裕,可以进行大范围的扩张,甚至实施较为充分的多元化战略;中小企业的扩张行动是在原有经营范畴的基础上进行适度的扩充。例如,企业可能进入原有产品的上下游经营领域,或者开发与原有产品密切相关的其他产品。所有这些行动对企业的资源要求没有明显增多,企业可以很方便地利用原有的资源和能力。在扩张期,企业的战略将进行较大规模的调整。当然,这种调整是经由详细、科学的市场调查之后制定的,而不是管理者的一时冲动。如果企业没有明确清晰的战略设计,盲目向新领域扩展,很容易陷入失败的泥潭。在中外的管理实践中这方面的例子非常多。应当注意到,很多企业在扩张期走上了跨国经营的道路。跨国经营对于企业是一个全新的挑战,需要新的资源和能力,需要能够积极履行跨国经营职责的高级人才。这一系列的支撑条件唯有到了扩张期之后才逐渐成熟。

5. 成熟期

随着企业逐步发展壮大,企业开始步入成熟期。成熟期是中小企业发展的最高阶段。在这一阶段,实际上很多中小企业已经步入大型企业的范畴,企业的几个主要产品也已经在市场上占有较大份额,并且为企业带来了丰厚的利润,企业组织规模也较前期得到大幅提升,繁杂的管理层级和管理部门取代了前期灵活机动的小型组织。成熟期对于企业来说是一个经营方面的成就,同时也孕育很多挑战。成熟期的企业很可能会陷入发展的惰性,企业没有很强的动力实施进一步的创新活动,也会对市场的动态变化无动于衷。在这一时期,很可能出现一些新的竞争者,他们并不会与成熟期的企业直接竞争,而是从一些企业并不关注的细分范畴中实现突破。如果企业忽视这些竞争者,也有可能在未来的发展中成为失败者。

(二)企业国际化方式

企业在行业、产品内容、规模、技术水平等方面存在诸多差异,使得这些企业在对外直接投资的动机方面也不同。总体来说,企业国际化的动机主要有获取资源市场、降低研发成本、获取学习能力、获取全球竞争优势等。在上述不同动机下,企业国际化的方式和路径也大不相同,

1. 贸易进入

贸易型进入方式指将商品出口到目标国家或地区。这是一种国际化经营起步快、风险低、回报快的方式。具体包括间接出口和直接出口。

间接出口一般通过代理机构或中间商完成商品出口。代理机构或中间商包括专业的国际贸易公司、出口管理公司或外国企业驻本国的机构等。相对于间接出口,直接出口则是将商品直接卖给国外的客户,而不通过中间商。与间接出口相比,直接出口虽然风险较大,但是潜在回报率也较高。

直接出口的途径主要有通过企业自身的出口部门,通过企业驻外办事处,通过企业国外销售子公司等将产品直接卖给终端客户。直接出口方式使企业能够更接近市场,更方便感知国际市场需求变化动态,更直接了解消费者情况变动,从而有利于企业做出迅速、适当的反应及调整。

2. 契约进入

契约型进入方式是企业通过许可证贸易、合同安排等途径与目标国家建立长期有效的无形资产转让合作而进入目标国家市场。其中,无形资产包括管理技能、商标、专利、版权等。相比于贸易型进入,契约型进入最大的不同之处在于企业输出的是专利、工艺与技能等无形资产,而不是商品、产品等有形资产。

许可证贸易包括独占许可证、非他许可证、普通许可证与双向许可证。许

可证贸易具有保护专利和商标、经营风险小、分摊研发成本等优点，尤其是对于服务性质较强的企业，许可证协议更便捷，成本更低，风险更小。合同安排包括制造合同、工程合同、交钥匙合同、管理合同、劳务输出合同等，同样具备财务风险小，不需要股权投资等特点。

3. 投资进入

投资型进入是以对外直接投资的方式进入目标国家或市场，即在目标市场建立受母公司控制的子公司或分公司，建立过程中包括了企业资金、技术、管理经验等资产的转移。投资型进入包括了对外直接投资、对外间接投资、新建和兼并四种具体方式。

对外直接投资中投资者对国外企业不仅拥有所有权，而且拥有经营管理的控制权。对外直接投资可以采取独资经营和合资经营两种。独资经营意味着母公司拥有子公司所有的股权及经营权，这种方式有利于企业更全面、更直接地积累国际经验，但同时也面临投资大、风险大、灵活性差的问题。合资经营则是由不同的出资方按一定的股权比例共同组成一家经营企业，该方式不仅可以减少初期资本投入，实现风险共担，同时可以充分利用东道国的资源、信誉、销售及关系网络。

对外间接投资又称对外股权投资，是投资者在国际市场上利用期货、股票基金、股票等各种金融衍生品进行投资，以获得预期收益的一种投资方式。相对于对外直接投资，对外间接投资在变现能力、资金高度等方面较为有利。因此为了增强企业财务灵活性和稳定性，一般国际企业在进行对外直接投资的同时仍会保持一定数量的对外间接投资。

近年来，比较常见的是新建和兼并等方式。新建是在东道国建立新工厂或新企业，兼并是通过对原企业进行参股达到收购目的。相比于新建，兼并进入开拓海外目标市场速度较快，但寻找及评估兼并对象则较为重要也较为困难。

4. 战略联盟进入

战略联盟是指两个及两个以上企业，基于各自战略目标的需要，通过契约、协议等形式结成的风险共担、资源及利益共享的组织（张磊，2006）。包括了生产联盟、研发联盟、销售联盟等。一般而言，具有一定规模及创新能力的大型企业易采取这种方式，如美国 IBM—摩托罗拉—苹果公司之间的联盟（赵伟和赵婷，2006）。

战略联盟是公司为增强各自竞争力而彼此竭诚的某种互利的合作关系

(胡铭,2010),它有多种形式。第一种是不同国家的母公司互换部分所有权,形成相互持股的格局。第二种是不同国家的母公司除了互换股权外,合作双方还建立了独立的合营企业,在这种情况下,缔结战略联盟就成为对外直接投资的一种方式了。第三种是在互换股权的同时,双方还就共同营销渠道和服务设施达成协议,由一方在一定市场上代表另一方开展业务。

五、跨国公司竞争力培养路径研究

(一)企业竞争力形成的重要因素

国内学者对竞争力影响因素的研究中,赵世磊(2010)研究了跨国公司竞争力的主要影响因素及对中国跨国公司竞争力培育重要性的探讨,特别提出了创新能力与品牌是公司竞争力研究者的重点研究方向,这两者都在于实现了垄断优势,而培育跨国公司的关键就是在于公司的垄断优势。研究也对我国在培育竞争力提出了几点对策,指出我国在这方面还存在很大的不足:很大程度上都是在讨论政府怎样培育企业竞争力,而没有谈到实质性的方向。林丽端(2014)在研究竞争力影响因素上,对跨国公司在华并购提出了自己的见解,主要分析了跨国公司在华并购的现象加剧、公司控制权高度集中的问题,并说明了跨国公司在华并购加剧对我国产业竞争力有着明显的削弱作用,不利于我国技术水平的提高,增强了市场垄断性的同时使我国的品牌流失严重,对于此问题,学者提出实行适度的产业保护政策、构建完善的反垄断法律体系、增强我国企业自主技术创新能力等建议。

赵世磊(2011)对中国跨国公司竞争力模型做了研究,总结出我国跨国公司竞争力的要素总共有7个,分别为企业自身资源、制度创新能力、技术创新能力、经营管理能力、市场开拓能力、抵抗风险能力、外部环境条件。并且他构建出一个关于跨国公司竞争力的四面体结构模型,该模型对培育中国跨国公司竞争力的启示是,应分别从短期与长期方面来培育跨国公司的竞争力,提高竞争力关键来自于企业内部,应优化企业的配置,从而进入长期的全球市场。陆亚东、孙金云、武亚军(2015)针对东方文化背景的战略理论,提出"合理论",该理论指出在竞争的环境中,现代企业发展理论对于我们中国企业的战略实践在一定程度上并不适用,"合理论"可使中国企业通过复合、联合、相合三合来创造出独特的竞争优势。

(二)跨国公司竞争力培育路径研究

一个企业的发展路径主要指从创立开始逐步向一部分国家进行直接投

资,随着实力的壮大,最后实现在世界绝大多数国家进行直接投资活动这一过程中的区位选择。从中外的文献来看,世界级创新型企业成长路径主要有两种类型:一是技术领先企业的创新引领发展的路径,具有核心技术优势,通常采取研发创新类产品,研发成功的新产品容易形成品牌并且很成功。叶军(2007)认为,中国企业要成为世界级企业,需要精细化管理、要有适应发展需要的制度建设,有自主创新、核心技术,但最重要的是必须不断拿出世界级的产品。我国很多学者以引入典型案例的形式对跨国公司路径做了探讨,殷群(2014)在探析跨国公司的成长路径时,以苹果、三星、华为为例分析了三种不同类型公司的成长路径,了解到三者的企业领导人、创新团队和经营策略在跨国公司成长中的驱动作用,主要的成长路径包括以苹果为代表的技术领先企业的创新发展的路径,与高端企业合作跨越三星这个品牌就是很好的例子,以三星为代表的与高端跨国公司合作创新的路径。李平和臧树伟(2015)针对越来越多的跨国公司在发展中国家市场上建立起领先的市场优势地位的现象,基于破坏性创新的后发企业竞争优势构建路径进行分析,探讨了后发企业竞争优势构建的问题。他们指出,相对于自主创新,破坏性创新更适合不具有技术优势的后发企业,并且他们以理论分析和案例研究对后发企业竞争力路径问题进行探讨,在中国通信技术由 2G 到 3G、再到 4G 的演进过程中,联发科公司分别经历了机会识别、价值网络重构、主流市场破坏等一系列进程形成了竞争优势,并开拓了竞争力优势的路径,对后发企业根据自身情况进行合理的技术能力提升方案设计提供了借鉴意义。

在提高企业竞争力的建议方面,曾繁华(2002)认为发达国家与发展中国家国民财富分配严重不公,其根本原因是双方在国际竞争力上存在巨大差别,所以提高企业的国际竞争力是关键,提高企业国际竞争力的三大途径是:(1)加大跨国公司向中国技术转让的力度;(2)组建和扶持具有强大实力的大企业集团;(3)铸造核心能力优势。林毅夫和李永军(2003)针对发展中国家的经济发展及竞争优势来选择属于自己的竞争力路径,提出国家经济发展的最终目的就是要拥有属于自己国家的具有高层次竞争优势的企业和产业。国家经济发展的过程同时也就是其经济的比较优势发展的动态过程。发展中国家应当遵循本国(或地区)的比较优势来发展经济,企业和产业才能够拥有更大的竞争优势,进而使发展中国家的生产要素结构与发达国家不断接近,最终达到高层次竞争优势的目的。

第二节　价值链及全球生产网络理论

为进一步厘清跨国公司竞争力与全球网络的关系,本节围绕价值链、生产网络等方面进行理论梳理。

一、价值链与全球价值链

(一)价值链

1. 价值链概念

价值链概念的提出最早源于 Porter(1985)在《竞争优势》中对企业价值创造过程中基于相互联系的内部活动构成的行为链条的阐述,后又将研究视角拓展至企业外部即企业与企业之间的经济活动,提出"价值体系"的概念。价值链包括三方面含义:

(1)企业的各项经营活动之间存在着复杂的联系,例如后勤原材料供应的计划性、及时性和协调性会影响生产制造的连续性;

(2)企业的每项活动都会给企业带来价值,例如满足消费者需求的服务就可以提升企业的形象,为企业带来无形价值;

(3)企业不仅包括内部价值链,还可以将价值链延伸,包括企业外部与供应商、与顾客之间的联系。

2. 价值链模型

通过对价值链定义的分析,价值链可以分为基本增值活动和辅助性增值活动两大部分。企业的基本增值活动,即一般意义上的"生产经营环节",如材料供应、成品开发、生产运行、成品储运、市场营销和售后服务。这些活动都与商品实体的加工流转直接相关。企业的辅助性增值活动,包括组织建设、人事管理、技术开发和采购管理。这里的技术和采购都是广义的,既可以包括生产性技术,也包括非生产性的开发管理,例如,决策技术、信息技术、计划技术;采购管理既包括生产原材料,也包括其他资源投入的管理,例如,聘请有关咨询公司为企业进行广告策划、市场预测、法律咨询、信息系统设计和长期战略计划等。

从价值链的构成可以看到,一个环节经营管理的好坏可以影响到其他环节的成本和效益。例如多花一点成本采购高质量的原材料,生产过程中就可以减少工序,少出次品,缩短加工时间。虽然价值链的每一环节都与其他环节相关,但是一个环节能在多大程度上影响其他环节的价值活动,则与其在价值链条上的位置有很大的关系。根据产品实体在价值链各环节的流转程序,企业的价值活动可以被分为"上游环节"和"下游环节"两大类。在企业的基本价值活动中,材料供应、产品开发、生产运行可以被称为"上游环节";成品储运、市场营销和售后服务可以被称为"下游环节"。上游环节经济活动的中心是产品,与产品的技术特性紧密相关;下游环节的中心是顾客,成败优劣主要取决于顾客特点。

3. 价值链研究的发展

Kogut(1985)基于国家层面宏观视角探讨价值链增值过程中国际战略优势的获取问题,运用价值链的概念分析资源在全球空间中的再配置过程。早期的价值链理论偏重于从单个企业的角度分析企业的价值活动与竞争优势,价值链研究的中心在企业内部。20 世纪 90 年代开始,波特将价值链的重心从企业内部转向企业外部,将价值链的范围从单个企业层面扩展到产业层面,并开始研究价值链的空间分布。Kogut(1985)在分析国际战略优势中使用了价值增值链,认为价值增值链是由技术与原材料和劳动力的融合而形成的各种投入环节,结合起来形成最终商品,并通过市场交易、消费等最终完成价值循环的过程。与波特相比,Kogut 将价值链的概念从企业层次扩展到了区域和国家,更加强调了价值链的垂直分解和全球空间再配置之间的关系。

进入 20 世纪 90 年代后,一些学者开始关注全球价值链条的片断化和空间重组问题。Krugman(1995)就曾对此进行过探讨。此后,其他学者使用了"片断化"来描述生产过程的分割现象(Arndt & Kierzkowski,2001)。在对这一现象进行剖析的过程中,Arndt 和 Kierzkowski 认为"产权的分离是跨界生产组织的一个重要决定因素。如果产权分离无法实施,那么跨国公司和外国直接投资就有可能是一个首要选择。如果产权分离是可行的,那么委托加工等方式就会提上日程,而外国直接投资就不会扮演主要角色"。这两位学者的观点为 OEM 生产外包和跨国公司的全球采购提供了直接的理论基础。

(二)全球价值链

1. 全球价值链概念

"全球价值链"的概念正是在早期的价值链、价值体系、全球商品链的基础上提出的。Gereffi(1999)和其他研究者将价值链概念与产业的全球组织联系起来,提出了"全球商品链"的概念,即围绕某种商品的生产所形成的一种跨国生产组织体系,把分布在世界各地不同规模的企业、机构组织成一体化的生产网络,形成全球商品链。由于"商品"一词在西方语境中经常代表着服装、食品等最终消费品,而将服务、机械设备等排除在外,因此后来的学者逐渐用"全球价值链"代替了最初的"全球商品链"的概念。全球价值链的概念在分析国际扩张和区域分工的供应链价值创造方面已经得到普及。Gereffi(2012)突出强调全球价值链的主要特征分析,并探讨了治理和升级这种核心概念之间的关系,指出现代全球供应链的关键动力及其对全球生产和贸易的影响所示如下:一是强调中国在全球价值链的整合和新地理价值创造中的作用;二是全球市场和单个标准的关键角色在农产品供应链中的作用;三是经济危机如何导致终端市场的转移和价值链的区域化,并讨论全球价值链分析的潜在的未来方向与供应链合作的研究人员。

全球价值链是指在参与国际分工和贸易的全世界范围内,为创造并实现某种商品或服务的价值而连接生产、销售直至回收处理等全过程的跨企业网络组织,它包括所有参与生产销售活动的组织及其价值、利润的分配。由定义可以看出,全球价值链包括了从产品的设计、开发、制造、营销、销售、消费、服务等一系列的整个环节(张辉,2004)。全球价值链的形成是分工进一步深化和产品价值创造体系中不同价值环节片断化并重组到不同空间的结果,是经济全球化的具体表现。由于社会分工的不断深入,经济一体化的趋势越来越明显。经济一体化使得产品价值的形成过程发生重组,并分散到不同的空间范围,促进了全球价值链的形成。

2. 全球价值链理论主要内容

(1)价值分析

全球价值链价值分析主要是分析价值如何产生于全球价值链各环节,以及如何在各环节分配收益。由于生产的分散化,价值量的产生由有形转向无形。在生产全球化的背景下,随着生产分工逐渐演变为产品内分工,产品的价值在产品生产环节过程中产生不同程度增值,通常在产品生产环节过程中的价值的增值不大,但是物流控制、广告、产品设计、品牌推广等越来越建立在知识和技能基础上的活动的价值增值空间非常大,同时,企业这些活动在全球价值链上发挥了越来越重要的作用(Gereffi,1999)。

(2)动力机制

全球价值链的动力机制是指在消费者的需求和上下级供应商、销售商的推动下实现全球价值链中的各环节的划分、重组和正常运转。由于技术环节和市场营销环节是价值链中价值增值的主要方面,因此,参与这两个环节的企业成为全球价值链中的主要治理者。而对于位于全球价值链的低端生产环节的发展中国家企业来说，则面临着越来越窘迫的境地(Kaplinsky,2000)。

（3）全球价值链的制度机制

制度机制即价值链的各个环节运行的内在和外在制度环境。全球价值链下，国际或者企业所在地区的法律规章和制度会对企业的经营产生影响，连带地会对企业在价值链中的位置和升级产生影响。在全球经济一体化的背景下，制度因素已经成为各国政府设置贸易壁垒的主要手段，此外，价值链中形成的规则和制度也会影响企业在产业中的升级。

3. 全球价值链的治理模式

"治理"是采用非市场化方式协调价值链中活动的企业间的关系和制度机制，它保证着价值链、企业间的互动展现出更多的组织性而非随意性。对价值链的治理需要在各个价值链环节的连接处，设定一则参数以保证价值链中生产过程的顺利进行。这些参数包括：生产什么；如何生产（涉及生产过程定义，包括使用的技术、支链系统、劳动标准、环境标准等元素）；何时生产；以何种价格生产。在价值链中，一些企业设定和实施这些参数，其他企业则执行这些参数。

价值链治理指的是通过价值链中各公司之间利益关系和各种制度，实现价值链内不同利益主体之间以及不同环节之间的协调。全球价值链治理的五种模式即等级型(hierarchy)、俘获型(captive)、关系型(relational)、模块型(modular)和市场型(market)。从等级型到市场型治理模式的变换体现出了经济行为主体之间协调能力和力量对比失衡性从高到低的转变过程。在许多全球价值链中，可能存在多个参与治理的领导公司，这些领导公司在不同环节发挥着不同的作用(Kaplinsky,2000)。

Humphrey和Schmitz(2001)分析了治理在价值链中发挥的作用，将其归纳为五方面：市场进入，获得生产能力的捷径，收益的分配，影响政策的方向和技术援助的漏斗。Gereffi,Humphrey和Sturgeon(2003)等三位学者在研究中，对三种决定价值链治理模式的关键因素的区别进行对比分析，这三种因素主要为交易的复杂程度、识别信息的能力和供应能力，并提出五种全球价值链治理模式，呈现了从低到高的明确协调与权力不对称的程度。

价值链治理模式依赖于价值链参与者的互动如何被管理，技术如何被应用于设计、生产和价值链治理本身等具体细节，甚至在某一特定产业、特定区域与时间，治理模式可能有所不同。然而Gereffi(2005)指出这些动因与变量绝大部分能够被其提到的三大要素所解释。而信息复杂性、编码信息的能力和供应端能力为何与如何改变,Gereffi 做了部分阐释,其一,由于领导企业寻求从供应端那里掌握更复杂的产出和设备,从而引起信息的复杂性改变。因供应端现有的能力可能无法满足来自买方的新的需求,故可能降低供应端能力的有效水平。而降低复杂性可增加交易的编码能力。其二,产业的编码与创新之间存在一种持续的状态,同时,新技术会重启编码的进程。其三,供应端能力随时间而改变,供应商能力因学习而增强,但也会因买方引入新供应者进入价值链,新技术的投入,或是领导企业增加对现有供应商的要求而再次减弱。

二、全球生产网络

(一)网络与生产网络

1. 网络

网络的概念起源于 20 世纪 20～30 年代由英国著名人类学家布朗提出的社会网络(social network)理论,即社会是由一群行动者、这群行动者间的关系以及这些关系所构成的网络结构所组成,而信息的流传正是受社会关系与社会网络结构所影响的(李国学,2010)。在经济学领域,所谓网络是指企业内部各部门之间、企业与企业之间通过长期业务往来所建立起来的分工协作关系。网络中,企业内部各部门之间、企业与企业之间在一定程度上存在相互依存、相互竞争关系,共同构筑成一个有机整体,充分发挥整体合作优势并实现共赢。宫泽健一(1990)从经济效应角度解释了网络的含义,即在现代信息化条件下,不同经营领域中的"单一经营主体"(单一企业)多角化经营和"复数市场主体"(集团企业或企业联盟)信息网络化经营的现象并存,由此提出了存在于企业组织之间的"联结经济性"范畴,即网络是单个企业为了扩展规模(规模经济)和增多服务品种(范围经济),克服单个企业资源能力有限的弱势,而采取的与其他企业联合与协作,以实现资源共享,能力互补,最终达到 1+1>2 的协同效应。Todeva(2001)从动态性和协调性等战略视角出发,认为网络既是一种由相互连接的经济体(元素、成员、行为者)构成的具有动态边界的结构性组织,也是企业的一种长期战略导向行为,因为企业可以通过协调网络成员之间的信息、商品、资源流动以及个体倾向、承诺和信任关系来实现网络内成员之间较高的目标一致性,从而推动具有特定方向性的重复交易。

2. 生产网络

随着国际贸易和生产理论的发展,在价值链理论的基础上形成了"生产网络"的概念(Bort,1997)。波特提出价值链分析框架主要是为了分析垂直一体化企业的竞争优势,并在研究单个企业内部价值链联系基础上,更把战略规划的视野延伸至整个产业上游的研发、设计,中游的零组件制造与总装,下游的广告、分销与服务的全过程,这一方面揭示了产品各个生产环节的价值创造过程;另一方面还揭示了技术环节、制造环节和营销环节有机地结合在一起,共同构筑的整个生产过程,即经济生产中制造和服务活动之间具有不可分离性。

随着越来越多的企业把业务外包作为生产经营活动的重要组织方式,企业原有的封闭结构被打破,产品的生产不再由单个企业独立完成,而是由多个企业协作完成。在价值链理论的基础上,Dicken(1996)提出了生产链的概念,主要研究客体是商品流的形成及确定产品链中的参与主体和活动,着重于强调在某种商品或服务生产过程中能增加价值的系列功能不同,但相互作用的生产活动的集合。每一活动过程需依靠不同的技术投入、交通、通信加以串联起来,透过企业组织的协调、合作与控制,镶嵌在特定的金融与政策体系中,最终形成一个完整生产网络系统。相对于价值链理论,生产链理论更强调生产活动中企业之间的互动关系。Tuma(1998)认为,构建生产网络可以综合"集中核心竞争力""配置生产"和"最大化顾客导向"等多种现代管理理念,实现组织的高度灵活性和柔性化。Carney(1998)综合了社会学和交易成本经济学对生产网络的不同观点,从社会学的信任和交易成本经济学的资产专用性的角度分析了生产网络的竞争力,并跟垂直一体化的科层管理组织结构的竞争力进行了比较,其基本结论是,网络化和科层型组织结构各自并不具有内在的优势,两者可以共存,支持不同的战略。综上,生产网络就是企业内部各部门之间、企业与企业之间在长期业务往来过程中建立起来的生产(包括技术环节、制造环节和销售环节)协作关系。在生产网络中,各企业共同参与一种或一种以上最终产品的生产;按照工序的先后,一些企业的产出品是另一些企业的投入品;各企业之间相互依存,从而充分发挥整体合作的优势。

(二)全球生产网络

生产网络的概念本身属于组织范畴,并不涉及空间布局,而国际生产网络可以看作生产网络概念的国际化。Ernst(1999)和Dicken等(1999)提出了全球生产网络的概念,并且其逐渐成为国际国贸领域内的重要研究方向。国际生产网络是在全球化浪潮下逐渐形成的一种新的、变革的组织结构,用来表征日益广泛和系统化的全球生产体系,这一体系包含了价值链的不同阶段,而且参与的实体之间并不一定彼此拥有所有权。全球生产网络概念的产生发展是一个伴随着国际贸易和国际生产理论的发展更加贴近现实世界的发展过程。

地理分布的网络型发展从单一企业内部价值链的全球分解到各个产业间的价值链的分解,以至通过各个产业各企业间的全球价值链的组合,形成了全球内的生产、分销、消费、服务的巨大的生产网络。国际生产网络是一种重要的组织创新,它的出现使得跨国公司能够更好地处理自身专业化以及与东道国企业相互合作之间的冲突(Borrus,2000)。在全球价值链、全球商品链和生产网络研究基础上,国外学者 Henderson(2002)、Coe(2004)相继提出了全球生产网络的研究框架。

曼彻斯特学派全球生产网络研究以企业、制度、关系、空间为主要考察维度,并以技术、时间为外部影响要素,主要围绕价值、权力与镶嵌这 3 个研究领域进行问题探讨,包括特定产品 R&D、设计、生产和营销的企业网络是如何形成又如何实现全球和区域组织;网络中企业权力的分配与变化情况;劳动力的意义及价值的创造、转移机制和过程;地方制度等要素如何影响网络中地方的企业策略;生产网络中的企业如何实现技术升级并促进地方经济发展等。

1. 价值

价值可以理解为马克思主义的剩余价值概念及更传统的经济租金概念。包括价值创造、价值增加以及价值获取 3 个问题。

(1)价值的初始创造。包括两个重要问题:第一,生产组织中劳动力的选择与使用,涉及劳动技能、生产技术、雇佣关系、工作条件等问题,还联系到劳动力再生产等更宽泛的社会和制度问题,这决定了何种类型(高科技企业或者劳动密集型的纺织企业)企业能够投资地方。第二,生产多种形式租金的可能性。这一问题涵盖五方面的探讨:①对关键产品和制造过程技术的把握("技术租金");②特殊组织和管理技巧,如全程质量控制管理技术("组织租金");③融入生产组织中的多企业间关系,策略联盟的发展或者同中小企业组成的产业群关系("关系租金");④在主要市场建立的品牌优势("品牌租金");⑤贸易保护政策形成的产品稀缺的结果("贸易政策租金")。这是企业特定制度背景下价值创造的问题。

(2)价值增加的条件。主要涉及:①在特定全球生产网络中,知识和技术流入与流出的过程、范围及其反映的实质,是否能够带动地方企业成长;②网络里的领先企业与供应商、外包商为提高产品质量和技术成熟度实现的竞争与合作程度;③随着时间增长,劳动过程中对技术的需求是否能够推动企业的升级与转型;④地方企业能否创造他们自己的组织租金、关系租金和品牌租金。

但在以上所有情况下,企业所承受的国家制度影响(如政府管理机构、贸易协会、工会组织等)可能对价值增加的可能性有决定性影响。

(3)价值获取的可能性。①财产所有权的法律治理结构,主要涉及利润是企业母国还是企业东道国所有的问题;②企业国有化的程度,即合资企业中的资产分配问题;③基于利益相关而非股东控制原则的公司治理模式。以上三方面对于价值在特定区位生产并能提升当地福利都具有重要意义。

2. 权力

对于价值增加、获取及地方发展的前景而言,全球生产网络中权力的源泉及其实施路径具有决定性意义。包含三种形式的权力。

(1)公司权力。第一,全球生产网络中的领先企业有怎样的能力来影响网络中权力与财富的分配,对于网络中其他企业利益而言,这种影响及其持续时间有决定意义。第二,必须承认全球生产网络中权力分配不是一个零和概念,因为领导企业很少有能力垄断网络权力,而且当权力在网络中不均衡分配时,二级企业会为实现价值链升级而充分发挥自主权,比如中小企业集群作为工业区域融入全球生产网络中,强化自身在网络中的权力。

(2)制度权力。制度权力研究包括五方面:①国家和地方政府。特别如东亚的中国、韩国等国家和中国台湾等地方政府,他们在工业化和区域经济发展中对地方经济和产业、企业发展产生的重大影响;②区域国际组织,如欧盟(EU)、东盟(ASEAN)、北美自由贸易协议(NAFTA)等。这些国际行动者具有相当大的潜在权力,特别如欧盟的发展对区域乃至企业发展策略的影响;③"布林顿森林"制度(国际货币基金、世界银行)和世界贸易组织。该方面的权力多通过影响国家政府修订社会经济政策来间接影响企业和社会;④各类联合国代理机构如国际劳工组织等,但他们权力较弱,对企业的影响更多是间接甚至道义的;⑤国际信用评级公司,如穆迪、标准普尔等公司。信用评级公司的意义包括对企业和政府的信用风险评估产生影响。

(3)集体权力。该种形式权力的分析,主要探究在全球生产网络中特定区位中,影响企业发展策略的一些劳资代理机构的行动,这些机构包括企业母国政府、国际行动者(如 IMF、WTO 等),还包括贸易协会、工会组织、各种非政府组织(NGOs)等。他们试图对特定网络里的特殊企业或企业群体直接实施反倾销、反补贴税等能力,或对国家政府、国际行动者机构实施间接影响力。

3. 镶嵌

全球生产网络不仅在功能和地域上联系企业,也联系了企业嵌入的社会和空间结果。在嵌入的地方化过程中,除受母国原先特定制度架构和社会文化背景的影响外,同样受东道国制度框架和社会文化的制约。但对于企业发展、策略制定以及优势塑造而言,国家和地方发展的政策和相关制度(税收政策、人才培训等)仍然是最重要的影响要素。在不同尺度和内容的考察中,有两种形式的镶嵌最为重要。

(1)地域镶嵌。全球生产网络一般镶嵌在那些社会经济发展动力强劲的地方,这包括两方面机制:一是全球生产网络中的领先企业进入,提前以契约形式利用中小企业集群建立次级合同制造或辅助生产;二是领先企业在特定区位通过外包业务吸引新的企业进驻,创造一个新的地方或区域社会经济关系网络。因此,镶嵌就成为区域经济增长和获得全球化机会的一个关键要素。国家和地方政府政策(税收政策、人才培训等)的差异更会促进全球生产网络中的特定部分镶嵌于特定的城市或区域,形成全球网络中的新节点。从发展的观点看,地域嵌入的模式,对于区域价值创造、增加和获取都是十分重要的。

(2)网络嵌入。网络嵌入主要是网络行动者之间各种正式和非正式关系所建立的结果,包括网络结构、全球生产网络内部联系程度、行动者关系的稳定性等内容。网络嵌入对网络中稳定关系的建构十分重要,而网络行动者之间关系的持久性、稳定性,决定了行动者网络镶嵌及全球生产网络作为一个整体的结构演化。其中,前者揭示了个人或企业同其他行动者之间的关系,后者不仅关注特定商品或服务生产过程中全部商业行动者的组织过程和架构,还涉及了更宽广的制度网络,包括政府与非政府组织等一些非商业行动者。

第三节 基于全球生产网络的竞争优势形成理论

本节以全球生产网络为线索,梳理基于全球生产网络的竞争优势形成相关理论,为本研究的后续宁波民营企业竞争力研究提供理论铺垫。

一、全球生产网络与竞争优势的关系

在全球价值链、全球商品链及生产网络研究基础上,以 Henderson、Dicken、Coe 等人为代表的曼彻斯特学派及夏威夷大学的 Ernst 相继提出了全球生产网络新的研究框架,即通过网络参与者等级层次的平行整合进程来组织跨企业及跨界价值链的一种全球生产组织治理模式。

(一)全球生产网络的价值生产研究

Humphrey & Schmitz(2003)在价值链研究基础上提出生产链的概念,着

重强调在某种商品或服务的生产过程中,将不同技术投入、交通、通信加以串联起来,透过企业组织的协调、合作与控制,镶嵌在特定的金融与政策体系中,最终形成一个完整生产网络系统。Dicken(2006)、Hess & Yeung(2006)进一步提出,通过全球供应链将不同生产环节衔接起来,国际分工对象从产品层面深入工序层面,因而全球生产网络的形成本质是一种区别于传统的产业间和产业内分工的崭新国际分工形态。

(二)全球生产网络的价值分配研究

波特价值链研究忽略了整个生产流程中的价值分配,"微笑曲线"的提出则弥补了该问题,全球生产网络理论对这一问题进行了系统阐释。Hummels et al.(2001)、Koopman et al.(2010),通过贸易增加值指标的测度变化论证了全球生产网络的价值分配效应的存在。随着新兴市场国家跨国公司的兴起,Daudin et al.(2012)对发展中国家的制造企业嵌入全球生产网络的活动进行分析,其研究认为这些国家的企业虽然能够接近甚至进入发达国家的庞大市场,但面临"俘虏效应",依然处于全球价值链的低端环节。

(三)全球生产网络的全球在地化研究

该领域研究主要以网络和镶嵌理论为基础,论证了全球生产网络不仅在功能和地域上联系企业,也联系了企业嵌入的社会和空间(Smith et al.,2002)。Depner & Bathelt(2005)、Bair(2005)对全球商品链条进行分析,说明在嵌入的地方化过程中,除受母国原先特定制度架构和社会文化背景的影响外,同样受东道国制度框架和社会文化的制约。

二、全球生产网络与产业升级

在全球生产网络以及它们如何与社会经济发展产生互动的研究上已经形成了大量的研究成果,现在越来越多的文献都开始在此框架内分析其结构及互动机制。现有全球生产网络的研究试图探索全球范围内价值创造和产业升级的多层级过程(Bair&Gereff,2003;Coe&Hess,2005)。Schmitz(2005)、Gereffi et al.(2005)通过全球价值链分析框架研究了产业升级、价值创造、增殖和获得的过程。Kaplinsky(2005)把公司纳入全球经济范畴,详细考察了公司和地区嵌入全球生产网是如何影响其发展前景的。Parthasarathy&Aoyama(2006)通过研究印度软件业的发展,详细分析了跨国公司制度背景和地方企业家的观念,证明了非正式的全球生产网络研究有助于我们认识全球经济中的地方升级。

现有研究表明,根据全球生产网参与者的社会嵌入性、文化背景、权力不对称性等指标显示,全球生产网络结构和管理方式在同一模式的跨国生产体系中存在很大的不同。Depner & Bathelt(2005)通过研究上海汽车集群的供应链,阐述了德国公司如何在一个不熟悉的制度和文化背景下克服运行的困难。Smith et al.(2002)和 Bair(2005)对全球商品链条进行分析,说明应当对于全球生产网络企业运作的文化、政治和制度环境的有新的认知。

国内学术界对全球生产网络的研究开始于 2000 年以后,主要是基于全球生产网络视角研究我国产业升级问题。李健(2008)从地方化与全球化(全球化表现在全球生产网络)互动的作用进程探索区域和城市发展新的机制和实质,从而为目前中国的各种城市、城市群和区域发展规划与战略提供新的分析视角和依据。赵君丽(2009)把集群外部知识源、企业吸收能力和集群企业之间交互作用结合起来进行分析,认为在全球生产网络下,产业集群的升级取决于企业的知识基础、企业的努力强度和集群企业之间的知识流动机制。邓智团(2009)基于系统经济思想构建了技术、制度与产业组织协同创新的理论分析框架,对计算机全球生产网络形成演变过程进行再解读。新技术制度系统促进产业组织创新——产业网络化,其空间响应的结果是形成全球生产网络。从特定行业的选择来看,张臂(2006)分析了台湾电脑及外设产业的升级路径对中国电脑及外设产业转型升级的借鉴意义。卜国琴(2006)以世界家具产业为例,以全球生产网络为载体分析在不同国家与地区之间的分工与资源优化。蒲华林(2008)和张文杰(2008)都以汽车行业为例分析了全球生产网络的特定产业特点。

三、全球生产网络与贸易收益

国际分工地位与贸易收益是个经典命题。西方经济学家的主流观点是,参与国际分工有利于贸易收益的改善。传统国际贸易理论把贸易顺差或贸易条件作为对贸易收益的衡量。Krugman、Helpman 和 Lancaster 等把企业生产效率提升、产量增加、消费产品价格下降、品种多样化视为贸易收益改善,证明参与分工能同时带来生产者和消费者福利水平的提高。显然这种观点没有表明参与国际分工模式差异对贸易收益的影响,从而淡化了各国贸易收益差异悬殊的不平等现象。为此,部分经济学家指出参与国际分工可能导致贸易收益的恶化,如 Prehisch & Singer 的"中心—外围"理论,Bhagwati 的贫困化增长理论,均认为由于国际分工地位的不同,随着出口规模扩大,处于"外围"的发展中国家有可能出现贸易条件恶化、国民福利水平下降的情况。

在全球生产网络条件下,传统的出口规模、贸易条件并不能反映一个国家的贸易收益情况,Hummels 等(2001)从出口中分解出贸易增加值,以贸易增加值来衡量一个国家和地区的贸易收益。此后,以贸易增加值研究贸易收益成为学术界主流。当前国内外有关贸易增加值的文献大多集中在两个领域,一是贸易增加值的核算方法及实证,如 Koopman 等(2010),Daudin 等(2012),刘遵义(2007),李昕和徐滇庆(2013)等改进了贸易增加值的核算方法并进行实证应用;二是贸易收益的影响因素,如 Noguera(2012),张杰 等(2013),郑丹青和于津平(2014)、黎峰(2014)等分别从贸易成本、汇率、FDI、政府干预、技术进步、要素禀赋升级等不同角度探讨其对贸易收益的影响。

关于国际分工地位与贸易收益的研究,Koopman 等(2010)构建了国际分工地位指标,并分析了国际分工地位对一国贸易增加值的影响,为本书提供了很好的分析视角和思路,但缺陷在于分析略显简单且缺乏实证检验。Johnson & Noguera(2012)通过对双边出口收益的分解,认为出口增加值的实现方式是影响双边贸易收益的决定因素。国内学者黄先海等(2010)以"增加值—生产率"作为国际分工地位的衡量指标,并对我国国际分工地位进行实证分析。祝坤福等(2013)指出加工出口占比、加工出口和非加工出口商品结构是影响一国增加值率的重要因素。以上文献均涉及了国际分工地位对贸易收益的影响。

四、全球生产网络与企业国际竞争力

Gereffi(1994,1999)在继承和发展价值链思想(Porter,1985;Kought,1985;Krugman,1986)的基础上,提出了 GVC(即全球价值链)分析框架,并根据主导企业和产业特征不同,将 GVC 驱动模式分为生产者驱动型及购买者驱动型两大类。Humphrey & Schmitz(2002)进一步将 GVC 驱动模式分为生产者驱动型、购买者驱动型、混合驱动型三类,这为企业国际竞争力的研究开创了新的理论视角。Humphrey & Schmitz(2002)提出 GVC 的"四维度"理论之后,GVC 视角企业国际竞争力问题研究慢慢引起相关学者的重视。Catherine J. Morrison(2006)认为在 GVC 的框架内,产品生产的各个具体环节可以在全球范围内配置,因此产品内分工的不同环节所产生的中间产品在国际分工不同环节上的国际市场势力具有明显的差异性。Montgomery(2009)也认为在 GVC 中不同分工地位的企业国际竞争力并不相同。Oviatt(2009)进一步指出基于 GVC 的企业国际竞争力在工序流程图里呈现倒 U型,即在工序的两端环节(如设计和品牌等环节)国际市场势力较大,工序的中间环节(如加工环节)国际市场势力较小,并且在两端环节的国际市场势力的作用下,中间环节的国际市场势力呈现不断减小的趋势。Andreas Irmen(2010)运用博弈论的方法也证明了这一观点的正确性,他发现国际品牌拥有者实际上比加工者具有更高的国际竞争力。

国内学者朱勤(2008)以浙江制鞋业为例,揭示了 GVC 中采购商主导的俘获型治理模式是造成地方产业国际市场势力缺失的重要因素。要扭转这一被动局面,企业必须创新性地整合全球要素,实现价值环节的功能攀升,提升国际市场势力。张小蒂等(2009,2010)分别以沃尔玛和义乌为例,揭示了在 GVC 中基于渠道控制的国际竞争力提升机制,认为对于 GVC 高端的销售渠道环节的控制有助于提升一个企业(产业)或区域的国际竞争力。

综合来看,基于 GVC、全球生产网络视角研究国际竞争力问题已经引起国内外学者的关注,但相关研究仅局限于国际竞争力在 GVC、全球生产网络中的分布特征和拓展方向等方面,对于国际竞争力的具体拓展方式缺乏系统化的理论研究。本书从全球网络视角出发,进一步拓展企业国际竞争力研究,探讨中国跨国公司如何通过构建全球生产、研发、品牌销售等网络,提升国际竞争力的具体途径和方式。

宁波民营企业国际化现状及趋势

第一节 我国"走出去"战略形成历程

中国是世界上第二大经济体,目前已成为全球第二大对外投资国。商务部公布数据显示,2017 年我国共对全球 174 个国家和地区的 6236 家境外企业新增非金融类直接投资,累计实现投资 1200.8 亿美元。国际学者的大量研究中,强调提出了中国政府对本土企业"走出去"起到的政策指导和帮扶作用。Eunsuk Hong 等(2006)在研究中提出,"成功吸引外商直接投资(Foreign Direct Investment,简称 FDI)的同时,中国也已初步成功实施了'走出去'战略,鼓励国内创业者在海外投资,成为国际资本市场的主要参与国"。之后,Buckley 等(2002)针对中国国有企业的国际化,尤其是对外直接投资(Outward Foreign Direct Investment,简称 OFDI)进行了跟踪研究,认为国有企业比私有投资者更容易开展国际化,进一步支持了中国体制在一定程度上可以决定企业的投资行为的观点。基于此,本节对我国改革开放以来"走出去"政策的制定及发展历程进行梳理。

一、政策探索阶段

改革开放初期,我国的市场经济建设及经济体制改革刚刚起步,政策对对外直接投资的态度较为谨慎,仍处于探索阶段。这一阶段的中国境外投资项目,无论以何种方式出资,无论投资金额大小,一律需要报请国务院审批,审批的项目也相对非常少。1985 年 7 月,原外经贸部颁布了《关于在境外开办非贸易性企业的审批程序和管理办法的试行规定》,对外直接投资开始从个案审批向规范性审批转变。

20 世纪 90 年代初,我国对外直接投资政策体系的基本指导思想仍然是限制中国企业的海外投资。1991 年,国务院批复原国家计委递交的《关于加强海外投资项目管理意见》,明确指出"目前,我国尚不具备大规模到海外投资的条件,到海外投资办企业主要应从我国需要出发,侧重于利用国外的技术、资源和市场以补充国内的不足"。在此背景下,1992—1996 年,我国批准海外投资的企业数量和投资总额均呈下降趋势,海外投资企业数平均年增长率为－20.58％,批准海外投资额的年平均增长率为－8.86％。1992 年批准企业数为 355 家,1996 年批准企业数仅为 103 家,减少了 70.99％。

1992 年 10 月,时任国家主席江泽民在党的十四大《加快改革开放和现代化建设步伐,夺取有中国特色社会主义事业的更大胜利》报告中提出,"进一步扩大对外开放,更多更好地利用国内外资金、资源、技术和管理经验",以及"积极开拓国际市场,促进对外贸易多元化,发展外向型经济","积极地扩大我国企业的对外投资和跨国经营"。1993 年 3 月,党的十四届二中全会认真分析了我国当前的经济形势,强调指出,在当前和整个 90 年代,抓住国内和国际的有利时机,加快改革开放和现代化建设步伐,这个指导思想要坚定不移。1993 年 11 月,党的十四届三中全会审议并通过了《中共中央关于建立社会主义市场经济体制若干问题的决定》,明确提出深化对外经济体制改革,进一步扩大对外开放。1994 年 1 月,国务院做出《关于进一步深化对外贸易体制改革的决定》,提出我国外贸体制改革的目标是:统一政策、放开经营、平等竞争、自负盈亏、工贸结合、推行代理制,建立适应国际经济通行规则的运行机制。

总的来看,这一阶段,中国的对外开放主要是"引进来",引进外国资金、技术、设备和管理经验,"走出去"的企业不多,规模也不大。

二、政策起步阶段

改革开放初期,中国的对外开放政策主要基调是大力引进境外投资,严格限制资本外流。20 世纪 90 年代中期,随着中国经济的进一步开放,国内企业开始在海外投资,其中很多企业在海外运营取得了不菲的成就。世纪之交,中国政府颁布了"走出去"政策,这一政策最初没有列入正式规章,而是中央政府关于鼓励中国企业走向海外、利用国际市场、利用全球资源所做的一般性发言。

1997 年 9 月,在党的十五大上,时任国家主席江泽民在报告中提出要"努力提高对外开放水平","以提高效益为中心,努力扩大商品和服务的对外贸易,优化进出口结构","积极开拓国际市场",也是第一次明确提出"鼓励能够发挥我国比较优势的对外投资,更好地利用国内国外两个市场、两种资源"。

1997年亚洲金融危机后,为了扩大出口,国家实行了鼓励企业开展境外带料加工装配业务的战略,并形成了比较完整的鼓励政策体系。1998年2月,江泽民在十五届二中全会上进一步明确指出,"在积极扩大出口的同时,要有领导有步骤地组织和支持一批有实力有优势的国有企业走出去,到国外去,主要是到非洲、中亚、中东、中欧、南美等地投资办厂"。1999年2月,国务院办公厅转发了原外经贸部、原国家经贸委、财政部《关于鼓励企业开展境外带料加工装配业务的意见》。文件从指导思想和基本原则、工作重点、有关鼓励政策、项目审批程序、组织实施等5个方面提出了支持我国企业以境外加工贸易方式"走出去"的具体政策措施。鼓励我国轻工、纺织、家用电器等机械电子以及服装加工等行业具有比较优势的企业到境外开展带料加工装配业务,积极应对当时亚洲金融危机的影响。1999年9月,在上海举办《财富》全球论坛,江泽民又一次提到"中国的企业要向外国企业学习先进经验,走出去在经济全球化的浪潮中经历风雨见世面,增强自身竞争力"。这次盛会,为"走出去"战略的提出和最终明确奠定了坚实基础。

1995—1999年,中国批准海外投资企业的年平均增长率为20.66%,批准海外投资额的年平均增长率达到70.71%,与"八五"相比较,已经取得了非常大的进步。

三、政策提出阶段

2000年10月,"十五"计划中第一次正式提到了"走出去"政策。2000年3月,全国人大九届三次会议提出"走出去"战略思想。会议上江泽民指出,随着我国经济的不断发展,我们要积极参与国际经济竞争,并努力掌握主动权,把"引进来"和"走出去"紧密结合起来,更好地利用国内外两种资源、两个市场。

2000年10月,我国的改革开放和现代化建设进入新的发展阶段,世纪之交,党的十五届五中全会上最终明确"走出去"战略,确定在"十五"期间乃至更长的一段时期,实行对外开放的基本国策,实施"走出去"的开放战略,为今后我国对外投资活动的发展指明了方向,创造了良好的政策环境。

2001年3月,朱镕基在九届全国人大四次会议中进一步详细提出,要适应经济全球化趋势,进一步提高对外开放水平,进一步发展出口贸易;实施"走出去"战略,鼓励有比较优势的企业到境外投资,开展加工贸易,合作开发资源,发展国际工程承包,扩大劳务出口等;建立和完善政策支持体系,为企业到境外投资兴业创造条件。

2002 年 11 月,江泽民在党的十六大会议中再次提出,要坚持"引进来"和"走出去"相结合,全面提高对外开放水平;适应经济全球化趋势和加入世贸组织的新形势,在更大范围和更高层次上参与国际经济技术合作和竞争,充分利用国际国内两个市场,优化资源配置,拓宽发展空间,以开放促改革促发展;鼓励和支持有比较优势的各种所有制企业对外投资,带动商品和劳务出口,形成一批有实力的跨国公司和著名品牌。

"十五"期间,我国对外直接投资从非常低的起点快速增长至 2002 年的 27 亿美元。2004 年,增长至 55 亿美元。2005 年,对外直接投资达到了 123 亿美元。2000—2004 年,批准海外投资企业的年平均增长率为 33.01%,比"九五"期间提高了 12.35 个百分点。

四、政策实施阶段

2005 年以后,中国经济持续缓慢增长,中国经济进入新常态。经济结构、产业结构不合理的问题日益突出,大量产品积压,影响经济效益和竞争能力的提高。调整和优化经济结构,成为我国经济社会发展中急需解决的重大问题。在此背景下,为促进经济结构调整,引导培育战略型新兴产业,带动经济新一轮增长,中国政府先后出台政策,大力鼓励企业"走出去",通过企业国际化获取发展所需的技术、市场、资源等短缺的要素。

2005 年 10 月,党的十六届五中全会指出,必须不断深化改革开放,实施互利共赢的开放战略,支持有条件的企业"走出去",按照国际通行规则到境外投资,鼓励境外工程承包和劳务输出,扩大互利合作和共同发展。为加快实施"走出去"战略,引导企业在投资前期进行科学合理的国别地区选择和行业选择,促进我国境外加工贸易的发展,商务部在征求我国驻外经商机构及企业意见的基础上,2003—2005 年陆续印发了四个境外加工贸易国别指导目录,即《在东南非洲国家开展纺织服装加工贸易国别指导目录》《在中东欧地区开展家用电器加工贸易类投资国别指导目录》、《在拉美地区开展纺织服装加工贸易类投资国别指导目录》和《在亚洲地区开展纺织服装加工贸易类投资国别指导目录》。在此基础上与外交部联合制定了《对外投资国别产业导向目录》,共列入 162 个国家有投资潜力的领域,涉及农业、林业、交通、通信、制造、矿山、能源等诸多行业。

2006 年 1 月 19 日,全国商务工作会议提出,支持有条件的企业"走出去"

开展对外投资和跨国经营。2006年12月召开的中央经济工作会议上,再次强调我国还要继续实施"走出去"战略。为了更好地实施"走出去"战略,各相关部门相继出台了系列政策法规。正是这些政策法规构成了"走出去"战略的管理保障、服务保障和监管保障"三位一体"的政策推动体系。管理保障为"走出去"企业提供了走出去的管理制度前提,政府的角色从审批转变到了管理服务;服务保障为企业在"走出去"过程中提供资金、信息等方面的服务措施;监管保障对已经"走出去"企业进行监管,合理规范其市场行为。

在上述系列政策的推动下,我国的对外直接投资保持了较快的增长势头。自2006年以来,中国对外直接投资流量连续10年持续增长,2015年达到了1456.7亿美元。2016年,我国境内投资者共对全球164个国家和地区的7961家境外企业进行了非金融类直接投资,累计实现投资11299.2亿人民币(折合1701.1亿美元,同比增长44.1%)。

随着经济全球化和区域经济一体化程度加深,企业全球化发展意识加强,主动走出国门配置资源和拓展市场。统计数据显示,从海外投资主体来看,2015年中国民营企业海外并购十分活跃,并购案例达到397宗,占当年总投资案例数的53%,披露的并购总金额达到3963.19亿美元,同比增长280%,占总投资金额的66%。2016年民营企业海外并购达到近500宗,民营企业已逐渐成为中国"走出去"战略的生力军。

五、"一带一路"倡议提出及建设阶段

2013年9月7日,习近平总书记在哈萨克斯坦纳扎尔巴耶夫大学发表演讲,提出了共同建设"丝绸之路经济带"的畅想。同年10月3日,习近平在印度尼西亚国会发表演讲,提出共同建设"21世纪海上丝绸之路"。这二者共同构成了"一带一路"重大倡议。

"一带一路"遵循共商、共建、共享原则,中国作为提出者引领了该倡议的宏大设计。在启动、推进"一带一路"建设的同时,2015年3月,中国国家发改委、外交部、商务部联合发布《推动共建丝绸之路经济带和21世纪海上丝绸之路的愿景与行动》,勾勒了这一宏大倡议的蓝图,确立了共建原则、框架思路、合作重点和合作机制等内容。

"一带一路"倡议提出以来,政策逐层演进,由理念到框架,由框架到战略规划,由战略规划到深入实施。中央和各部委不断出台各项具体推进措施,各省市也相继出台"一带一路"专项政策。国务院、发改委等13个部门、商务部、香港特区政府均已设立"一带一路"专门机构。截至2016年9月,我国已与

70 多个国家、地区和国际组织完成战略对接,达成联合声明、双边协议/合作协议、合作备忘录/谅解备忘录、中长期发展规划和合作规划纲要等成果。

2017 年 1 月,国家发改委同外交部、环境保护部、交通运输部、水利部、农业部、人民银行、国资委、林业局、银监会、能源局、外汇局以及全国工商联、中国铁路总公司等 13 个部门和单位共同设立"一带一路"PPP 工作机制,旨在与沿线国家在基础设施等领域加强合作,积极推广 PPP 模式,鼓励和帮助中国企业"走出去",推动相关基础设施项目尽快落地。此外,联合国以及马来西亚、新加坡等国均设立"一带一路"专门机构,以管理协调"一带一路"相关事宜。

基于上述政策的推进,我国在"一带一路"沿线国家和地区的投资迅速发展。2016 年全年,我国企业对"一带一路"沿线国家直接投资 145.3 亿美元;对外承包工程新签合同额 1260.3 亿美元,占同期我国对外承包工程新签合同额的 51.6%;完成营业额 759.7 亿美元,占同期总额的 47.7%。截至 2016 年底,我国企业在"一带一路"沿线国家建立初具规模的合作区 56 家,累计投资 185.5 亿美元。2017 年,我国与"一带一路"沿线国家投资合作稳步推进,共对"一带一路"沿线的 59 个国家有新增投资,合计 143.6 亿美元,占同期对外直接投资总额的 12%。

第二节 我国对外直接投资现状

过去 30 年,中国制造业凭借低廉的要素成本和不断降低的交易成本优势,通过以加工贸易、出口、引进外资等多种方式嵌入发达国家所主导和控制的"全球价值链"的国际生产分工中,促进了中国经济的快速增长。进入 21 世纪以来,产品内分工成为新国际分工的重要组成部分,世界经济正在由注重"贸易"转向注重"生产",国际化生产成为连接国别经济的桥梁。本节在对我国民营企业国际化发展梳理的基础上,进一步分析民营企业国际化现状及面临的问题,为后续民营企业国际竞争优势形成机制研究奠定基础。

一、我国对外直接投资发展阶段

1979 年 11 月,北京市友谊商业服务公司与日本东京丸一商事株式会社在东京合资成立"京和股份有限公司",其成为我国第一家对外直接投资企业,也标志着中国对外直接投资开始起步。我国的对外直接投资活动大致可以划分为四个发展阶段。

(一)起步探索阶段(1979—1984 年)

中国经济转型初期,大多数中国企业尚未具备足够的规模和竞争力来开展对外投资项目。由于外汇严重匮乏,中国的资本外流受到政府的严格限制,政府的政策强调对企业对外直接投资的严格审批、严格监督和外汇管制,年均对外投资只有 4.5 亿美元,几乎可以忽略不计。在此期间,中国虽然加快了对外开放的进程,但是对外投资仍没有成为企业的长期发展战略,企业的对外投资仍然是一种偶发性的行为。

20 世纪 80 年代初,少数从事外经贸业务的企业从服务自身贸易发展需要出发,逐渐开始在国外设立窗口企业、办事处等机构,探索对外直接投资。1979—1984 年,我国对外直接投资企业累计兴办贸易性企业 113 家、累计总投资额 2 亿多美元。这一时期的对外直接投资还处于自发摸索阶段,主要特点有:一是投资企业规模小、投资额小;二是投资主体主要是专业外贸公司、省(市)的国际经济合作公司,如中化总公司、中国五矿总公司等;三是投资领域主要集中在外贸、建筑承包等服务行业,投资区域主要是港澳地区和周边发展中国家。详见图 3-1。

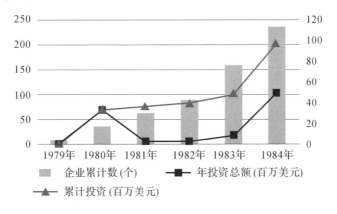

图 3-1　1979—1984 年中国非贸易对外直接投资情况

(二)快速发展阶段(1985—2001 年)

1987 年国务院批准中化公司进行跨国经营试点,掀起我国对外直接投资的第一次高潮。1985—1991 年,我国对外直接投资的非贸易性企业 859 家,协议投资总额 29.44 亿美元,对外直接投资存量增长率高达 35%。这一时期,投资主体为大中型生产企业和综合金融企业,如首钢、中信等;投资领域从贸易向资源开发、制造加工、交通运输等20多个行业延伸;投资区域扩展到部分发达国家。1992年,国务院批准首钢扩大海外投资,中国企业的对外直接投资进入快速发展阶段,1994—1998年对外直接投资流量约20亿美元/年。1999年2月,国务院办公厅和相关部委出台系列文件,进一步完善对外直接投资管理体制,我国的对外直接投资获得突破性进展,境外加工贸易和资源开发成效显著,投资主体呈现多元化,万向集团等一批民营企业开始涉足海外投资。到2001年,我国对外直接投资扩展到160多个国家和地区,有44%投向生产性领域,改变了以贸易型投资为主的结构。详见图3-2。

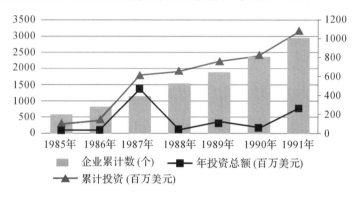

图 3-2　1985—1991年中国非贸易对外直接投资情况

(三)高速增长阶段(2002—2013年)

随着中国加入WTO及"走出去"战略的加快实施,各类企业主动开展跨国经营、参与国际经济技术合作。据商务部统计,截至2002年底,我国累计投资设立各类境外企业6960家,协议投资总额逾138亿美元,中方投资约93亿多美元。对外直接投资净额由2002年的27亿美元增至2013年的1285亿美元,年均增长42.7%(详见图3-3)。2008年国际金融危机以来,全球投资大幅下滑,但我国对外直接投资仍逆势上扬并稳步增长,2011年流量和存量分别居全球第6位和第13位,与2002年相比名次分别提高了20位和12位。截至2011年底,对外直接投资存量4247.8亿美元,共设立境外企业1.8万家,资产总额累计近2万亿美元。对外承包工程合同额和营业额分别由2002年的150.5亿美元和111.9亿美元增至2011年的1423.3亿美元和1034.2亿美元,年均增长分别为30.4%和31.3%。对外劳务合作方面,2003—2011年间派出劳务合计293.2万人,2011年末在外劳务人员81.2万人,比上年同期增加32.2万人。

2012年,中国对外直接投资累计存量达5319.4亿美元,居全球第13位,中国企业实施对外投资并购项目457个,实际交易金额434亿美元,两者均创历史之最。2013年,在全球对外直接投资流出流量较上年仅增长1.4%,中国对外直接投资流量创下了1078.4亿美元的历史新高。

在此期间,我国对外直接投资地区和行业分布日趋广泛。截至2013年底,遍布全球178个国家和地区,澳大利亚、新加坡等国家和维尔京群岛、开曼群岛等地区成为中国对外投资主要目的地,对外投资主要涉及商务服务业、批发和零售业、采矿业、交通运输、制造业等领域。同时,我国对外跨国并购日益活跃。2003—2012年,跨国并购类对外直接投资合计1308.6亿美元,占同期对外直接投资总额的51.6%。基于获取境外营销网络、技术品牌和能源资源等目的,吉利收购瑞典沃尔沃轿车公司、联想收购IBM个人电脑业务、中石化收购瑞士Addax公司股权等一批重大并购案件顺利实施,企业参与境外投资项目方面也有所突破。近年来,境外经贸合作区建设取得阶段性进展,截至2012年,共在13个国家建设16个合作区,其中赞比亚中国经贸合作区、泰国泰中罗勇工业园、俄罗斯乌苏里斯克经贸合作区等9个已通过政府验收确认,累计实际投资超过30亿美元,吸引入区企业近300家,对外投资、承包工程、资源开发协同发展。

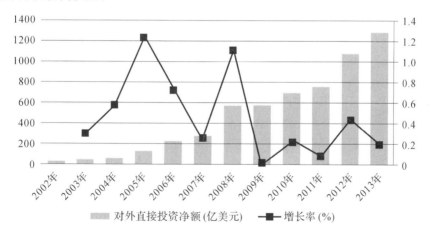

图3-3　2002—2013年我国对外直接投资净额及增长率

(四)"一带一路"建设实施阶段(2014年至今)

随着"一带一路"倡议提出及实施,2014年我国境内投资者共对全球156个国家和地区的6128家境外企业进行了直接投资,全年累计实现非金融类对外直接投资1028.9亿美元,同比增长14.1%,我国累计非金融类对外直接投资6463亿美元。同时,我国大型对外投资并购项目投资领域呈现多元趋势。能矿领域继续成为投资热点,五矿资源等企业联营体以58.5亿美元收购秘鲁拉斯邦巴斯铜矿;国家电网公司以21.01亿欧元(折合25.4亿美元)收购意大利存贷款能源网公司35%股权。制造业领域并购活跃,联想集团以29.1亿美元收购美国摩托罗拉公司移动手机业务;东风汽车有限公司以10.9亿美元收购法国标致雪铁龙集团14.1%股权。农业领域跨国并购取得突破,中粮集团以15亿美元并购新加坡来宝农业公司和以12.9亿美元并购荷兰尼德拉公司,这两个项目成为迄今农业领域对外投资最大的两个项目。

2015年以来,商务部围绕深化改革、创新制度、完善服务、营造环境、保护权益等重点,积极推进"一带一路"建设,稳步开展国际产能合作,有效实施"中非工业化伙伴行动计划"、"建营一体化"、"境外经贸合作区创新工程"等重要专项工作,不断完善各项政策措施,推动我国对外投资合作继续保持良好发展态势。对外直接投资继续保持两位数高速增长,超额完成全年10%的增长目标,境外经贸合作区建设、基础设施建设、对外承包工程亮点纷呈,大型项目显著增加,有效地促进了中国经济转型升级和对外合作互利共赢。2015—2017年,我国非金融类对外直接投资累计4082.1亿美元,流向制造业的投资累计645.1亿美元,年平均增长61.4%。我国对外投资合作快速发展主要基于两方面因素:一方面是,国际、国内形势有利于开展对外投资合作,企业"走出去"动力增强。2015年以来,国际经济格局继续发生深刻变化,世界各国努力实现经济复苏,国际产业重组和资源优化配置加快,各国与我国开展经贸合作意愿加强,对与我国开展投资合作寄予厚望,加之我国企业加大力度转型升级,"走出去"步伐加快,对外投资合作发展处于重要战略机遇期。

另外,政策叠加作用显现,营商环境持续改进。商务部持续推进境外投资便利化,实行备案为主的管理模式。积极搭建对外投资合作平台,与有关国家签署相关协议。务实推进重大项目,积极与有关国家开展工业化伙伴、境外经贸合作区、基础设施和互联互通建设。加大投融资支持力度,安排落实优惠信贷、项目融资、出口保险等政策支持。完善"走出去"公共服务平台,为企业提供全方位服务。此外,为促进国际产能合作战略的全面推进,国务院印发的《关于推进国际产能和装备制造合作的指导意见》,明确提出重点推动东北和河北等地区开展装备制造和国际产能合作,重点是电力、轨道交通、园区建设领域以及与重点国别或地区的产能合作。

根据统计数据显示,2017年中国企业对"一带一路"沿线的59个国家有新增投资,合计 143.6 亿美元,同比下降 1.2%。投资额占总额的 12%,比去年同期增加 3.5 个百分点。主要投向新加坡、马来西亚、老挝、印度尼西亚、巴基斯坦、越南、俄罗斯、阿联酋和柬埔寨等国家。对外承包工程方面,中国企业在"一带一路"沿线 61 个国家新签对外承包工程项目。新签合同 7217 份,合同额 1443.2 亿美元,占同期中国对外承包工程新签合同额的 54.4%,同比增长 14.5%;完成营业额 855.3 亿美元,占同期总额的 50.7%,同比增长 12.6%。

二、我国对外直接投资的特点

自改革开放以来,我国对外直接投资经历了 4 个阶段的发展,90 年代以前我国对外直接投资规模相对较小,随着改革的推进,2002 年以后开始呈现高速增长。概括来讲,我国的对外直接投资活动呈现出 5 个方面的特点。

(一)投资规模不断增加,位次不断提高

党的十一届三中全会明确经济建设应该打开国内外两个市场,从此拉开了我国跨国公司对外直接投资的序幕。1992 年,随着我国改革开放政策的改革调整,我国的对外直接投资实现了质的飞跃,投资规模稳步增加,2010 年后更是爆发式增长,同时,我国对外直接投资在全球的位次不断提高。1990 年,我国首次进入发展中国家和新兴经济体前 12 大对外直接投资来源国之列;1991 年到 2000 年间,我国对外直接投资流量和存量一直稳居发展中国家和新兴经济中前十大来源国之列。

2001 年,中国加入 WTO 推动我国对外直接投资事业进入了快速增长时期。2003 年,我国对外直接投资流量在发展中国家居第二位;2006 年我国对外直接投资流量在发展中国家列第一;2010 年我国对外直接投资流量位居全球第五。我国对外直接投资总量不断扩大,流量和存量占全球的比重也分别从 2003 年的 0.45%、0.48% 提高到 2010 年的 5.2%、1.6%,分列全球第 5、17 位。

随着"一带一路"倡议的逐步实施,对外直接投资总量规模逐渐增长。2012 年,中国对外直接投资流量为 878 亿美元,同比增长 17.6%,首次成为世界三大对外投资国之一。借助人民币升值、金融危机后欧美各国希望吸引外来投资等有利条件,中国企业对外投资并购步伐不断加快。2014 年,中国对外直接投资创下 1231.2 亿美元的历史最高值,同比增长 14.1%。2017 年,我国境内投资者共对全球 174 个国家和地区的 6236 家境外企业新增非金融类

直接投资,累计实现投资 1200.8 亿美元,同比下降 29.4%,非理性对外投资得到切实有效遏制。对外承包工程完成营业额 1685.9 亿美元,同比增长5.8%;新签合同额 2652.8 亿美元,同比增长 8.7%。对外劳务合作派出各类劳务人员 52.2 万人,比上年同期增加 2.8 万人,年末在外各类劳务人员 97.9万人。

(二)投资行业逐渐从贸易转向多元化

随着我国经济体制的不断改革,对外直接投资的行业也在不断发生变化调整。改革开放初期,我国的对外直接投资主要以贸易行业为主,随着中国对外直接投资的快速发展,投资行业分布逐渐多元化,投资的产业领域越来越细分。据统计,2001 年底对外直接投资 6298 家企业中,贸易类和非贸易类企业分别占 55% 和 45%,非贸易类投资正在上升。

21 世纪以来,我国对外直接投资的行业主要是建筑、批发和零售等行业,大都是一些能源类和竞争力不大的产业。如 2003 年,中国对外投资的行业只有 8 个,在矿产方面占近半壁江山的 48.4%,制造和批发零售占到了约 30%。近几年,除了传统行业之外,投资行业开始涉及科学研究、服务、房地产、餐饮、酒店、汽车等。最近几年房地产行业也成为我国企业投资的一个方向。

概括来讲,我国企业的对外直接投资的行业主要从单一化向三次产业各个细分领域更广泛地扩展,其中第一产业比重逐年下降,第二产业,尤其是采矿业投资日益增加,服务业投资比重仍较大,其中商业服务和批发零售占了很大的比例。

(三)对外直接投资主体以国有企业为主

按照性质和所有制形式划分,可以把我国对外直接投资主体分为国有企业和非国有企业,非国有企业包括有限责任公司、私营企业、外商投资企业和股份有限公司等组织形式。改革开放初期,国有企业是我国对外直接投资的主要投资主体。大型国有企业由中央政府管理,同时,在政府支持下享有融资、补贴、采购和监管优势。

但是,随着中国加入 WTO,国有企业在对外直接投资所占的比重逐年降低,垄断格局逐渐被改变。与此同时,民营企业蓬勃发展,对外投资占比不断升高。截至 2009 年末,中国中央政府拥有的 108 家国有企业已经投资了5901 家外国企业,其海外总资产超过 4 万亿人民币。2011 年,国有企业对外直接投资占总存量的 62.7%,而民营企业对外直接投资仅占到 1.7%。2015年,我国对外直接投资的投资主体中国有企业占比为 66.3%,排在第二位、第三位的分别为有限责任公司、股份有限公司,占比分别为 23.5%、6.2%。2016 年,中央企业的对外投资占比为 12.6%,地方企业投资占比攀升到 87.4%。随着我国经济不断发展,越来越多的企业参与到对外直接投资行列当中,但是受到自身规模小、整体实力较弱等诸多因素的影响,并未形成较强的竞争实力。另外,我国直接对外投资主体一般集中在经济较为发达的省市,如广东、上海、浙江等。

(四)投资区位由发达国家向新兴市场转移

我国对外直接投资区位国家和地区主要以亚洲为主,投资遍布全球近八成的国家和地区,投资地域高度集中。我国企业对外直接投资的地区主要集中在发展中国家,如亚洲和拉丁美洲,而且我国也在稳步地提高对这两个地区的投资力度。以 2003 年为例,我国对外直接投资中亚洲地区占当年对外直接投资净额的一半以上,中国香港是投资最集中的地区。从投资分布看,亚洲 15 亿美元,占当年对外直接投资净额的 52.5%。其中,中国香港 11.5 亿美元,以下依次为韩国、泰国、澳门、印度尼西亚、柬埔寨。

近年来,我国对外直接投资分布国家范围逐渐增加,但投资分为依然保持较高的集中度。2014 年,中国 1.85 万家境内投资者设立对外直接投资企业近 3 万家,分布在全球 186 个国家(地区),投资地域分布高度集中。其中,对"一带一路"沿线国家的直接投资流量为 136.6 亿美元,占中国对外直接投资流量的 11.1%。2015 年,我国企业对外直接投资对亚洲和拉丁美洲的投资比例高达 65% 和 15%,而且往亚洲投资的趋势还呈现迅猛增长的状态。对欧美发达国家投资偏少的主要原因是发达国家对投资的政策很大程度上提高了投资的难度。从长远的发展趋势来看,在亚洲投资无论是在政治还是经济上对我国都有十分重要的意义,而在其他国家和地区的投资空间还有很大的上升潜力。

自我国政府提出"一带一路"倡议,我国对外直接投资的国家开始向"一带一路"沿线国家转移。2015 年,我国企业共对"一带一路"相关的 49 个国家进行了直接投资,投资额合计达 148.2 亿美元,同比增长 18.2%,占总额的 12.6%,投资主要流向新加坡、哈萨克斯坦、老挝、印尼、俄罗斯和泰国等。2017 年中国企业对"一带一路"沿线的 59 个国家有新增投资,合计 143.6 亿美元,占同期总额的 12%,比 2016 年增加 3.5 个百分点,主要投向新加坡、马来西亚、老挝、印度尼西亚、巴基斯坦、越南、俄罗斯、阿联酋和柬埔寨等国家。

(五)对外直接投资方式逐步多样化

对外直接投资有合资合作、独资新建和并购等。新建投资需要较多资金,还需要企业拥有一定的灵活性,能对东道国的环境随机应变。当前,我国企业的跨国并购发展较快。具有强大的资金保障和丰富的企业运营管理经验的公司可以将新建投资选择在发达国家,但是仍然有很大风险。

我国的对外直接投资总体上处于初级阶段,建立合资企业及新建子公司是中国企业对外直接投资的主要方式。在 20 世纪 90 年代中期,中国对外直接投资企业中,独资新建方式约占 21%,与东道国企业合营方式约占 70%、与第三国企业合营方式约占 9%。据不完全统计,2001 年底我国 1729 家对外直接投资企业中,中方独资企业 594 家,占总数的 34.4%;合资经营企业 1135 家,占总数的 65.6%。

对外直接投资中,除了新建投资这种方式外,我国企业采用并购方式发展迅猛。1984—1996 年,中国企业跨国并购 23 起(含对香港企业并购),并购金额超过亿美元的有 5 起;1998 年我国企业跨国并购金额占当年对外直接投资的 48%;2000 年我国跨国并购占当年对外直接投资的 51.3%,首次超过一半。2001 年中国正式加入 WTO 之后,海外并购逐步成为中国企业对外直接投资的主要方式。2006—2010 年,通过收购、兼并的对外直接投资年均增速达到 71.38%,逐渐成为对外直接投资的重要方式。

跨国并购收益尤其在 2005—2008 年发展得最为迅速,从 65 亿美元增长到 300 亿美元。2008 年金融危机下,我国跨国收购金额不减反增。2017 年,我国企业共实施完成并购项目 341 起,分布在全球 49 个国家和地区,涉及国民经济 18 个行业大类,实际交易总额 962 亿美元;其中直接投资 212 亿美元,占 22%,境外融资 750 亿美元,占 78%。

三、我国对外直接投资的趋势及问题

(一)我国对外直接投资的新趋势

随着我国"一带一路"倡议及"国际产能合作"思路的提出,我国的对外直接投资呈蛙跳跃进式发展。这个大趋势形成的基础是中国成为世界第二大经济体以后,经济继续平稳健康发展,同时中国企业在全球的竞争力继续提高,国际认可度提高。更重要的是中国企业经过几十年的发展,已经有了强烈的愿望与要求,要到全球去整合资源、资金、技术、人才、信息等,使中国制造转变成世界制造。中国一些行业出现产能过剩,也使得中国一些企业需要拓展更广阔的全球市场。所以"走出去"也是中国企业发展到现阶段的必然要求。

这个大趋势的形成还得益于全球经济和市场需求的推动影响。全球自由

贸易进程加快,使得中国企业的投资更加方便、有效,在制度上有利于中国企业"走出去"。2008 年后,世界经济缓慢复苏,全球外国直接投资总量明显下降,与此同时,中国经济下行压力增加,经济增长进入中高速度的"新常态"。近几年,在国家"一带一路"倡议推动下,中国各省份积极推进海外投资,在此背景下,我国的对外直接投资也呈现出一些新趋势:

一是对外投资流量屡创新高。2016 年,中国对外直接投资流量 1961.5 亿美元,同比增长 34.7%,全球占比达到 13.5%,连续三年蝉联全球第二。

二是对外投资并购活跃。2015—2017 年中国企业共实施对外投资并购 579 起、765 起、341 起,实际交易金额分别为 544.4 亿美元、1353.3 亿美元、962 亿美元,其中直接投资 372.8 亿美元(占 68.5%)、865 亿美元(占 63.9%)、212 亿美元(22%)。并购领域涉及制造业、信息传输/软件和信息技术服务业、交通运输/仓储和邮政业等 18 个行业大类。

三是投资的国家地区高度集中,尤其对"一带一路"相关国家投资快速增长。2015 年,中国对"一带一路"相关国家的投资占当年流量总额的 13%,高达 189.3 亿美元。2017 年,我国企业对"一带一路"沿线国家投资 143.6 亿美元,占同期总额的 12%。

概括来讲,近年来我国对外投资合作实现了新发展新提高,对外承包工程大国地位巩固,境外经贸合作区建设成效显著,质量和效益逐步提升,互利共赢取得突出成效。对外投资合作的发展对扩大进出口、培育企业竞争优势、促进产业转型升级、深化我与有关国家经贸关系、提升对外开放水平发挥了积极作用。

(二)我国对外直接投资面临的机遇

改革开放 40 年来,中国的"引进来"和"走出去"政策为世界各国带来了互利共赢的新局面。在此背景下,我国应正确认识新时期对外直接投资的机遇。

我们应充分认识到"一带一路"是新的历史时期下全球和平发展、互利共赢的大战略,是把全世界最贫穷、最封闭、最落后的国家和人民带入全球发展主流的历史性进程。习近平总书记指出,"一带一路"不是空洞的概念,而是看得见、摸得着的实际举措,能够给各地区国家带来实实在在的利益。所以中国企业需要脚踏实地,在抓好"一带一路"战略构想推进实施时,要筹划好基础建设项目,做好产业园区的规划,要绘制好文化旅游交流的蓝图,使我国企业"走出去"的步伐与沿线国家的战略、规划对接,从中寻求到市场和发展平台。

与此同时,我们应正确定位可持续发展的对外直接投资。中国企业应把海外投资看成商业行为,这样海外投资才可持续发展,并得到当地的保护。具体来说,需遵守当地法律,并且要向国外政府表明中国企业"走出去"是商业行为而不是政治行为。一方面,要通过实际工作努力,譬如,解决基础设施问题、缓解当地贫困问题、致力于当地环境问题等具体行动;另一方面,要融入当地社会,为推进当地社会的发展履行自身的企业社会责任,获得当地对中国企业的认同。

(三)我国民营企业"走出去"应注意的问题

随着中国"走出去"战略加速实施,我国政府出台了一系列关于海外投资简政放权的措施,大大激发了中国民营企业"走出去"的积极性。截至 2017 年底,中国非金融类对外直接投资存量已达到 8107.5 亿人民币,其中民营企业约占 30%。民营企业在中国企业"走出去"的大潮中发挥着越来越重要的作用,逐渐成为中国对外投资的主力军。在迎来民营企业"走出去"的新时代之际,民营企业海外发展应注意如下问题。

1. 需注意结构调整与升级

民营企业"走出去"的重要驱动力之一是成本因素。随着我国经济的高速发展,劳动力成本与资本成本不断攀升,民营企业原有的低成本优势减弱。加之我国很多民营企业以原材料加工、OEM 代加工等为主要生存手段,企业处于全球产业链低端,附加价值创造空间较小,民营企业面临越来越艰难的生存环境和越来越大的竞争压力。民营企业改革创新、走出国门,通过加大研发投入积极参与到全球资源整合之中,成为民营企业寻求下一阶段发展的明智之举。在"走出去"过程中,民营企业会面临融资难、全球战略定位不清晰、缺乏核心竞争力及遭遇贸易保护等挑战,甚至海外经营不顺畅。因此,民营企业应增强海外风险意识,践行企业社会责任,维护与当地利益相关者的良好关系,做合格的全球企业公民。

2. 需不断加大自主创新力度

提高民营企业自身素质是成功"走出去"的必要条件。其中自主创新是民营企业"走出去"的立足之本,尤其是企业的技术创新有助于增强企业的核心竞争力。新一代信息技术、移动互联网、先进机器人、3D 打印等重大技术的突破发展,绿色制造、智能制造和高端制造的信息化战略,已成为提升企业自主创新能力的重要源泉。

3. 重视政府相关倾斜政策

民营企业"走出去"除了要不断增强自身体魄,更应该积极响应国家"走出去"战略,享受国家政策红利。在"一带一路"倡议推进实施的大背景下,政府为推动中国企业跨出国门,出台新修订的《境外投资管理办法》,确立了"备案为主、核准为辅"的管理模式,同时首次建立境外投资的负面清单。这些积极改进措施为企业"走出去"提供了便利,规范了企业的海外行为。随着民营企业的健康发展壮大,曾经的竞争力不足、不承担社会责任、污染环境等负面形象将逐渐淡化,民营企业的社会地位将得到提高,同时也为海外经营拓展树立良好形象。

4. 应有准备而不是盲目"走出去"

中国企业要想参与拓展全球资源、重构企业全球价值链、实现全面战略升级,增强企业参与国际竞争的能力,也绝非轻而易举之事,前行之路障碍重重,稍有不慎,就会折戟沉沙,最终惨败。因此,企业海外投资应详细论证,充分调研,认真评估,谨慎投资。

第三节　宁波民营企业对外直接投资现状及特点

一、宁波民营企业对外直接投资现状

(一)宁波对外直接投资规模

1984年,宁波批准了第一家境外投资企业,1988年,第一次承接对外承包工程。2000年中央提出"走出去"战略以后,宁波市对外直接投资进入快速增长阶段,对外直接投资的企业数量及质量都有了大幅度的提高,海外经营能力不断增强。从2000年开始,宁波民营企业对外直接投资规模呈现递增的态势,特别是2006年后,对外直接投资的规模增长明显,呈现直线上升趋势,截止2009年底,宁波市批准设立各类境外企业和机构1069家,累计投资额10.55亿美元,分布在75个国家和地区。宁波民营企业在境外成立企业(机构)的数量也呈现出增长的趋势,2000年宁波民营企业在境外成立企业(机构)44家,到2009年达到了177家,增长了3.0倍。

近年来,宁波对外直接投资快速增长。2015年全市新批境外投资企业和机构226家,较2009年增加49家,增长27.7%。2016年宁波市核准中方投资额25.1亿美元,实际中方投资额12.8亿美元。2009—2016年宁波市核准中方投资额与2009—2016年宁波市实际中方投资额对比情况如下(详见图3-4)。

宁波民营企业国际化现状及趋势

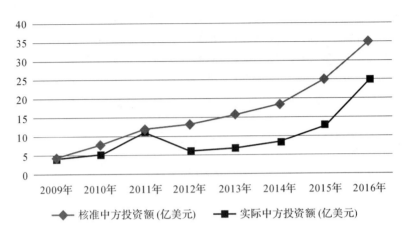

图 3-4　2009—2016 年宁波市外投资情况

（二）宁波对外直接投资结构及类型

宁波地处长三角经济带,是我国民营经济的发祥地,在区位优势和体制优势的推动下,宁波有着良好的外向经济基础。截至 2016 年底,宁波市外贸自营进出口总额突破 1000 亿美元大关,达 1004.7 亿美元,其中出口总额 714.3 亿美元,较 2009 年增长 84.81%,年均增长 12.12%;出口额占全市进出口总额 71.1%,较 2009 年增长 11.86%,年均增长 11.86%。详见图 3-5。

受宁波外向型经济发展需要影响,宁波的对外直接投资的产品结构主要集中以制造行业产品为主,宁波制造业中的机电产品出口额占全市出口总额

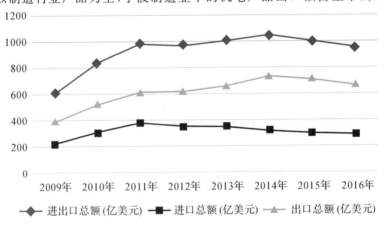

图 3-5　2009—2016 年宁波外贸自营进出口情况

的 54.4%,占据半壁市场份额,而高新技术产品出口额仅占宁波市出口总额的 6.4%。

就宁波批准设立的境外企业和机构的类型而言,贸易公司、经贸办事处仍是最主要的形式。2008 年,贸易公司、经贸办事处为 668 家,占各类企业和机构累计总数的 79%。2010 年之后,随着全球经济持续低迷,外贸相关的投资比例不断减少,而生产企业、境外加工贸易、境外资源开发、工程公司、研发中心、增资等类型的对外直接投资快速增长。2016 年,核准中方投资额 35.1 亿美元,比上年增长 39.9%,完成境外承包工程劳务合作营业额 20.4 亿美元,增长 6.9%。

(三)宁波对外直接投资产业与区位结构

随着宁波民营企业对外直接投资的发展,境外投资的产业由纺织服装、工艺礼品、文具玩具为主拓展到五金机械、电线电缆、家用电器、汽车配件等产业为主。同时,宁波民营企业对外直接投资的区位分布不断扩大,除了在发达国家投资兴办企业外,在发展中国家包括在一些新兴市场经济国家,如非洲、东盟等地兴办企业和机构数不断增加,投资国别从香港等传统市场不断向欧洲、美国、拉丁美洲等地区扩展,尤其是对"一带一路"地区投资步伐不断加快。从贸易伙伴看,2016 年直接与宁波开展贸易往来的国家和地区达 223 个,其中欧盟、美国、东盟、拉丁美洲的贸易额占比分别为 21.6%、18.2%、8.6% 和7.4%,"一带一路"沿线国家进出口 1638.4 亿元,增长 5.9%,其中对中东欧16 国进出口 156 亿元,增长 12.6%。宁波对外直接投资区域遍布全球、投资行业种类齐全、跨国并购成为新手段,生产型企业取代境外贸易型公司成为投资主导。

根据宁波对外贸易管理局公布的统计数据看,2016 年,宁波市对外直接投资存量主要依然以制造业和批发和零售业为主,行业分布如下:批发和零售业(主要以服装为主)41945 万美元,制造业 73416 万美元,综合性企业投资29449 万美元,采矿业 66193 万美元,建筑业 900 万美元(详见表 3-1)。从宁波近年对外直接投资实际情况及行业分布看来,批发零售业和制造业在宁波对外直接投资存量中占据着主导地位。主要是与宁波本地的需求相关联,同时从行业分布分析可以看出,宁波近年开展的对外直接投资行业也主要以实体为主。

宁波民营企业对外直接投资的区位分布不断扩大,除了在发达国家投资兴办企业外,在发展中国家包括在一些新兴市场经济国家,如非洲、东盟等地兴办企业和机构数不断增加。截至 2016 年底,宁波市对外直接投资在往来的国家(地区)由"十五"末期的 208 个发展到 221 个。其中,最集中的区域为美国,约有 150 个企业和机构;生产型企业主要集中在柬埔寨、越南、泰国等东南亚地区;分布在欧洲的主要是收购项目和贸易公司。宁波对外投资区域中亚洲地区的投资额占首位,达到 449.4 亿美元,占总额的 78%。投资的主要地区分布在中国香港、澳门、新加坡、韩国、泰国等国家和地区。接下来是欧洲,投资存量在 256.8 亿美元,占投资总额的 18%,主要分布在俄罗斯、西班牙、德国等国家。其次就是北美洲与拉丁美洲,最后是非洲和大洋洲。

表 3-1　2015—2016 年宁波市对外直接投资行业分布情况

(单位:万美元)

实际利用外资	2015 年	2016 年
总计	127693	249802
农、林、牧、渔业	212	956
采矿业	10745	66193
制造业	34189	73416
电力、燃气及水的生产和供应业	0	334
建筑业	3355	900
交通运输、仓储和邮政业	682	3236
批发和零售贸易业	34318	41945
房地产业	423	1774
租赁与商贸服务业	27211	21966
综合性企业	13721	29449

数据来源:根据宁波市对外贸易经济合作局公布数据整理而得。

二、宁波民营企业对外直接投资的特点及问题

(一)宁波民营企业对外直接投资的特点

在我国民营企业的跨国经营发展进程中,尽管也有一部分具有实力的民营企业开始尝试用收购兼并、买壳上市等现代对外投资的形式进入海外市场,但这些企业在海外投资建厂,主要是为了拓展产品出口市场、发展对外贸易和利用比较优势来建立原材料生产基地。而大多数民营企业还停留在以"边贸活动"为主体内容的进出口贸易和加工贸易上。与发达国家的跨国公司相比,我国宁波民营企业跨国经营还处于初级阶段。

1. 企业对外投资呈现高速增长态势

寻求更为廉价的劳动力、谋求技术来源、突破贸易壁垒三个因素,是推动中国企业特别是民营企业海外投资增长的主因。另外,中国政府出台了许多促进民营企业海外投资的支持政策,亦是中国民营企业投资海外的原因之一。2015年,宁波市对外实际投资额为12.8亿美元,同比增长49.5%。2016年,对外实际投资额为24.98亿美元,同比增长95.6%,较2009年的4.06亿美元,增长达到近6倍。同时,宁波也成为继深圳、青岛、广州之后,第四个核准投资额累计突破百亿美元的副省级城市。

2. 以制造型与流通型企业为主

与宁波产业结构特点相一致,对外投资的产业结构同样以制造型与流通型企业为主,合计比重最高为2012年的66.7%,最低为2011年的32.1%,年度平均值为51.2%。值得关注的是,随着宁波港口经济圈建设的逐步推进与现代服务业的日益发展,租赁与商务服务业在对外投资中的比重明显提升,近两年呈现爆炸式发展,比重从2010—2013年的最高2%、最低不足1‰,快速扩张到2014年的10.5%,2015年更以21.3%的比重超过采矿业,跻身对外投资产业三强。

3. 民营企业成为投资主力军

从全国总体来看,国有企业是对外直接投资企业队伍的先锋部队与主力军。自2006年以来,尽管在存量资本中的比重呈现逐年下降的趋势,从最初的81%缩减到2014年的53.6%,却仍然占据优势地位。但在宁波,奥克斯、雅戈尔、先锋新材料、双林汽车、申洲针织等一批大型民营企业主导着对外投资的国际舞台,这也是宁波对外投资的最大特点。根据宁波市商务委员会的统计,2015年,宁波港股份有限公司完成对其境外子公司香港明城国际有限公司1亿美元的增资计划,这才实现过去三年国有企业境外投资零的突破。

4. 民营企业的海外并购日益活跃

宁波民营企业产值占全市总产值的80%,全国工商联公布"2017中国民营企业500强",20家宁波企业入围榜单,4家企业进入前100强。其中,远大物产、银亿、奥克斯、雅戈尔等企业均在资源整合和国际并购方面业绩卓越。2011年11月发布的中国民营企业十大并购案例中,宁波占两席,分别是宁波均胜集团收购德国普瑞公司75%的股权、宁波一舟投资集团并购德国威远高股份公司。2015年,宁波民营企业掀起了跨境并购的热潮,奥克斯集团、先锋新材、双林汽车等一批民营上市龙头企业积极开展了境外收购项目。

(二)宁波民营企业对外投资面临的问题

1. 缺乏跨国经营的人才及经验

优秀人才是跨国公司制胜的法宝。西方跨国公司的成功很大程度上得益于其"任人唯贤"的人才管理机制。当代跨国经营意味着管理人员必须跟具有不同教育和文化背景以及价值观念的员工打交道,还必须应对各种法律、政治及经济因素,尊重东道国的风俗习惯和市场差异,尊重异国文化。管理者不能有狭隘的民族观念,对于各项业务应有广泛的了解和经验并且不拘泥于自己所熟悉的观念和行为方式,重视现实而又目光长远,能够充分调动企业内的资源和企业外的资源为企业的发展服务。宁波民营企业中既懂经营之道,又懂产品生产技能的人才相当匮乏,而国际化经营人才更是凤毛麟角。民营企业由于"家族制"管理的缺陷,往往任人唯亲,即使是聘请了职业经理人管理企业,也不能给予充分信任。同时受制于企业的规模,民营企业也不能提供员工像外企一样的薪金待遇。"走出去"人才缺乏,成为宁波民营企业对外直接投资首先面临的难题。

2. 资金的瓶颈问题

近几年,宁波充分利用国家外汇管理局对浙江省进行外汇管理改革试点的有利条件为企业"走出去"提供外汇支持。资金短缺、融资困难仍然是境外投资的"软肋",一定程度阻碍了宁波民营企业境外投资的步伐。宁波"走出去"的民营企业多为中小企业,中小企业在发展过程中与大企业相比,资金严重不足,融资相对比较困难。近年来,我国的资本市场发展较快,形成了股票类、贷款类、债券类、基金类、项目融资类、财政支持类等六类融资方式和数十条国内外融资渠道的庞大体系。但是,除了短期信贷外,其他融资渠道对民营经济的开放度很低,从而使民营企业与国有企业相比融资的机会少、规模小、期限短、比重低,品种少、难担保、成本高,远远满足不了各类民营经济融资的需要。宁波民营企业的融资,无论是初创时期还是发展时期都严重依赖自我融资渠道,80%左右的民营企业认为融资困难已严重阻碍了它们的发展。没有金融业的支持和参与,企业海外贷款和项目担保的风险较大,削弱了宁波企业跨国融资和投资的能力。同时国家对外汇汇出的限制及给海外企业贷款和融资额度的不足,使企业缺乏足够的资金用于对外直接投资和经营。

3. 缺乏优势技术及创新能力较弱

虽然宁波在培育出口主导产品、提高产业升级方面,已初步形成一定的地方特色。如经过改革开放的积累,宁波市逐步形成了一批比较优势明显的产业:服装、家电、轴承、注塑机、文具、模具等产业不仅位居国内一流地位,而且与世界各国尤其是非洲、中东、东欧、南美等发展中国家和地区的产业有很强的互补性,为民营企业发展境外投资奠定了基础。但从国际比较看,由于企业的研发水平低,许多工业产品的价格、性能比都居于劣势,即使是占比较优势的家电行业,一些产品,特别是高档产品的核心技术也仍然依靠引进。同时民营企业往往偏重以数量扩张为主的粗放增长,而忽视生产技术的提高,在他们看来,技术创新是风险投资,成本高、回收慢,技术进步的效果难以预期,使得许多民营企业不愿在技术和创新方面投资。

4. 境外投资不够便利

尽管近年通过下放审批权限等措施,审批程序有所改进,但仍未达到简化和便利的目的,影响企业报批的积极性。如公民出入境管理,目前尚未出台专门针对与境外投资相关的人员出入境管理规定。人是企业"走出去"的首要因素,国内出国办证手续繁、时间长,这些都成为企业"走出去"的障碍。另外"走出去"审批层次多效率低。目前中方投资额在100万美元上的境外投资项目,需经驻外使领馆、地方计划部门(或国务院主管部门)、国家发改委、商务部、国家外管局等部门审批;中方投资额在100万美元以下项目也须经驻外使领馆、地方政府(或国务院主管部门指定的综合部门)、省级外管局等3个部门的审批,延长审批时间降低审批效率。同时,审批制度不透明、重事前审批、轻事后监督,导致民营企业虽有"走出去"的优势,但真正实施的企业并不多。

5. 境外投资的信息障碍

企业"走出去"必须立足于知己知彼,特别要开展对国际惯例、东道国投资环境的研究。外国跨国公司在进入新的东道国市场时,一般都非常重视前期的调研,如法国家乐福、荷兰万客隆等跨国零售企业进入我国市场时,都耗时两年多,逐项确定具有可操作性的战略措施。宁波民营企业对外直接投资较少,对外部世界的了解有限,资金、人才、渠道缺乏,对国际有关法律、政策、投资环境等知之不多,在互联网上能够查询到真正有用的信息不多。在这一方面民营企业确实存在诸多的困难,由于信息不全面而导致项目不理想的情况时有发生,也使一些企业望而却步,成为跨国经营的一个制约因素。

6. 海外企业管理机制不完善

符合国际规范和国际惯例的管理机制与运营模式,是企业"走出去"开展跨国经营取得成功的重要保证。企业在国外直接投资,应按照当地政府的法律制度,制定一套适合当地实际情况的管理机制和规章制度,在守法、合法的

宁波民营企业国际化现状及趋势

基础上进行自主经营、自负盈亏、自我发展、自我约束。但由于受到传统经营和管理体制的影响,现代企业制度建立较晚,宁波民营企业的经营机制还未能完全适应国际市场竞争的需要。

三、宁波民营企业对外投资的新趋势

(一)"一带一路"地区成投资新宠

截至 2015 年底,宁波市经过核准备案的境外投资企业达到 2250 家,分布在全球 116 个国家和地区,投资额历年累计突破 100 亿美元。2015 年备案股权投资项目 16 个,较前年猛增 7 倍。2015 年,宁波市累计在"一带一路"沿线 17 个国家设立境外机构 38 家,投资额达 3 亿美元,同比分别增长 81% 和 27.9%,特别是对中东欧地区投资实现快速增长。境外投资区域实现新拓展,新增萨摩亚、芬兰、肯尼亚、英属安圭拉等 4 个国家。从行业看,宁波企业境外投资偏爱批发零售业和制造业。2015 年 1 至 11 月,这两个行业备案金额分别为 7.5 亿美元和 5.9 亿美元。建筑业、制造业和商务服务业境外投资增幅较大。同时,截至 2015 年 11 月,宁波市备案境外投资企业达 220 家,中方投资额为 254 亿美元,同比增长 36%。目前,宁波已在境外设立投资创业基地 15 个,其中美联加拿大贸易直销中心、乐歌美国贸易直销中心、巴红加蓬林业园区为新认定的境外基地。"一带一路"地区成宁波民营企业投资新宠。

(二)海外并购异常活跃

宁波企业 2014 年完成海外并购 20 项,2015 年宁波企业成功开展的海外并购案件数量达到 25 起,比上一年增加 5 起,累计并购金额 2.5 亿美元,同比增长 27.3%。其中,宁波双林汽车投资 1 亿美元收购澳大利亚传动系统国际控股有限公司,成为宁波市 2015 年最大的并购项目。宁波企业的海外并购浪潮还体现在 2015 年仅 60 多天时间内宁波企业已经主动发起了至少 5 起海外并购案,并购金额达到 118.5 亿元,并购的都是全球的行业巨头。其中,宁波瑞丽洗涤股份有限公司完成了对德国跨国集团哈尼尔旗下洗涤服务品牌海特斯(上海)洗涤服务有限公司的全资收购,这也是中国洗涤行业史上的第一桩国际并购案。作为境外投资中的高级形态,跨国并购很大程度上给宁波的经济带来推动力。宁波民营企业跨国并购首先考虑为对方的技术与品牌,其次想借助对方的平台去吸收高精尖技术人才。2015 年,双林集团收购澳大利亚 DSI 自动变速箱项目完成交割。双林股份通过并购延伸了产业链,填补许多产品的空缺,从而分散了风险。另外,集团与 DSI 公司共同发挥协同效应,拓

宽销售渠道。宁波民营企业逐渐从对外贸易转向海外并购,海外并购的对外投资模式已越来越多地出现在宁波民营企业中,逐步成为一种趋势。

(三)"互联网+"将进一步推动宁波外贸发展

宁波是外贸大市,拥有 2 万余家获得外贸经营权的企业,而且越来越多的企业借助"互联网+"发展跨境电子商务。互联网作为一个新时代的产物和标的物,宁波市也给予了相当的重视,无论是在政策还是互联网发展的环境布局上,宁波市政府均有做出努力。譬如,2016 年 6 月 28 日宁波国际邮件互换局正式投入使用,自此,宁波往来海外的进出境邮件可直接通过香港、台北等航空口岸进出口,不必绕行杭州、上海互换局,时间可减少 1～2 天,极大地方便了宁波当地人民的海外购,助力宁波跨境电商企业的发展。邮路口岸,将成为宁波外贸的新引擎,"互联网+"将进一步推动宁波外贸发展。

第四章

我国民营跨国公司竞争力
评价框架及指标体系

近年来随着"走出去"战略的实施与推进,中国涌现出一大批国际成长显著的跨国公司,成为全球竞争的积极参与者,改善了中国的国际分工地位。在我国特殊的经济体制和所有制影响下,国有企业长期以来在跨国经营中扮演重要角色,也是中国实施"走出去"战略的排头兵。2014年,国家明确提出大力推动民营企业"走出去",在相关政策鼓励支持下,民营企业正逐渐成为"走出去"的生力军。民营跨国公司与国有企业相比,不具备制度优势、规模优势以及禀赋优势,但却在国际化进程中发展迅猛,势头强劲。民营跨国公司的竞争力水平是衡量企业国际化能力的重要内容,准确掌握民营跨国公司竞争力现状是探究分析竞争力形成根源的研究基础。根据上章分析,目前关于企业竞争力评价相关研究的成果日益丰富,竞争力评价指标体系的相关文献也已不少,但跨国公司竞争力评价的系统研究还并不多,量化实证的方法也局限于对国际影响比较大的世界经济论坛(WEF)和瑞士洛桑国际管理开发学院(IMD)构建的指标体系和评价方法。从我国跨国公司的可观测数据看,企业竞争力的指标体系来源于企业的统计、会计、业务核算数据,但企业竞争力评价指标是以企业内部社会再生产状况为对象设计的,包括服务政府统计的报表指标和会计与业务的核算指标,这些指标对研究企业竞争力是不完备的,与反映企业竞争力的指标也不对应。因此,本章借鉴资源观、产业观及复合基础观、制度观,构建我国民营跨国公司竞争力评价分析框架,并筛选相应指标体系,分析评价我国民营跨国公司竞争力状况。

第一节　跨国公司竞争力的构成要素

跨国公司竞争力的构成要素是评价竞争力水平的基础。现有研究文献中,很多学者对企业的竞争力的构成要素进行了研究分析,其中管理学的研究主要从企业内部要素对竞争力进行了解析,而经济学主要对产业经济及制度环境变化后不同的经营条件下的企业竞争力进行分析。为厘清企业竞争力中内部因素与外部影响因素的关系,以及其对企业竞争力的影响,本节通过"战略三角"框架将企业成长中的资源、产业及制度等内外要素集成,对企业竞争力的构成要素进行梳理,探究企业竞争力的评测主要内容,为进一步研究分析竞争力提供依据。

一、跨国公司竞争力构成要素

(一)企业竞争力的构成

企业竞争力源自竞争性市场,企业竞争力是指在竞争性市场条件下,企业通过培育自身资源和能力,获取外部可寻资源,并综合加以利用,在为顾客创造价值的基础上,实现自身价值的综合性能力;也指在竞争性的市场中,一个企业所具有的,能够比其他企业更有效地向市场提供产品和服务,并获得赢利和自身发展的综合素质。企业作为国家经济的重要基石,不同历史时期、不同经济形态下,企业竞争力的内涵有着不同的侧重点。在新的历史时期下,随着工业经济形态向知识经济形态的逐步转变,企业竞争力基本含义是指企业作为获取利润的经济组织,遵循市场经济规律,在市场竞争过程中,通过自身要素的优化及与外部环境的交互作用,在有限的市场资源配置中占有相对优势,进而呈现出良性循环的可持续发展状态的能力(胡大力,2001)。企业竞争力可以分为3个层面:

第一层面是产品层(又称表现层),是企业竞争力大小的具体表现,这主要由一些与市场相关的指标来加以衡量,常用的指标主要包括企业产品生产及质量控制能力,企业的服务、成本控制、营销、研发能力;

第二层面是制度层(又称影响层),是影响企业竞争力的内外关键因素,决定着企业竞争态势变化的趋向,这些要素必须通过协调作用才能起到影响效果,一般主要包括各经营管理要素组成的结构平台、企业内外部环境、资源关系、企业运行机制、企业规模、品牌、企业产权制度；

第三层面是核心层（又称决定层），即企业文化，这是企业竞争力的源泉和灵魂，决定了企业竞争力研究的最终目的及最高层次——可持续发展能力（王明夫，2001），主要包括以企业理念和企业价值观为核心的企业文化、内外一致的企业形象、企业创新能力、差异化个性化的企业特色、稳健的财务、卓越的远见和长远的全球化发展目标。

根据上述分析，企业竞争力是综合性范畴，包含了多层次、多方面的内容，不仅涉及企业内部要素和经营管理过程，而且涉及企业的各种外部环境；不仅关系到企业自身的生存和发展能力，还关系到企业各利益集团乃至国家的经济发展；不仅涉及国内市场竞争而且涉及国际市场和全球市场；不仅是静态的比较能力更是动态的进化发展能力，是在竞争过程和企业的运营过程中不断形成和发展变化的。概括来讲，企业竞争力是指企业在竞争的市场环境中，在企业内外部因素共同作用下形成的占有市场、创造价值，并能使其得以生存和持续发展的系统能力。综上，企业竞争力主要强调以下几方面内容：

一是企业竞争力是在竞争市场环境下，与其他企业综合比较后，具有相当优势能力的状况。因此，企业竞争力是以企业间的竞争为前提的，其本质上是一种比较下的系统能力。

二是企业竞争力是对系统能力的反映情况，竞争力是描述性的中性概念，本身并不能说明能力强弱，通过比较后能反映竞争力高低强弱。竞争力一般具有三种类型：优势竞争力、均衡竞争力、劣势竞争力。

三是企业竞争力主要体现为其所生产的产品或服务的占有市场、创造财富的能力。企业的产品能否销售出去决定着企业创造的价值能否实现及其再生产能否持续进行，创造价值和盈利是企业竞争力的根本所在，而对企业的生存发展来说，创新能力应是企业竞争力的最重要的内涵之一。

四是企业竞争力是能力的动态反映，主要指企业在生产经营过程中，受企业内外部不同影响因素的影响和共同作用下形成的一种系统综合能力，因此，竞争力是一种动态的产物。

（二）跨国公司竞争力构成要素分析

根据对企业竞争力的分析，进一步我们探讨跨国公司竞争力。跨国公司的竞争力指企业在国际市场竞争中表现的能力，因此跨国公司竞争力要求跨国公司不仅在国内市场具有竞争能力，而且要面向全球市场，具有参与国际竞争的能力。与国内经济市场竞争相比，国际市场经济环境的竞争更加激烈，对跨国公司的挑战也明显增加，包括对跨国公司的国际市场开拓能力、跨国经营能力、企业管理制度的国际化程度,同时对企业核心,特别是"对文化价值观理解、融合并转化为现实生产力的能力和程度"有更高的要求。基于企业竞争力的构成要素来源视角,研究分析企业竞争力的构成要素,进而设计构建跨国公司竞争力评价模型,即从静态的角度来分析企业竞争力。

构成中国跨国公司竞争力的要素众多,跨国公司内外诸多因素都会对竞争力产生影响,跨国公司竞争力是一个多层次、复杂结构的综合体。根据竞争力构成要素的来源及性质,中国跨国公司竞争力构成要素可以归纳为三大类要素,包括具体企业资源要素、企业能力要素和企业外部环境要素。

1. 企业资源要素

资源要素是否充分及其资源配置是否合理,是推动企业运营发展的重要因素。Wenerfelt(1984)提出了"资源基础论",认为企业是一个资源集合体,并把资源分成三类:有形资源,无形资源,有关产品和工艺的知识资源。跨国公司是企业的国际化发展,因此,跨国公司所拥有或获得的内部资源和外部资源及其合理有效配置是中国跨国公司竞争力形成的基本条件。包括人力、资金、技术设备、原材料、土地、有效制度供给、政府政策、社会关系、区位优势和所在地基础设施等。

(1)人力资本要素。人力资本质量水平高低,代表了企业技术创新能力和技术吸收能力,已成为企业乃至国家竞争的重要标志,也是区域对外直接投资持续发展的重要因素。近年来,政府也鼓励企业通过对外直接投资嵌入全球生产网络,改变传统国际贸易方式的被动"技术低端锁定"(Schmitz,2004)的困境。其中,人力资本质量尤其是人才因素已成为提升企业以及区域对外直接投资竞争力的重要影响因素。

(2)资金要素。资金是企业从事各项经济活动的基本要素,是企业发展的必备要素。企业的资金状况既表明了企业的资源配置、数量和质量,同时也反映了企业的资本构成和产权关系。企业的生产经营、筹资投资和利润分配都是以资金为纽带,从起点到终点,资金贯穿于企业经营活动的全过程。现代企业在整个生产经营活动过程中,从价值形态看,实际上也就是资金运动和价值增值的过程。所以,资金也是构成企业系统的一个基本要素。一个企业系统的全部资金,一部分以固定资产的形式存在,一部分以流动资产的形式存在,其中包括货币资金、生产资金和成品资金等。资金主要从其数量、构成(各种资金的比例)、周转速度等方面对现代企业系统产生着影响。

(3)技术要素。面临着以全球化、产品与市场不确定性以及日益增长的研发成本为特征的市场激烈竞争,跨国公司内技术转移、技术吸收与技术创新活动日益成为战略的重点与难点,为此,加强技术整合以加快技术转让、提高技术吸收能力和技术创新能力成为提升跨国公司竞争力的重要内容。在技术进步加快的环境下,技术创新过程变得更具有风险性,并直接影响了企业竞争能力的变化和迁移。企业需要创新以获得竞争优势以便更好地生存和发展,成功的企业取决于内部创新能力的开发,创新是企业持续成长,获得长期成功的重要因素。如今,市场变化迅速,知识老化和更新速度日益快速,在唯有不变就是变化的条件下,变化和动态成了知识经济时代最显著的特征,企业经营管理人员必须不断制定新战略和调整新战略以取得并维持竞争优势。基于此,企业在适应动态竞争和市场变化而拥有持续竞争优势的过程中,创新能力的重大作用更加凸显。

(4)品牌要素。企业品牌的建立就是为了维持一种长期、稳定的交易关系,着眼于和顾客在未来的合作。企业凭借品牌将顾客和企业组成利益和风险共同体,为企业带来稳定的顾客群和利润源。当今世界,国家与国家之间的竞争,实质上已经演变为企业与企业、品牌与品牌之间的竞争。品牌决定了企业的核心竞争力,是企业发展的原动力。企业要在激烈的竞争中脱颖而出,就要建立优秀的品牌,并不断提升品牌竞争力。品牌竞争力是品牌竞争的结果,是品牌参与市场竞争的一种综合能力,是由于其特殊性或不易被竞争对手模仿的优势而形成的占有市场、获得动态竞争优势、获取长期利润的能力,具体体现在品质、形象、个性、服务等方面。品牌竞争力是企业核心竞争力在市场上的物化和商品化的外在表现,企业现有的任何优势,比如资源、技术、人才、管理、营销等优势最终都将转化为品牌竞争力优势。品牌竞争力是一种感觉,是存在于人们心中的一种无形资产,消费者越来越倾向于购买产品的附加值,而不是产品本身。因而"品牌竞争力是企业核心竞争力的外在表现",它具有价值性、难以模仿性、延伸性、独特性等鲜明的特征。

(5)市场渠道。市场营销渠道管理就是在企业与代理商渠道、经销商渠道、销售机构和零售店渠道等成员之间建立统一的管理模式,实现企业分销和成员协调合作,节约经营成本,提高自身的经济效益。市场经济的发展使得市场竞争愈来愈激烈,企业为了能够提高自身的竞争力就必须推进自身市场营销管理的发展。通过市场营销,企业能够时刻了解社会的发展动态,了解消费者对产品的需求范围以及产品可能存在的上升空间,同时企业还可以根据消费需求来对营销手段进行规划。随着市场营销在企业发展中地位的提高,市场营销渠道管理的改革和创新也成为企业改革的重要部分。企业通过对自身渠道管理的不足进行完善,对市场营销渠道管理体制进行创新,为企业在市场竞争中地位的提高提供有力支持,有利于促进企业在竞争中谋生存谋发展,使企业经济效益得以快速提高。

(6)社会关系网络。所谓的关系网络,是由一组相互连接的行动者之间的两对以上的交换关系构成;这些行动者可以是组织,也可以是个人。中小企业要成功地实施国际化战略,还必须依赖于企业家充分利用社会关系网络生成的资源和能力,尤其是不可多得的核心资源与核心能力,以建立国际竞争优势,进而取得预期的国际经营绩效。中小企业社会关系网络的结构维度、关系维度和认知维度分别对作为企业国际竞争优势的基础的核心资源和核心能力产生正向影响,并最终影响中小企业国际竞争优势的形成;民营企业利用社会关系网络实施国际化战略,较多地集中于国际创业学者对关系网络作用于中小企业国际化经营的研究上。他们的基本出发点,仍然是新经济社会学的当代旗手格兰诺维特(Granovetter)提出的"嵌入观",即经济行动者不是独立于社会环境之外孤立地进行决策和行动,而是将其经济行动嵌入社会关系网络之中。

2. 企业能力要素

核心竞争力理论重点研究分析了企业资源要素中的战略性资源在企业发展、成长中的作用,理论阐释了企业资源要素对企业竞争力的影响。企业能力与企业资源竞争力研究关系紧密,基于资源竞争力的研究,Cantwell(1990)、Chandler(1992)等学者从企业能力角度探析了企业能力与企业竞争力的关系。Teece(1997)等首先提出了动态能力的观点,并认为在模糊以及不可预测的市场环境中,企业整合、构建、重新配置其内外部资源的能力,即动态能力是企业持续竞争优势的来源。此后,西方学术界围绕"企业核心能力"展开了企业理论研究的新高潮。基于对企业能力竞争力研究进行梳理,企业能力包括资源配置能力、制度建设能力、技术创新能力、经营管理能力、市场开拓能力、抵抗风险能力等。

(1)资源配置能力。资源的整合是一个复杂的动态过程。企业可以对不同来源、不同层次、不同结构和内容的资源进行选择、汲取、配置、激活和有机的融合,使之具有较强的柔性、系统性和价值性。在复合基础观的框架下,资源的整合可以分为资源识取和资源配称两大过程。前者是企业面向外部的行为,包括识别资源和获取资源,而后者是企业内在资源组合与使用的行为,包括资源的配置和使用。从能力配置角度看,动态能力强调的是企业自身现有资源的最优配置与利用,从而按企业战略及经营需要进行资源整合配置。

(2)制度建设能力。制度可以分为正式制度与非正式制度,因此制度创新能力既包括创设新的、更能有效激励人们行为的公司制度、规范体系(即创新正式制度),也包括创造完善跨国公司的企业文化、行为道德、纪律等(即创新非正式制度)。

(3)技术创新能力。包括新产品和新工艺,以及原有产品和工艺的显著技术变化。技术创新不仅是研究与开发的结合,更是研究开发与应用的结合;技术创新的根本目的就是推动发明创造成果在生产中的应用和促进新市场的开拓,从而获得最大限度的利润。因此,技术创新能力是跨国公司的生命力所在。

(4)经营管理能力。包括对跨国公司整个生产经营活动进行决策、计划、组织、控制、协调,并对企业成员进行激励的能力。先进科学的经营管理方法能够有效降低跨国公司的运行成本和交易费用,尤其在涉及跨国经营方面,经营管理能力是跨国公司竞争力的重要体现。

(5)市场开拓能力。主要是指跨国公司通过市场营销手段打入国际市场,提高本企业产品国际市场占有率的能力。市场开拓能力对跨国公司的盈利水平有重要影响,是跨国公司竞争力强弱的重要指标。

(6)抵抗风险能力。抵抗风险能力指的是企业、组织面临危机时的应付能力,可以衡量一个组织、企业的健康程度和资本状况、行业状况等。对跨国公司而言,在国际竞争大环境中,面临着范围更广、程度更深的各种风险,跨国公司抵抗风险的能力是跨国公司生存的必要保证。

3. 企业外部环境要素

基于产业观和制度观理论,良好的外部环境,是跨国公司获得竞争力的重要条件。波特等市场结构学派研究了产业发展、市场环境、政策制度等外部环境因素与企业竞争力的紧密关系。跨国公司的国际经营和成长不仅受到国内环境影响,还会受到国际市场尤其是东道国市场环境的影响。跨国公司的国际化过程中主要的外部影响因素,大致包括跨国公司所在产业发展状况,市场竞争状况,政策环境条件,跨国公司同竞争企业、国家、地方政府的关系,跨国公司所在地国际政治和经济条件等。

(1)经济发达程度。市场结构学派理论主要从企业视角解释了国际化成功的原因,同时也在一定程度上揭示了国家因素与对外直接投资的关系,如Dunning(1977)对企业所有权优势来源的分析解释了母国因素对企业跨国经营的影响。此外,又通过投资发展周期理论(Dunning,1988)进一步明确提出母国的经济发展水平是对外投资的重要基石。国内学者李辉(2007)、裴长洪(2011)等从国家优势补充了竞争优势理论,明确提出了母国经济发展水平是影响企业跨国经营、国际化的重要因素。

（2）政治制度环境。政治制度作为社会分配规则制定的基础，在一定程度上决定了企业的投资行为。结合我国政治制度实际情况，在我国现有特殊的政治制度安排下，国有企业凭借所有权优势在市场竞争中具有要素分配和技术获取的制度优势，在当前鼓励"走出去"的政策支持下，海尔、三一重工等大批国有企业成为企业国际化的表率。缺乏政策倾斜的私有企业为摆脱本土的制度制约（Witt & Lewin，2007），通过国际化方式转移海外市场，寻求有效市场环境谋求企业发展。国内学者 Luo（2010）、祁春凌和邹超（2013）的研究也支持了制度逃逸论的观点，认为中国等新兴市场国家的市场管制诱因，促使本土企业尤其是私有企业产生对外投资倾向。

（3）市场竞争环境。经济制度由一定区域制定并执行经济决策的各种机制构成，代表了政府通过各种经济手段干预市场的能力。新兴经济体国家为实现经济转型，往往通过经济干预、融资支持以及社会网络扶植等经济制度手段促使本土企业获取国际化成长的"制度性优势"（阎大颖，2009），一定程度上弥补了技术、管理及品牌等资源短板缺陷。为破解经济新常态的增长陷阱，中国对外开放政策重点实现了从吸引外资到对外投资的转变，通过技术、资金、人力等政策倾斜为企业"走出去"提供支持，我国跨国公司国际化呈现蛙跳式发展（陈岩，2012）。

（4）文化教育环境。文化教育制度安排是一国教育机构或组织各项活动的准则，是影响教育水平的重要制度因素，决定了一国人力资源禀赋基础。人力资本质量水平高低，代表了企业技术创新能力和技术吸收能力，已成为企业乃至国家竞争的重要标志，也是区域对外直接投资持续发展的重要因素。近年来，政府也鼓励企业通过对外直接投资嵌入全球生产网络，改变传统国际贸易方式的被动"技术低端锁定"（Schmitz，2004）的困境。其中，人力资本质量尤其是人才因素已成为提升企业以及区域对外直接投资竞争力的重要影响因素。

综上所述，跨国公司竞争力内部来源是指由企业内部经营系统所形成或创造的竞争力，也就是通过管理和业务活动的有机结合使企业在市场上形成的与竞争对手的差异。企业竞争力体现的是企业在市场竞争中的比较关系，因此，企业竞争力首先表现在市场上。这种在市场竞争中直接表现出来的能力，称为企业的直接竞争力。而企业的直接竞争力不可能在市场上自动形成，它是由企业内部的管理能力和业务能力形成的，这两种能力统称为企业的间接竞争力。因此，企业竞争力内部来源包括企业竞争力的直接来源和间接来源两个方面(孙班军,1997)。企业竞争力的直接来源,是指市场上直接表现的竞争力,主要包括商品服务市场、资本市场和劳动力市场3个市场,企业竞争力间接来源,是形成企业市场上直接竞争力的根本因素。企业竞争力的外部来源,主要是探讨影响企业竞争力的外部因素。这些影响因素主要包括制度环境、政府政策、市场结构、技术、文化及教育体系、行业因素和企业外部联系。综合胡大力(2010)、王明夫(2010)等学者对企业竞争力的研究观点看,结合以上三方面因素的特点及与企业竞争力的关系,本文将跨国公司竞争力的要素按来源划分为内部来源和外部来源,详见图4-1。

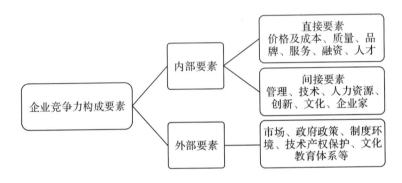

图 4-1 企业竞争力构成

(三)跨国公司竞争力的机理分析

跨国公司竞争力构成要素的相互作用与相互关系对中国跨国公司竞争力的形成起到了重要作用。跨国公司竞争力构成因素及相互关系详见图4-2。

1.企业自身资源是形成跨国公司竞争力的基础

企业自身资源作为跨国公司参与国际竞争的物质基础,是形成跨国公司竞争力的先天因素。资源条件决定了能力水平,不论是在制度创新能力、技术创新能力、经营管理能力、市场开拓能力,还是在抵抗风险能力上,企业的资源容量决定了各种能力能够达到的最高限度边界。在最优配置现有资源的前提下,要想持续提高跨国公司竞争力,只能通过增加资源来实现。

2.制度创新能力是跨国公司竞争力的核心

优秀的制度设计,能够有效地激励跨国公司的技术创新、经营管理、市场开拓等活动,并有效制约在相应活动中的机会主义行为。跨国公司的制度创新能力决定了跨国公司技术创新能力、经营管理能力、市场拓展能力等方面的

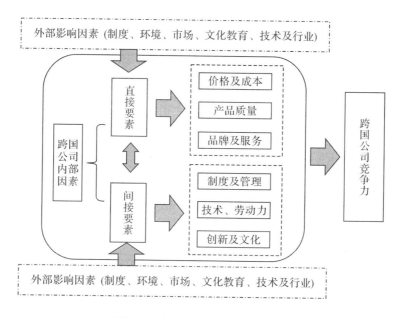

图 4-2　跨国公司竞争力形成机理

发展。制度创新能力还代表企业文化、企业价值观等企业的非正式制度,因此,制度创新能力是中国跨国公司竞争力的核心。

3. 技术创新、经营管理、市场开拓等能力是跨国公司竞争力的具体表现

跨国公司通过技术创新使得企业在国际竞争中处于优势地位;而先进科学的经营管理方式能够降低企业的运行成本;通过市场开拓能够保证企业的盈利。对技术创新、经营管理、市场开拓等能力的培养,能够使跨国公司获得更高的盈利水平、更低的成本,最终获得国际竞争优势,这是跨国公司竞争力的具体体现。

4. 抵抗风险能力是跨国公司竞争力的可持续发展的保障

一方面,跨国公司面临着激烈的国际竞争,具有较强抗风险能力的跨国公司才能在激烈竞争中长期生存。另一方面,具有强大竞争力的跨国公司往往也拥有较强的抗风险能力。跨国公司在技术创新上的竞争优势可以抵抗技术不断贬值的风险;跨国公司在经营管理上的竞争优势可以及时应对、化解跨国经营中时常出现的跨文化经营风险;跨国公司在市场开拓上的竞争优势可以

抵抗在经济衰退或目标市场变化时带来的盈利下降的风险。跨国公司抵抗风险的能力从另一个侧面体现了跨国公司竞争力,它是跨国公司可持续发展的保障。

5. 企业外部环境是形成跨国公司竞争力十分重要的条件

企业外部环境是跨国公司竞争力形成与增长的土壤、气候和空间,环境条件的优劣对跨国公司竞争力的形成起着促进或制约作用。环境要素是跨国公司竞争力的外在因素,经过合理利用与目的性营造,可以有效促进跨国公司竞争力的形成,甚至可以成为跨国公司竞争力的组成部分。所以,企业外部环境是跨国公司竞争力形成的重要条件。

二、跨国公司竞争力内部要素

根据以上分析,我们可以看出跨国公司竞争力的内部要素主要有企业控制能力和创新能力。企业的控制能力包括核心价值观、风险控制及关键绩效变量控制三部分。

(一)企业控制能力

1. 核心价值观

核心价值观是指导决策和其他活动的主要基础,从而为组织理论和管理实践的发展确立了基本框架。跨国公司核心价值观是跨国公司组织的基本思想和信念,为跨国公司组织提供了价值判断的标准,构成了跨国公司的价值取向。跨国公司核心价值观的确立是跨国公司组织在决定跨国公司的性质、目标、经营方式和角色后所做出的选择,也是跨国公司经营成功经验的历史积累,决定了跨国公司经营行为的基本性质和方向,构成了跨国公司成员行为准则,也是跨国公司一切活动与行为所追求的理想境界。跨国公司核心价值观的作用归纳起来包括以下几点:定向作用、基础决定作用、支柱作用、指导规范作用、激励作用、整合作用。

2. 企业风险控制

风险控制,是通过对风险的识别、衡量和控制,以最低的成本使风险导致的各种损失降低到最低程度的管理方法。本文讨论的风险控制主要是经营风险和管理风险,经营风险主要包括技术风险和市场风险两个部分。

技术风险很多,本书重点讨论两种风险,即技术的可替代性风险和技术的可行性风险。技术的可替代性是指用不同的方法来实现同一功能的技术。当替代技术完全能实现同样功能,同时在可靠性、成本等方面更胜一筹时,投资的技术风险加大了。另外,当现有替代技术还没有达到上述程度时,也要先预测替代技术的发展趋势,是否在不久的将来就会对投资的技术产生威胁。技术的可替代性主要取决于技术的复杂性和技术的被解析程度。如果一项技术对生产公司的规律、技术人员的素质、资金、设备能力、原料等要求都较高时,则该项技术的可替代性较弱。技术的被解析程度取决于技术的创新程度,包括工艺创新和技术创新。技术的可行性描述了技术适用的难易程度、广泛性和大规模产业化的可行性。对技术的适用性的考察可以从以下几个方面进行:技术适用广泛性,技术是否受国情、地理条件与自然资源的制约,技术与市场上现有标准、产品是否兼容,技术的生产设备及工艺水平的满足状况以及进一步进行研究开发的人才的满足状况。

市场风险是指市场主体从事经济活动所面临的盈利或亏损的可能性和不确定性。市场风险主要包括市场的接受风险和市场的竞争风险。市场的接受风险主要包括:(1)难以确定市场容量。市场容量决定了产品的市场商业总价值,如果一项产品的推出投入巨大,而产品的市场容量较少或者短期内不能为市场所接受,那么,产品的市场价值就无法实现,投资就无法收回,创新归于失败。(2)难以确定市场接受时间。新产品往往既需要一个适应市场的过程,也有一个为市场所了解、接纳的过程。

市场对产品市场竞争力的分析主要是考察产品自身的导入频率高低,如果产品所应用的技术变化很快,新产品层出不穷,则导致产品被替代的可能性加大,从而导致利润减少,竞争力减弱。同时还要分析目标市场的进入是否存在障碍。对市场竞争力还应该分析竞争对手的情况,主要包括竞争对手的多少,是否存在占绝对优势地位的竞争者,以及一般采用的竞争手段,跨国公司能否适应,以及本产品在国内同类产品市场的地位及竞争优势是否处于明显优势。

管理风险,即管理过程中所遇到的风险。在日常的跨国公司管理中,我们经常遇到的风险如下:投资决策失误;组织设计不当;战略规划脱离实际;控制措施不力;公司高级管理人员任用有误;管理模式运用错误等。

3. 关键绩效变量控制

关键绩效指标是通过对组织内部某一流程的输入端、输出端的关键参数进行设置、取样、计算、分析,衡量流程绩效的一种目标式量化管理指标。它适用于评价被评价者绩效的定量化或定型化的标准体系。定量的关键绩效指标可以通过数据来体现。定性的关键指标则需要通过对行为的描述来体现。

确定关键绩效指标要遵守 SMART 原则。所选择的关键绩效指标能够反映阶段性的比较详细的特定的目标,其测量数据或信息是可以获得并且简单明了、容易被执行人所理解和接受的,其绩效目标既要讲效率,也要与总目标、相关目标相一致。关键绩效变量是以公司财务报告所反映的财务指标为主要依据,对公司经营状况及其经营成果进行评价分析,为公司提供有关决策支持方面的信息。单独分析和评价任何一个指标,都很难全面揭示公司经营状况及其经营成果。将收益的整体绩效划分为公司盈利能力、运营能力、偿债能力和发展能力 4 个关键指标评价,并把其纳入一个有机整体之中,才可能对公司状况的优劣做出评价和判断。

(二)企业创新能力

企业创新这一概念,是 20 世纪初著名经济学家熊彼特首先提出的。在熊彼特看来,创新是生产函数的改变,创新能力驱动企业获得更多的与其他竞争企业的差异性。创新是企业家对生产要素的新组合。企业的核心能力是公司取得竞争优势的前提,而核心能力的形成、发展乃至维护和再创都会依赖于企业的创新活动。在当代,随着创新理论的研究范围进一步拓展,人们将企业创新领域划分为相互联系的三大领域,即技术创新、制度创新、组织创新。

1. 技术创新

在熊彼特的创新理论中,"技术创新"是经济增长和发展的"主发动机"。熊彼特认为,人们之所以进行技术创新,是因为看到获取超额利润的机会。技术创新的结果又为其他跨国公司提供了学习或模仿的榜样;其他跨国公司的相继模仿引起大量投资,产生了经济繁荣,形成了"创新浪潮"。"创新浪潮"的出现,造成了对银行信用和对生产资料需求的扩大,这样就出现了经济高涨;伴随着经济周期的变化,又会出现经济衰退;可见,技术推动的经济增长与发展的过程是通过经济周期的不断变动和更新来实现的。

2. 制度创新

所谓制度创新是指引入一项新的制度安排。其中包括产权制度、价格制度、政府的法律制度、跨国公司的组织制度以及社会的文化制度,而生产的制度结构的核心则是界定和保障产权。对经济增长起决定性作用的另一个因素是制度性因素。有效率的组织的产生需要在制度上做出安排和确定产权以便对人的经济活动造成一种激励效应,根据对交易费用大小的权衡使私人收益接近于社会收益。

3. 组织创新

现代市场经济使跨国公司自身的地位和利益受到多种复杂因素的影响，包括外部环境和自身条件处于经常的变动之中，没有组织的变革创新，它就不能保持原有地位和相对稳定的市场份额，因此创新的动力和愿望是以保持企业生产和发展为出发点的。组织创新意味着打破原有的组织结构，并根据环境和条件的变化对组织目标加以变革，并对组织成员的责、权、利关系加以重新构置，形成新的人际关系，并使组织的功能得到发展，其内涵在于组织从形式到内容、从结构到制度的全面更新。跨国公司业绩的增长是由制度创新、组织创新和技术创新共同作用的结果，制度创新可以促进组织创新和技术创新。相反，技术创新和组织创新也推动制度创新的发展，而制度创新也要受一定外界环境的影响。制度创新、组织创新和技术创新都是通过决策机构的正确决策来实现竞争业绩的增长。

三、跨国公司竞争力外部要素分析

跨国公司在东道国的经营活动必然受到本国政府及东道国政府的政策法令以及各种集团政治力量的影响。而东道国的政治法律环境又往往是跨国公司所不熟悉的，因而需要格外注意。跨国公司外部环境可以分为政治、经济与文化三大部分。经济方面，跨国公司所在行业的竞争强度、市场需求状况、相关供给产业状况影响着跨国公司的获利水平，通常需求旺盛、进入障碍较多、竞争强度较低的行业获利机会较多。政治方面，一国政治体制在很大程度上左右着一国的经济发展方向：本国和东道国的经济体制、经济法律法规、产业结构及产业政策、基础设施都影响着跨国公司的行为。文化方面，社会文化通过传统或习惯、价值取向、国民素质、文化理念等影响着个人的行为方式、行为目标、价值判断，而这些影响一方面作用于顾客，另一方面也作用于跨国公司员工，其中有些社会因素非常有助于跨国公司实现组织目标，如尊重知识的社会风气有利于跨国公司成为学习型组织，有利于知识产业的发展，将影响着跨国公司良性的可持续发展。基于适应能力的跨国公司竞争力外部影响因素由政治、经济和文化三部分构成，经济因素包括相应的技术因素和同类相关公司的影响。

(一)政治环境

跨国经营在很大程度上受政治环境因素影响。具体表现为以下几个方面：

1. 国体和政体

不同的国家,其国体和政体各异。例如,西方国家的政府,有两党制和多党制,各政党所代表的利益不同,其政治主张自然也会不同。因此,企业开展跨国经营,需要了解东道国各政党的政治主张,尤其要了解执政党的主张。但也不能忽视在野党的政治主张,因为它有助于预测该国将来政治环境的可能变化。

2. 民族主义

民族主义常被称为"非宗教的宗教"。它强调对国家的忠诚,旨在保护民族经济主权。美国学者汉斯·科恩认为民族主义首先而且最重要的是一种思想状态,通常被用来表示个人、群体和一个民族内部成员的一种意识,或者是增进自我民族的力量、自由或财富的一种愿望。

3. 政治稳定性

各国的政治环境都在不断变化之中,但变化的缓急程度不同。平缓的变化使企业有调整战略的余地,而急剧的变化则会使企业措手不及,以致遭受巨大的经济损失,甚至灭顶之灾。因此,企业在进入某一国家进行直接投资之前,必须考察其政治是否稳定。主要注意两个方面:一是该国政策法规的连续性;二是该国的政变、政府更迭、内战、动乱、罢工等不安全因素。

(二)经济环境

经济环境是指一个国家的物质生活水平、生产力发展状况及科学技术水平,是直接影响企业在该国从事生产经营活动的基本的、具有决定意义的条件。经济环境主要包括以下几个方面:

1. 经济总体状况

处在不同发展阶段的国家和地区,其经济总体状况和水平不同,因此必然直接或间接地影响到企业的跨国经营活动。

2. 人口状况

人口是一个内容复杂、综合多种社会关系的社会实体,具有性别和年龄及自然构成,多种社会构成和社会关系、经济构成和经济关系。是一定数量个人的综合,强调规模。人口状况包括人口总数、人口的年龄结构和人口密度。

3. 收入状况

收入水平的高低反映了一国的经济水平,决定了市场购买力的强弱。衡量一国收入状况的主要指标是国民生产总值(GNP)和人均国民生产总值。

4．经济基础设施

经济基础设施主要指一个国家的能源动力设施、交通运输设施、通信设施、商业设施、金融机构及其他公用事业设施等。

5．技术发展状况

东道国的科技投入越高，技术进步的速度越快，技术引进与推广越迅速，越能为企业进行跨国生产经营活动提供机遇与挑战。

（三）社会文化环境

社会文化环境是指一个国家国民的教育、语言、宗教信仰、风俗习惯等状况构成的总和。企业在进行跨国经营活动时，必须与东道国社会文化环境相吻合。

1．国民受教育状况

反映一国国民受教育状况可以有一系列指标，如识字率、文盲率、各级各类学校学生及毕业生数量及比重、人均教育经费等。企业可通过上述指标判断该国国民素质及人才结构是否适应跨国生产经营要求。

2．语言

语言是社会文化的载体，是人类相互沟通的主要手段，它充分体现了文化的特色，标志着社会文化的差异。开展跨国经营活动遇到的首要障碍便是语言的差异。

3．观念和信仰

每一种文化都有其特定的观念和信仰。这些观念和信仰支配着人们的行为，维系着社会生活的秩序。

4．风俗习惯

风俗习惯是人们自发形成的习惯性的行为模式，是一定社会中大多数人自觉遵守的行为规范。

第二节　跨国公司竞争力评价框架体系构建

本节在资源观、产业观和制度观的理论基础上，从企业内外部构建跨国公司竞争力评价框架体系。

一、框架体系构建理论依据

(一)基于资源观的竞争力理论

企业资源学派是在彭罗斯所倡导的"企业内在成长论"的基础上提出的。该理论认为,企业取得经营业绩,依靠的是获得具有产生租金的潜在能力的资源。其核心内容是企业的资源状况如何影响企业的竞争能力与行为,并最终决定企业的绩效。如果对"资源"这一概念的内涵进行拓展,它可以将知识、能力等要素纳入其中。但是一般而言,资源学派认为企业的资源与能力是异质的,真正重要的是产生能力的资源基础。

企业资源学派将企业视为一个资源结合体,其中包括了物质资本资源、人力资本资源和组织资本资源。物质资本资源是指企业占有的地理区位、厂房、设备、材料、资金等。人力资本资源是指企业的经验、知识、信息、智库、员工能力等。组织资本资源则包括企业内部正式的组织结构、正式和非正式的沟通协作体系、企业内和企业间的关系网络等。每种资源可以有多种不同的用途,企业在生产经营中开发、获取的独特资源是企业持续竞争优势的来源,并使企业收益获得提高。这种能给企业带来持续竞争优势的具有价值性、稀缺性、不可复制性的资源,就被称为"战略性资源"。企业可以通过提高占有资源尤其是"战略性资源"的数量、质量以及更合理地利用资源来提升竞争力。

企业资源学派打破了传统的企业"黑箱",坚持深入企业内部去挖掘和认识企业的本质,指出企业竞争力具有内生性和路径依赖性的特点。该理论认为,企业竞争力不是如波特所说的取决于外部市场结构,而在于企业内部,归根结底取决于企业所掌控的资源状况。特别是与知识有关的、看不见摸不着但是能被感受到并发挥实实在在作用的、难以买卖、难以与企业内部组织相分离的独特"战略性资源",这种资源构成企业持续竞争优势的源泉。企业资源竞争力理论的主要缺陷有以下几点。第一,过于注重企业内部的资源问题,而忽视了企业外部环境的影响,难以适应企业外部环境变动的需要;第二,对于"资源"特别是"战略性资源"的定义过于模糊,基本停留于理论解释和学术研究,缺乏可操作性。这一缺陷又是与前述第一点紧密相连的,即不能结合企业外部竞争的需求来分析,就无法确认是哪些资源在发挥战略作用;第三,在有形和无形生产要素的流动性不断增强的背景下,有批评指出,所谓的独特的"战略性资源"同样容易被模仿,基于资源的竞争优势是不稳定的和容易过时的。

(二)基于能力观的竞争优势理论依据

基于企业能力的竞争力研究,目前还没有形成统一、完整的理论框架。企业能力学派与企业资源学派都注重从企业内部去寻找竞争力的来源。但是能力学派力图发掘资源基础之下的深层次的竞争要素,更重视无形的知识与能力,更强调资源组合和组织性因素的作用。

1.组织能力理论

钱德勒是美国著名的企业管理史学家,他对于商业史的研究支持了企业能力演进的理论。在早期,钱德勒支持威廉姆森的交易费用理论,但是后来他认为,要说明现代工业企业产生和成长的规律,基本的分析单位是企业和企业能力,而不是交易。基于商业史学研究的结论,能力是经济组织形式背后的独立的决定因素。钱德勒将企业能力定义为企业在其发展过程中,充分利用规模经济和范围经济获得的生产能力、营销能力和管理技能,是企业内部组织起来的物质设施和人的能力的集合。因此企业能力来源于企业在三方面的投资,即对于大规模生产设备的投资、对于营销服务网络的投资和对于管理体系的投资。企业管理层通过在人财物产供销各层面的集合投资,造就了规模经济和范围经济的能力,这些能力统称为企业组织能力。通过对美、英、德等国跨国公司的研究,钱德勒认为,企业组织能力是决定企业成功的唯一因素。并且,基于组织能力的竞争优势是能够持续的,主要是因为:一,先行者由于率先实现规模经济而在行业内占据了有利位置;二,先行者在各职能领域都有经验积累和学习能力优势;三,后来者必须面对占据有利位置的先行者的反击威胁,进入成本非常高。所以只要先行者不犯错误和没有外来(政府)干预,挑战者很难战胜组织能力领先的先行者。

2.核心能力理论

1990 年,普拉哈拉德和哈默在《哈佛商业评论》上发表了《企业核心能力》一文,其后,西方学术界围绕"企业核心能力"开启了企业理论研究的新高潮。《企业核心能力》一文强调,面对全球化的新一轮竞争,企业管理者必须重新思考,不能再从终端产品的角度看问题,而要从核心能力的角度看问题。普拉哈拉德和哈默把企业比作一棵大树,其主干是核心产品,分支是业务单元,花叶果实是最终产品,而提供营养和支撑的根系则是核心能力。核心能力是企业真正的力量所在,而核心产品是核心能力的物质体现,它将最终产品与核心能力连接起来。区分核心能力、核心产品和最终产品非常重要,因为全球化竞争是在这 3 个层面上同时展开的,但各个层面的竞争的特点和重要性却不同。

在短期中,企业的竞争力表现在最终产品上。但长期来看,竞争力来源于以比竞争者更低的成本和更快的速度培育和孵化其预想不到的新产品的核心能力。为了维持企业在核心能力领域的优势,企业战略应当是在核心产品上占据市场领先地位,从而掌控最终产品和市场的发展变化。其后的学者对核心能力概念进行了更深入的研究。巴顿在针对企业研发行为的研究中,提出了核心能力和核心僵化两面性的观点,赋予了核心能力概念以动态性。巴顿认为企业的研发活动是与其核心能力相互作用的。一方面,核心能力可以帮助增强研发活动;另一方面,当新的研发项目提出了新的能力要求时,原有的核心能力也可能阻碍新项目的开展,成为核心僵化。如果能够将核心能力的演变与外部环境变化联系起来,就可以弥补核心能力理论主要从企业内部出发而忽视外部因素的缺陷,将之发展为更为平衡和动态的理论。

总结起来,核心能力理论有如下要点。第一,企业在本质上是一个能力的集合体。第二,能力是对企业进行分析的基本单元。第三,企业核心能力是企业竞争力的根本来源。第四,企业核心能力具有动态演变的特性,积累、保持和发展企业核心能力是企业的长期根本性战略。

在普拉哈拉德和哈默的原文中,并没有给出"核心能力"的准确定义,而是有多处不同表述。文中说企业核心能力"是组织中积累性学识,特别是关于如何协调不同生产技能和有机结合各种技术流派的学识",是构成企业竞争力的多方面技能、互补性资源和运行机制的有机结合。他们认为核心能力包括CTHIO五要素,即文化(culture)、技术(technology)、人力资源(human resource)、信息(information)和组织(organization)。其后的研究者对于核心能力概念也有不同的定义,并且这些定义同样多是事后追溯性的。例如在巴顿的研究中,核心能力被定义为区别并提供竞争优势的知识集合,该集合具有四方面,即雇员知识和技能、技术系统、管理系统、价值与规范。这种混乱正体现了核心能力还只是一个模糊、难以理解、较为抽象的概念。在使用核心能力概念解释企业长期竞争优势来源的同时,理论中没有给出可行的识别核心能力的方法,也没有对企业积累、运用和管理核心能力提出有效的操作性强的途径(李东红,1999)。

3. 业务流程能力理论

波士顿咨询公司的管理咨询专家斯多克和舒尔曼提出,企业成功的关键不只在于核心能力,现实中的成功企业都极为关注组织活动和业务流程,并将改善这些活动和流程作为首要的战略目标。每个企业都有多个价值创造与增值的流程,每个流程都需要多个部门间的协调与合作。因此,关键不在于单个部门的核心能力,而在于对流程的管理,管理者应将重点放在提高业务流程管理能力的设备投资与员工培训上。

基于业务流程能力的竞争理论提出,企业管理要考虑以下四大原则。第一,以业务流程为公司战略的基础,而非产品和服务。第二,竞争获胜的关键在于将企业内部流程转化为顾客创造价值过程的能力。第三,公司通过对支持性基础设施的投资来提高业务流程能力,这些设施连接传统的战略单元和部门,并超越这些单元和部门。第四,应由企业最高管理层来协调各战略单元和部门。这是一个从管理咨询实践出发,重视指导性和可操作性的理论。

4. 动态能力理论

Teece et al.(1997)认为,动态能力是整合、建立和再配置内外部资源和能力的能力。而 Eisenhardt & Martin(2000)认为动态能力是一种可识别的常规惯例和过程(identified routines process)。Wang & Ahmed(2007)则认为动态能力是指企业不断地整合、再配置、更新和再创造资源和能力的行为导向,更重要的是,它能够利用独特的资源升级并重构核心能力以回应日益变化的市场来获得并维持持续竞争优势。不少学者对动态能力的维度也进行了研究。Wang & Ahmed(2007)提出了动态能力的三维度,即适应能力、吸收能力和创新能力。中国台湾学者 Wu(2007)将动态能力分为资源整合能力、资源再配置能力以及学习能力。贺小刚等(2006)认为,动态能力包含市场潜力、组织柔性、战略隔绝、组织学习以及组织变革等 5 个维度。焦豪等人(2008)认为企业动态能力可以由环境洞察能力、变革更新能力、技术柔性能力、组织柔性能力 4 个维度组成。基于以上国内外学者对动态能力维度的分析,动态能力是企业不断地对企业的资源以及能力进行整合、配置并根据外部环境的变化对它们进行重组的能力,它能够有效整合企业内外部资源,不断推出适应市场发展需要的优质产品和服务,给客户带来价值增值的产品和服务,使企业获得持续的竞争优势。综上,我们可以将动态能力划分为以下 5 个维度,即环境适应能力、组织变革能力、资源整合能力、学习能力和战略隔绝机制。

(三)基于产业观的竞争优势理论依据

哈佛商学院的迈克尔·波特教授被认为是当今最有影响力的竞争战略专家之一。以波特为代表的市场结构学派,遵循产业经济学的 SCP 范式,注重从企业外部环境的竞争结构而非企业内部因素来分析企业竞争力。波特认为,企业长期竞争优势取决于两个基本方面:一个是产业本身所固有的可盈利水平,这个由产业竞争结构决定;另一个是企业在产业中的相对地位。企业应

在现有市场结构和企业优、劣势的基础上,选择进入市场的产品战略,而不太关注企业内部的资源和能力问题。其理论具体内容包括:

1. 产业竞争结构的"五力模型"

波特指出,企业所面临的竞争,不仅来自于产业内的竞争对手,还来自于供方、买方、潜在进入者和替代品。这五种基本竞争力量的综合作用,决定了行业的竞争激烈程度,决定了行业内获取利润的潜在能力,如图 4-3 所示。

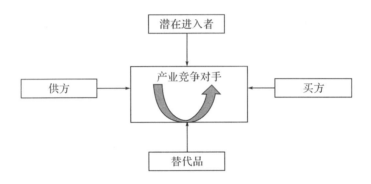

图 4-3　迈克尔·波特的产业五种竞争力量模型

资料来源:迈克尔·波特:竞争战略(中译本)[M],陈小悦译,华夏出版社,1997 年。

2. 基于企业在产业内地位的三种基本战略

波特认为,企业应当根据对于产业竞争结构的分析,基于自身的优、劣势,在产业内寻求有利的定位。而企业在产业中的相对地位,取决于企业的成本和差异性。因为顾客总是倾向于以更低价格提供相同产品的企业,同时,对那些提供了具有顾客所注重的特性的产品的企业,顾客也总是愿意支付更高的价格。因此企业最基本的竞争优势无非是两种:成本优势或者差异化优势。再结合竞争范围是整个产业市场还是特定的细分市场,波特给出了三种基本竞争战略:成本领先战略、差异化战略和重点集中化战略。

3. 分析优势来源的价值链理论

波特将企业视为用来进行设计、生产、营销、交货以及对产品起辅助作用的各种活动的集合体。这些活动又可分为基本活动和辅助活动,并都可以用价值链表示出来。企业的优势,既可以来自于构成价值链的单项活动,也可以来自于各项活动之间的联系。而且在更大的范围内,企业的价值链又包含在范围更广的价值系统之中。因此企业竞争优势既可来源于自身价值链所涉及的市场范围的调整，又可来自于企业之间协调、共用价值链产生的最优化收益。

波特的理论为企业竞争力的研究提供了一条基于产业环境分析的思路，扩大了企业竞争力研究的视野。波特指出企业竞争获胜的关键，往往不在于企业内部，而在于产业选择和市场定位。价值链的提出，也为企业重新审视价值创造过程、协调各项业务活动提供了有用的工具。但是，市场结构理论也有其不足。第一，波特的产业分析模型是"自外而内"的，只注重对竞争环境的分析，没有突破将企业视为"黑箱"的局限。在波特的模型中，企业自身的力量是既定的，战略制定只考虑当前企业与外部力量的相对位势，忽视了企业力量的成长和能动性。第二，波特的理论实质上是以产业为研究对象的。虽然企业是他的最小分析单位，但产业才是他的研究侧重点，同一产业内企业间的差异性基本被忽略。第三，成本和差异化优势实质上是竞争优势的外在表现，对形成竞争优势的更为内涵的因素，波特并没有深入发掘。

(四)基于制度观的竞争优势理论依据

关于制度的定义和构成研究，主要有以 North 为代表的经济学视角和以 Scott 为代表的社会学视角。North 认为，制度是社会的游戏规则，是为了组织人际互动而人为设计的约束条件。Scott 认为制度是由象征性要素、社会活动和物质资源构成的多方面的、持久的社会结构，并为采取、禁止和约束行动提供指南和资源。经济学视角下的制度理论研究把制度分为正式制度和非正式制度。

近年来学者们逐渐认识到制度环境具有层次性，国家并不是分析制度环境的唯一层面。一般而言，制度环境包括 3 个层面：地方、国家和国际。地方制度是一个国家内部不同地方所具有的经济、政治和社会制度。由于行业活动的地理集中性和地方禀赋的差异，不同的地方具有不同的制度。国家制度是一个国家所呈现出来的整体性制度，通常包括母国制度和东道国制度。国际企业同时嵌入在母国和东道国制度环境中，但是现有文献往往只分析了母国或东道国制度环境各自对企业国际化的影响，很少同时考虑母国和东道国制度环境。

国际制度是国家之间普遍存在的制度因素或特有的联系因素，主要包括区域制度、制度距离和国际投资协定。区域制度是一个区域内部所有国家的总体制度。制度距离是两个国家之间在管制、规范和认知制度环境上的差异或相似程度。国际投资协定是由两国或多国政府签订的，旨在鼓励、促进和保护各国间投资的法律协定。区域制度和制度距离是国家之间客观存在的制度因素,而国际投资协定是国家之间专门特设的联系因素。已有文献主要关注制度距离,而鲜有系统研究区域制度和国际投资协定相关研究的文献。

事实上,新兴经济体企业国际化研究中的制度环境是制度层次、维度和特性三者之间的组合。制度环境主要有缺失性、不确定性和多样性等特性。制度缺失性是指支持企业运作的正式法律、管制体制、文化氛围和社会知识等方面的缺失程度。在相关文献中,制度缺失性也常常用制度质量或制度发展水平来表述。制度不确定性是指对制度变化及其对企业未来活动的影响难以预测的程度。制度多样性是指一定范围内国家或地方之间制度环境的差异程度及其比较制度优势。

(五)总结评价

从前面企业竞争力理论的介绍中可见,现有理论多是按照单一的研究思路展开,要么侧重企业内部的资源、能力,要么关注外部竞争结构,而不能将内外部两种因素结合起来分析。资源与能力学派不能结合外部环境的变化趋势来研究企业能力,其结论就成为对于当前成功企业的一种事后总结和归纳,而缺乏指导意义。竞争环境的改变,会使得原有的成功要素变得无用。资源学派弄不清哪些资源属于"战略性资源",能力学派弄不清哪些能力属于"核心能力",其根源就在于此。企业是嵌入环境中经营、竞争的,资源和能力学派将企业从活动背景中脱离出来进行考察,自然得不出正确的结论。

市场结构学派不能深入企业内部考察竞争力来源,使得其理论脱离企业实际而成为"产业竞争力理论"。不切合企业特质进行产业竞争结构分析,得出的往往是"产业竞争优势"而非企业能够利用的竞争优势。受此理论误导,企业容易进入一些看似利润高、其实企业缺乏经验的行业,贸然进行非相关多元化而失败。这说明,忽略同一产业内企业的异质性,是一个严重的错误。

学术界对产业及国家的国际竞争力的研究颇多,因此该类评价框架也给予了企业国际竞争力评价指导性的意见。波特在《国际竞争优势》中将竞争力的评价方法分为两种,一种是解释性指标评价,即以决定竞争力的因素为基础的分析,他在钻石模型中提出的四因素和两个外生变量即解释性因素,运用解释性指标进行竞争力评价的方法还包括多因素综合评判法、标杆测定法等;另一种是显示性指标评价,也称为竞争结果指标评价,这是以竞争结果为基础的分析方法,所用指标均为客观指标,如进出口数据法、购买力平价法、生产率法等都为显示性指标。裴长洪等(2012)对分析产业、企业国际竞争力的显示性指标和分析性指标也有深入研究,他认为国际竞争力评价的方法便是将指标分为外在表现和内在潜力两类,即显在竞争力和潜在竞争力。显在竞争力即企业表现出来的综合实力,是企业运转的结果表现,均由显示性指标来系统分析;潜在竞争力从动态、可持续发展的角度来分析,它是由在一定时间内可以转化为显在竞争力的指标构成,包括企业的资本运作、管理、技术、企业文化等等。

综上,不同学派不同学者从不同角度对跨国公司竞争力进行了解释,也提出了不同的跨国公司竞争力的评价指标。对于企业竞争力,需要的是将企业自身和竞争环境两方面因素结合起来的研究。现有研究大都受到以 WEF 和 IMD 为代表的国际比较学派的影响,也是罗列一些影响因素来揭示、评价企业竞争力的当前状态。对于影响因素的选择缺乏深入研究,各因素间也是机械的并列,没有综合考察其共同发生作用的机理。基于企业自身资源要素禀赋,又结合环境对竞争力的研究,分散体现在关于企业进化、商业生态、适应能力、动态能力的一些文献中,还没有系统的理论体系。因此,本研究通过综合资源观、产业观、制度观等研究成果,结合新兴经济体跨国公司成长的特殊环境因素及企业复合能力等,提出资源、能力和外部环境等内外不同要素构成的跨国公司竞争力指标体系。

二、跨国公司竞争优势评价框架构建

根据资源基础观、能力优势观、产业优势观及制度基础观等研究观点,本章建立基于资源(R,resource)、能力(A,ability)和外部环境(C,condition)的跨国公司竞争力评价框架(RAC 框架),并建立基于 RAC 分析框架的跨国公司竞争力评价指标体系。从跨国公司的资源禀赋特点、跨国经营能力表现及国际外部环境等综合考虑,共从 3 个大的方面,即资源要素、能力要素和外部环境要素来分析,详见图 4-4。

(一)跨国公司竞争力资源要素评价体系

基于资源基础观(RBV)理论的研究,企业的内部资源对企业的战略实施及市场控制具有重要的作用,企业所拥有的资源是异质的,又称为战略性资源。从资源的定义来看,战略性资源指该企业拥有与其他企业不同的资源,拥有战略性资源,其他企业不具备采取完全相同策略的条件,从而保证企业的竞争优势的持续性(Barney,1991)。一般来讲,战略性资源指战略资源需要满足4 个特性,即价值性、稀缺性、不可模仿性和不可替代性。其中前两项可以构成竞争优势,而全部四项才能构成持续的竞争优势。如果拥有与其他企业相同资源的企业能够制定并实施更好的战略,那么该企业必定更好地抓住并利

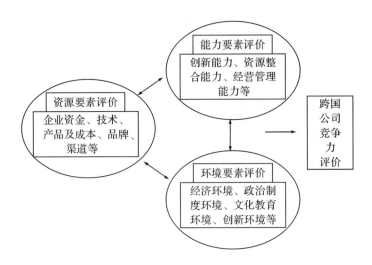

图 4-4　跨国公司竞争力评价分析框架

用了发展机遇。异质的企业资源不是完全流动的。假如企业资源完全流动,那么企业进入或退出壁垒就不复存在。一个企业的成功战略立即就会被竞争对手复制,从而丧失竞争中的优势地位。

当企业可以用以制定和执行战略,提高效果和效率时,资源就是有价值的。如果一个企业拥有的资源同时很多其他企业也拥有,那么这样的资源就不是稀缺的。只要拥有某些资源的企业数量少于自由竞争条件下的企业数量,那么这些资源就有可能产生竞争优势。具备价值性和稀缺性的资源可以为企业带来竞争优势,然而持续的竞争优势还要求竞争对手无法获得同样的资源,所以资源的不可模仿性是持续竞争优势的要求。Barney 认为不可模仿性主要有 3 个来源,即独特的历史条件、企业的资源及其持续竞争优势之间的因果模糊性、社会复杂性。如果有两种(或两组)不同的资源可以用来制定和执行相同的战略,那么这两种(或两组)资源在战略上就是等同的。因此持续竞争优势还要求资源具有不可替代的特性。综上,跨国公司资源要素的三级评价要素一共有 5 个:产品、资金、技术、渠道和品牌。详见图 4-5。

(二)跨国公司竞争力能力要素评价体系

能力优势观是资源基础论者对传统 SWOT 分析中的企业优势观点的发展。Andrews(1971)认为,企业在制定战略时必须分析自己的优、劣势,以便发现自身的独特竞争力——那些能使自己比对手做得更好的能力,并更好地

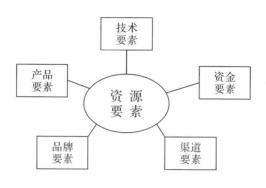

图 4-5　资源要素构成

利用外部机会。因此,企业的竞争优势就是企业在资源或能力方面所具有的优势。在此基础上,能力优势观研究把竞争优势来源划分为资源(Barney,1991)、资源关系、核心竞争力以及动态能力。其中上述研究中理论影响力较大的是 Prahalad&Hamel 的核心能力理论(1990)与 Teece 等人的动态能力理论(1997)。

企业在本质上是能力的综合体,积累、保持和运用能力开拓市场是企业持续竞争优势的决定因素,企业能力储备决定企业的边界,特别是多元化的深度和广度。企业核心能力的基本假设都来自 RBV。同样,核心能力在企业之间的分布是不均匀的,而且很难通过市场交易来转移。核心能力也具有能够创造持续竞争优势的战略资源的 4 个性质,因此,从定义来说,核心能力就是持续竞争优势的源泉。Prahalad&Hamel 将企业的核心能力定义为组织中的累积性学识,特别是关于怎样协调各种生产技能和整合各种技术的学识。

动态能力理论通过动态化来突破原有的核心能力视角可能造成的惯性陷阱,为企业的不断发展提供动力。Teece 等于 1997 年提出了较完整的动态能力理论框架。Teece 等将动态能力定义为企业整合、建立以及重新配置企业内外能力以便适应快速变化的环境的能力。其中,"动态"是指企业不断更新自身的能力,使之能跟上环境不断变化的需要。"能力"则是指在适应、整合、重置内部和外部的组织技能、资源和功能性能力以适应快速变化环境的要求的过程中,战略管理所担当的重要角色。简单来说,动态能力决定了普通能力变化的速度(Collis,1994)。

根据这个动态能力的战略框架,企业的竞争优势来源于嵌入组织过程中的能力,也就是运行在企业内部,由流程和位势所决定的高绩效的惯例。因此,基于能力学派研究要素的二级评价要素一共有 3 个:创新能力、资源整合能力和经营管理能力,详见图 4-6。

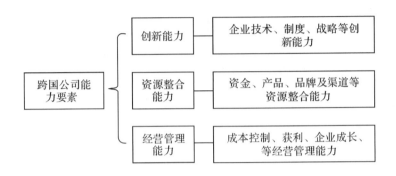

图 4-6 能力要素构成

(三)跨国公司竞争力外部环境要素评价体系

产业观、制度基础观和市场学派的相关研究,探究分析了跨国公司国际化与国家经济发展、制度环境等外部因素的关系。国内外学者关于跨国投资影响因素或驱动因素的研究主要围绕经济发展水平、外商直接投资等方面展开。例如,Dunning(1981,1993)提出的国际生产过程中的投资发展周期理论表明,一国的经济发展阶段或水平与对外直接投资规模正相关,即经济发展水平越高,对外直接投资规模越大,同时,一国吸引的外国直接投资可以通过推动经济增长间接增加对外直接投资规模。Kravis&Lipsey(1982)研究表明,一国的贸易开放度显著地、正向地影响该国的对外直接投资水平,即贸易开放程度越高,对外直接投资规模越大。

近年来国内一些学者逐渐关注制度与我国跨国投资关系的研究。例如李敬等(2006)对中国对外直接投资制度变迁的过程及其特征进行了考察,提出了制度与跨国投资的关系的基本观点。之后,熊伟等(2008)以修正的国际生产折中理论为基础,系统地阐述了制度影响对外直接投资的机制,即制度通过影响企业优势、内部化优势和区位优势进而影响对外直接投资。阎大颖等(2009)基于制度的视角研究了中国企业对外直接投资的决定因素,认为政府政策扶持、海外关系资源及自身融资能力对企业对外直接投资的动机和能力具有重要影响,并从组织社会学视角的制度理论出发,探讨了企业选择跨国并购和合资新建两种对外直接投资模式的决策动因,并对中国企业的海外投资进行了实证研究。

从跨国公司角度看,跨国经营及跨国投资是企业重要的创新战略行为或战略选择,企业生产经营过程中的创新活动自然也受到了企业资源基础与制度环境的影响。更进一步地,企业不同的创新活动,对于资源基础的要求可能不同,所受制度环境影响也可能不同。因此,造成前述矛盾结果的关键可能在于,对企业技术创新没有进行明确划分,以及忽略了企业性质与企业所处制度环境的差异。按照制度基础观的研究观点,企业的战略行为或战略选择受到了制度环境的重要影响。政府支持则主要包括激励企业技术创新的财税政策,设立专项资金用于支持引进技术的消化、吸收和再创新,促进自主创新的政府采购,促进创新创业的金融政策等诸多方面。政府支持与企业资源要素及创新要素之间的关系,往往会因为政府的不同制度而变化,受差异化政策的影响,不同的企业创新,政府支持的作用也可能存在差异。曾萍等(2014、2015)以广东省173家企业作为研究对象,通过对上述企业的数据进行实证分析,研究发现不同的政策支持对企业的创新模式及路径有不同影响:相对于利用式创新而言,政府支持更有利于企业进行探索式创新;相对于国有企业而言,民营企业更倾向于利用政府支持进行探索式创新;相对于制度发展水平低的地方,处于制度发展水平高的地方的企业更倾向于利用政府支持进行探索式创新。这些结论对于资源基础与制度基础观的整合、新兴经济背景下创新战略研究都有着重要的理论意义,同时,设计对中国企业创新管理和政府创新政策制定与实施有着重要的实践意义。

基于制度基础观的基本观点,国有企业和民营企业对待政府支持的态度不同,以及不同制度情境下政府支持的影响也不同。外部环境的二级评价要素包括:经济环境、政治环境、文化教育环境和创新环境。详见图4-7。

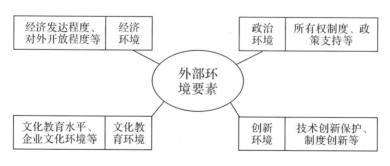

图4-7　外部环境要素构成

第三节　跨国公司竞争力评价指标体系

国际竞争力是一国企业在本国发展环境以及国际市场环境中成功进行产品设计、生产、营销、创新的能力与机遇。本节针对民营公司竞争力评价，在确定评价流程、指标设计原则基础上，提出竞争力评价指标体系。

一、评价流程及指标体系设计原则

(一)评价流程

跨国公司竞争力的强弱既取决于内部因素的优劣，同时又受到产业外部环境的影响。要科学、合理地量化这种抽象能力，需要进一步明确竞争力的评价流程。展开竞争力评价的过程主要可以分为如下几个阶段：

第一，明确界定评价目标和评价原则。一方面，这是实施评价的首要前提和基础。前文已对跨国公司竞争力的评价目标进行了具体细分与结构化说明，开展整个评价活动的一般性原则也已做出阐释。

第二，选定评价方法。根据评价客体特性以及评价目标、评价原则等确定一套合理可行的方法体系，以更好地指导指标体系的构建、模型的设计、具体指标的权重分配和数据收集等，进而对竞争力强弱展开定量和定性的判断。

第三，构建评价指标体系。在竞争力评价目标及原则的严格指导下，将竞争力各构成要素转换为可以进行实证测评的评价指标体系。其中主要包括指标体系的初步确定以及对初始评价指标进行的修正与完善。

第四，设计评价模型。结合竞争力评价方法与技术搭建评价模型，明确评价规则以及计算方法思路。同时，设计对竞争力进行测评的度量模型。这一阶段还包括选定评价对象、收集指标数据以及设计评价模型、确定指标权重等环节。

第五，实施实证评价。即将所收集到的数据进行处理并导入评价模型，对所选定的各评价对象展开宁波民营跨国公司竞争力的实证测量与评估。

第六，分析评价结果。结合测评结果评价宁波民营跨国公司竞争力。

(二)建立评价指标体系的原则

企业国际竞争力测评模型是一个具有动态性、科学性、目标性、层次性的系统。企业的竞争力大小不仅取决于企业在生产要素方面的投入、运营管理的质量,还应该看其组合运转的状况。企业国际竞争力是基于竞争能力的显示性指标和企业国际竞争力的发展潜能指标组成的综合评判,这能全面体现企业在国际竞争力方面的现状、潜力和创造性优势。因此,构建测评体系的同时要遵循科学性、系统性、独立性、可操作性、可比性、客观性等原则。

(1)科学性和系统性相结合原则。评价指标构建的基础是指标构建具有科学性。建立在科学筛选的基础上,依照客观优于主观、相对优于绝对的原则选取。同时,对于选取的指标,无论是定性指标还是定量指标,都要有概念确切,赋值明确,统计方法精确的要求;这样,体系测评的准确度和科学性才有保障。层次性和系统性指标体系必须具有一定的概括性、系统性,能科学涵盖反映该类型企业的竞争力指标;同时,一个复杂的问题要分成相互关联的数个组成部分或要素来解释,因此指标的选取要依照层次递阶的效果展开,目标层、准则层和指标层之间层次关系明显、内在逻辑关系清晰、涵盖效果科学。

(2)独立性和可操作性相结合原则。独立性指标概念必须独立、清晰,指标的测算与统计不要出现相关系数过大、数据重叠过重的现象,保证每个指标有其存在的特性和意义。可操作性指标体系构建的最终目的是应用于企业实践,因此可行性、可操作性尤为重要。指标数量适中,指标定义清晰、易理解,数据来源易得,逆向指标、适度指标正向化方法科学,定性指标量化简便,这样企业在实际操作中才能在工作量一定的情况下得到真实、有效的测评数据,由此将结果真正运用于企业决策和管理当中。

(3)可比性和客观性相结合原则。在设计评价指标体系的过程中,应时刻关注各项具体指标的可比性与可行性。其中,可比性指从横向与纵向两大维度展开比较的需求。一方面,指标体系应能跨越地域限制,在国际上或不同区域能普遍适用,以通过开展宁波跨国公司竞争力的横向对比得出各评价对象的排名与差距。另一方面,它还应能够跨越时间限制,实现不同时间节点竞争力的纵向比较,以反映出一国出版产业国际竞争力在不同阶段的纵向演变状况。这就要求所选取的评价指标应该科学、明确,指标名称、含义、统计口径、计算方法、计量单位、收集渠道等在不同时空范围保持一致性。客观性企业国际竞争力评价的因素多种多样,然而指标测算当中应该以客观真实为依据,因此在选择指标方面应尽量选择客观真实、可获得性大的指标。

(4)动态与静态相结合原则。跨国公司竞争力具有明显的动态性,因此,评价跨国公司竞争力还必须从发展变化的角度来考察,在内部因素与外部环境相互作用的运动中,揭示跨国公司竞争力的运动规律。这就要求在评价跨国公司竞争力时,指标体系中应有能够反映产业国际竞争力波动变化的动态指标即过程指标,又有能够说明它在一定时间节点保持稳定竞争优势或劣势的静态指标即状态指标。一方面,任何事物都是发展变化的,跨国公司也处于不断变化的动态发展过程之中。因此,要设置能够影响竞争结果,反映竞争力提升能力以及演变情况的动态增量因素作为过程指标,用来揭示竞争力的发展规律和未来趋势,以更好地服务于产业预测与决策。另一方面,在一定时期内,跨国公司具有相对稳定性,能通过与其他地区的静态比较体现竞争结果与竞争优劣势。因此,指标体系中应包含借助明确数值反映竞争力强弱与结果的状态指标,以考察竞争力的强弱水平与发展现状。

(5)定性与定量相结合原则。跨国公司竞争力是一个多维的复合系统,这就要求在跨国公司竞争力评价指标的选择和运用中,既要包括定性评价要素,又要包括定量评价要素,因此,在建立跨国公司竞争力评价体系时,应遵循定性指标与定量指标相结合的原则。定性与定量相结合原则是指指标体系中应既有定量指标,又有定性指标,体现定量和定性两者结合的特征。其中,定性指标又称软指标,指不能从统计报表中查到,也不能从函数式中产生的指标;定量指标又称硬指标,指能从宏、微观统计报表,特殊统计分析与特定的函数式中得到的指标。前者多与事物本质有关,主要凭借人的经验分析和主观判断进行模糊描述;后者多反映事物的结果与状态,可通过一定技术测量手段确定其数值。构建指标体系时应实现两者的兼容并蓄。

(6)功能齐全与指标独立相结合的原则。一方面,跨国公司竞争力评价要素的选择,要能充分反映出跨国公司竞争力所具有的系统性,这就要求评价要素功能齐全。另一方面,评价要素选多了,指标独立性差,相互兼容、重叠,突出不了主要矛盾,同时也给实际评价操作带来困难。因此,在选定跨国公司竞争力评价要素上要遵循既能保证评价功能齐全又要使评价指标相互独立的原则。

二、评价指标体系构建

基于上节跨国公司竞争力评价框架,本节进一步构建跨国公司竞争力评价指标体系。根据 RAC 框架体系,R 代表资源因素、A 代表能力因素、C 代表外部环境因素。结合跨国公司经营实际情况,构建跨国公司竞争优势评价指标体系。

(一)指标选择与设计

基于 RAC 分析框架,跨国公司竞争力构成要素可以划分为 3 个层级。包括企业微观层、中观产业层以及宏观环境层,其中企业微观层包括企业的自有资源禀赋及企业核心能力,中观产业、宏观经济环境及政策支持代表了企业的潜在竞争力。在此基础上,跨国公司竞争力指标体系可进一步分为基础竞争力、核心竞争力、潜在竞争力。根据不同竞争力的内涵及构成,可以将竞争力指标细化为规模实力、盈利能力、国际化水平、发展速度、运营能力、科研开发水平、人力资本、经济环境、产权保护以及制度环境等指标。

1. 基础竞争力指标初选与设计

跨国公司基础竞争力是企业资源禀赋、企业核心能力、产业基础等要素的综合作用的结果系统,其强弱主要表现在产业或产品的规模实力、盈利水平、国际化水平以及发展速度四大方面。其中,规模实力是指企业作为经济实体,其规模大小对其发展是有着基础作用的,基本上可以从企业的人力、财力、物力三方面进行表示,最为典型的便是企业职工人数、企业固定资产以及企业的营业收入、生产量、销售量和销售额等等指标的可比性也都比较大,在本文中主要选取总资产、主营业务收入、固定资产这3个指标。盈利水平是指企业获取利润或实现价值增值的基本能力,其影响因素包括销售收入、利润总额、销售利润率、资产周转率、资产利润率、权益报酬率等。国际化水平指企业走出国门,突破海外市场,整合国际资源、优化资源配置等综合能力。企业发展速度是企业在一段时间内变动与发展的相对程度,通常使用同期增减率来进行比对以分析企业的发展趋势和速度。在国际竞争力的比较当中,绝对指标十分重要,相对指标更为重要,这是企业国际发展趋势、增长潜力的指向标。

2. 核心竞争力指标初选与设计

核心竞争力是国际竞争力的核心来源,决定产业国际竞争力的形成。它的关键影响因素包括创新能力、风险控制能力,以及企业经营管理能力。其中,创新能力反映企业开展创新活动的意愿和投入力度,创新投入一般用创新经费投入占主营业务收入比重或R&D经费支出占主营业务收入比重进行衡量。同时,创新驱动能力也是衡量企业创新能力的重要内容,创新驱动能力能够反映企业在创新价值实现、增强市场竞争力和推动经济发展方式转变方面的能力,一般用新产品营销费用占全部营销费用比重或新产品销售收入占主营业务收入比重等指标进行评价。企业风险控制能力包括风险的双重性质,有助于掌握风险的精髓。必须看到危害的风险,提高风险控制能力,改造或降低风险,同时要加强法律对风险的探索和研究,准确把握科学决策的机会,访问风险及回报,促使企业迅速成长。风险管理能力一般用流动性比率、融资比率等指标进行评价。企业经营能力是企业对包括内部条件及其发展潜力在内的经营战略与计划的决策能力,以及企业上下各种生产经营活动的管理能力的总和。由企业素质确定的企业经营成果的大小,实际上也就是企业经营力的大小。企业素质的强弱,是通过企业的经营力集中表现出来的。企业经营力是一个系统的概念。它包括本身的内外部条件及其发展在内的经营战略与计划的决策能力,以及企业各种活动的组织管理能力的总和。

3. 潜在竞争力指标初选与设计

潜在竞争力是产业国际竞争力形成与提升的重要外部动力,将通过间接影响作用于未来竞争力的发展。它主要包括经济市场需求、文化创新环境及政府行为等要素。其中,经济环境是指一国或一地区的总体经济环境。如该地的国民生产总值、国民收入总值、国民经济增长率等反映国民经济状况的指标;当地的消费总额、消费结构、居民收入、存款余额、物价指数等描述社会消费水平和消费能力的指标;当地的经济政策、财政政策、消费政策、金融政策等产业政策方面的情况等。经济发展水平主要表现在国家对市场的宏观调控能力。在一个完全竞争的市场环境中与在一个非完全竞争的市场环境中采取的财务管理策略是不同的,经济发展水平越高,往往对市场的调控能力越强。财务管理人员应根据国家的经济发展判断市场发育的完善性和可能存在的风险而做出相应的财务对策。一般用人均GDP、劳动力成本等指标进行衡量。从政治环境角度看,好的制度应该是有效促进经济发展的制度,良好的制度能有效促进国际竞争力提升,有效促进企业发展。不同层面的制度和规则适合采用不同的评价体系。结合我国政治制度的特殊性,一般用国有化比例衡量我国经济所有制的特殊性,同时,一般用政府支出占比衡量政府政策扶植。文化教育环境是指一个国家国民的教育、语言、宗教信仰、风俗习惯等等状况构成的总和。企业在进行跨国经营活动时,必须与该东道国社会文化环境相吻合。创新环境是指能够激发人们去进行创造的社会环境。包括社会的组织结构、思想气氛、激励方式,如善用创造性的人才、适于和鼓励人才流动的机制、尊重创造性人才生活习惯和个性特点以及精神和物质激励等。根据欧洲创新环境研究小组的观点,可以把企业看成是环境的产物,把创新环境视为培育创新和创新性企业的场所。环境是创新所必需的,在环境中是否能够得到技术诀窍、地方性联系和地方性投入,是否接近市场,能否得到高素质劳动力,都是决定区域创新性的因素。一般来讲,创新环境评价指标包括企业就业人员发明专利拥有量、拥有专利的企业数占全部企业的比重等指标。

(二)专家筛选与修正

在结合前期理论基础与方法指导竞争力初始评价指标集后,还应进一步对重复指标、难获得的指标以及无关紧要的指标进行系统筛选与排查,以修正和优化评价指标体系。就目前而言,指标筛选的方法同样也包括定性与定量两大类。其中,定性法中使用最为广泛的方法为关系分析法与专家评价法两种。关系分析法即通过对现有评价指标集中各指标间的因果关系、等价关系或过程关系进行分析,以实现指标取舍与简化的方法。专家评价法中的德尔菲法运用较广,它是通过匿名发表意见的形式,反复征询、归纳、修改专家对所提问题的看法,最后使所汇总看法基本一致的方法。定量法中包括主成分分析法、灰色统计法、相关分析法等。其中,主成分分析是从众多相关指标中提取出几个综合指标(主成分)的一种多元统计方法。灰色统计是灰色综合评价中的一种方法,是在专家评估的基础上,利用灰色系统理论对所收集的各方面指标和各种分散、不完全的信息进行归纳统计,进而做出统计决策的方法。相关分析则是衡量指标之间的相关方向和相关密切程度的统计方法。本研究主要采取专家评价法,请专家根据自己的知识与经验对各指标的重要性程度做出判断。同时,基于宁波跨国公司竞争力的抽象性与"灰"色特征,也为避免因专家意见不同而造成平均值折中现象以及因样本量小造成的信息失真,本研究还综合利用灰色统计方法对问卷调查数据进行处理分析,进而实现对具体指标的筛选。

1. 问卷设计与调查

针对跨国公司竞争力初始评价指标集,本研究借助专家问卷调查的方式对其重要性程度与易获得性进行判断,以通过剔除不重要、难获得或重复的指标,实现对初始评价指标体系的筛选与修正。在进行专家问卷调查时,主要借助三种渠道同时展开的形式以尽可能保证调查的有效性与问卷的回收率:第一,通过实地调研方式直接向专家进行咨询,并发放和回收纸质版问卷,现场全面了解专家对指标体系的整体印象与直观评判;第二,采用电子邮件的方式向专家发送电子版调查问卷,并通过邮件形式进行回收;第三,借助微信平台进行在线调查,通过邀请专家在线直接填写的方式回收与处理数据。

调查问卷由前言、正文问项以及附录三大部分构成。前言部分主要是陈述调查原因、目的以及调查范围,简要介绍答题方式与注意事项。正文问项部分的基本内容包括两个方面:一是各指标的重要性程度评判;二是各指标数据的易得性判断。附录部分是对各指标的补充解释与说明,以帮助专家理解指标含义,并在此基础上根据自己的经验与认知作答。其中,问项中各指标重要性程度采用李克特五点尺度,即采取分制打分,1表示"很不重要",2表示"不重要",3表示"一般",4表示"重要",5表示"很重要",由专家按照自己的判断分别赋予分值;各指标易得性则分为易得和不易得两个等级,其中1表示"易得",2 表示"不易得"。具体问卷形式与结构见附录1。

2. 灰色统计法筛选步骤

如前所述,灰色统计法是围绕"贫信息"、"不确定"等特征,以灰类的白化函数生成为基础,将分散、不完全的调查或统计数据按若干灰类所描述的类别进行判断整理,进而归纳统计指标所属灰类,加强对决策方案认知的一种方法。利用灰色统计法进行指标筛选的具体步骤如下:

(1)构造灰类白化函数

按照竞争力初选评价指标的重要性程度1—5(很不重要,不重要,一般,重要,很重要),将统计灰类依次分为低、中、高三个等级,从而构造出各统计灰类的白化函数,如图4-8所示。

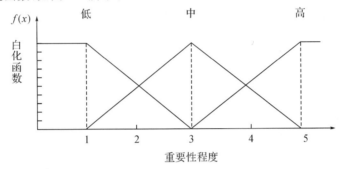

图 4-8　竞争力评价指标重要性程度的白化函数

资料来源:田常清.新闻出版业国际竞争力与影响力评价指标体系研究
[J].贵州师范大学学报,2013(4).

设 $f_K(ij)$ 为第 j 项指标的重要性程度的白化函数值,K 为灰类数(等级数),即 $K=1,2,3$;d_{ij} 为第 j 项指标的重要程度为 i 的分值;$i=1,2,3,\cdots,5$;$j=1,2,\cdots,29$,则 $f_K(ij)$ 的计算公式如下:

第一灰类"低",$K=1$,其白化函数 $f_K(ij)$ 为公式(1):

$$f_1(ij)=\begin{cases} 0 & d_{ij}\geqslant 3 \\ \dfrac{3-d_{ij}}{3-1} & 1<d_{ij}<3 \\ 1 & d_{ij}\leqslant 1 \end{cases} \tag{1}$$

第二灰类"中",$K=2$,其白化函数 $f_K(ij)$ 为公式(2):

$$f_2(ij) = \begin{cases} 0 & d_{ij} < 3 \\ \dfrac{d_{ij}-1}{3-1} & 1 < d_{ij} < 3 \\ 1 & d_{ij} = 3 \\ \dfrac{5-d_{ij}}{5-3} & 3 < d_{ij} < 5 \\ 1 & D_{ij} > 5 \end{cases} \tag{2}$$

第三灰类"高"，$K=3$，其白化函数 $f_K(ij)$ 为公式（3）：

$$f_3(ij) = \begin{cases} 1 & d_{ij} \geqslant 5 \\ \dfrac{d_{ij}-3}{5-3} & 3 < d_{ij} < 5 \\ 0 & d_{ij} \leqslant 3 \end{cases} \tag{3}$$

（2）计算灰类决策系数

首先整理专家群体对各项初始评价指标的重要性程度所评判的分值，将其统计成表。其次，设 $\eta_K(j)$ 为第 j 项指标属于第 K 个灰类的决策系数即灰色统计数，$n(ij)$ 为评价第 j 项指标重要性程度为 i 的专家数量，此外有 $f_K(ij)$ 为第 j 项指标的重要性程度为 i 白化函数值，则 $\eta_K(j)$ 的计算公式为公式（4）：

$$\eta_K(j) = \sum n(ij) f_K(ij) \tag{4}$$

（3）确定决策向量

所谓决策向量，在此即代表第 j 项指标重要性程度的低、中、高三种类别，即 $\{\eta_1(j), \eta_2(j), \eta_3(j)\}$。通过运用公式（1）、公式（2）、公式（3）对调查数据进行整理计算，并借助公式（4）计算出灰类决策系数即灰色统计数，即可得到各项初始评价指标重要性程度的灰色决策向量 $\{\eta_{低}, \eta_{中}, \eta_{高}\}$，并可依此判断各项指标的重要性程度，进而对具体指标进行筛选与修正。

3. 专家审定与综合筛选

在确定指标筛选步骤之后，本研究结合发放并收到的 37 份问卷，调查所收集的专家群体对各指标重要性程度与易得性的判断展开具体指标的筛选与修正。通过对调查所收回有效问卷进行整理统计，得到如表 4-1 所示的初始评价指标集中各项指标的重要性程度与易得性得分汇总表。

表 4-1　跨国公司竞争力评价指标重要性程度和易得性调查数据汇总

评价体系	二级评价体系	序号	初始指标	重要性程度						易得性	
				1	2	3	4	5	总分	1	0
基础竞争力	规模实力	1	总资产	0	1	9	15	12	149	26	11
		2	主营业务收入	0	0	10	16	11	149	27	10
		3	固定资产	0	2	10	13	12	146	26	11
	盈利能力	4	销售利润率	0	3	15	12	7	134	29	8
		5	资产净利率	0	2	16	10	9	137	28	7
		6	净资产收益率	0	1	15	11	10	141	32	5
	国际化水平	7	国际市场占有率	0	0	10	13	14	152	20	16
		8	境外收入增长率	0	0	10	16	11	154	25	12
		9	国际化销售密度	0	0	13	11	11	146	18	19
	发展速度	10	销售收入增长率	0	0	5	15	17	160	24	13
		11	销售利润增长率	0	0	8	15	14	154	26	11
		12	资本积累率	0	0	12	15	10	146	17	20
核心竞争力	创新能力	13	研发投入强度	0	0	10	9	18	156	27	10
		14	模式创新水平	0	0	9	16	12	151	20	17
		15	组织创新程度	0	0	10	15	12	150	24	13
	风险控制能力	16	主营业务占比	0	2	12	10	13	145	28	9
		17	资产负债率	0	0	10	12	15	153	28	9
		18	股权集中度	0	2	6	14	15	153	29	8
	经营管理能力	19	品牌知名度	0	0	10	14	13	157	24	13
		20	经营管理水平	0	0	10	15	12	150	20	17
		21	社会网络能力	0	0	8	16	13	153	16	21
		22	技术吸收能力	0	0	11	14	12	149	19	18
潜在竞争力	经济政治环境	23	人均国民收入	0	1	8	10	18	158	37	0
		24	外贸依存度	0	3	11	9	14	145	37	0
		25	法律法规完善度	0	0	8	13	16	156	16	21
		26	政府效率与信誉	0	0	10	16	11	150	21	16
	文化创新环境	27	教育支出占比	0	1	10	12	14	150	33	4
		28	人均受教育年限	0	2	17	4	15	146	15	22
		29	产权保护程度	0	0	10	15	11	145	29	8

按照上述灰色统计方法筛选步骤,结合专家对各指标重要性程度进行判断的 5 个分值(很不重要,不重要,一般,重要,很重要),首先利用公式(1)至公式(3)得到三大灰类的白化函数值,其次根据表 4-1 所统计的各指标分值的专家选择数量,结合公式(4)即可计算出各项评价指标重要性程度的灰色决策向量 $\{\eta_{低}, \eta_{中}, \eta_{高}\}$。值得一提的是,在进行指标筛选与修正的过程中,本研究综合考虑了指标的重要性程度与易得性两个方面,即只选择重要性程度为"高"类的指标,同时结合指标的实际操作性及其数据的可获得性,还将从中剔除易得性的频率统计百分数低于 50% 的指标。标记"√"的为选定指标,标记"×"的则是需要剔除的指标。各项指标重要性程度的灰色统计分析与易得性综合筛选结果如表 4-2 所示。

表 4-2　跨国公司竞争力初始评价指标重要性灰色统计分析和易得性综合筛选

评价体系	二级评价体系	序号	初始指标	决策向量			重要程度	易得性(%)	是否选取
				$\eta_{低}$	$\eta_{中}$	$\eta_{高}$			
基础竞争力	规模实力	1	总资产	0.5	17.0	19.5	高	70.27%	√
		2	主营业务收入	0	18.0	19.0	高	72.97%	√
		3	固定资产	1.0	17.5	19.5	高	70.27%	√
	盈利能力	4	销售利润率	1.5	13.0	22.5	高	78.38%	√
		5	资产净利率	1.0	22.0	14.0	高	75.68%	√
		6	净资产收益率	0.5	21.0	15.5	高	86.49%	√
	国际化水平	7	国际市场占有率	0	16.5	20.5	高	54.05%	√
		8	境外收入增长率	0	18.0	19.0	高	67.57%	√
		9	国际化销售密度	0	17.5	19.5	高	48.65%	×
	发展速度	10	销售收入增长率	0	12.5	24.5	高	64.86%	√
		11	销售利润增长率	0	15.5	21.5	高	70.27%	√
		12	资本积累率	0	19.5	17.5	中	47.57%	×

续表

评价体系	二级评价体系	序号	初始指标	决策向量			重要程度	易得性（%）	是否选取
				$\eta_{低}$	$\eta_{中}$	$\eta_{高}$			
核心竞争力	创新能力	13	研发投入强度	0	14.5	22.5	高	72.97%	√
		14	模式创新水平	0	17.0	20.0	高	54.05%	√
		15	组织创新程度	0	17.5	19.5	高	64.86%	√
	风险控制能力	16	主营业务占比	0	18.0	19.0	高	75.68%	√
		17	资产负债率	0	16.0	21.0	高	75.68%	√
		18	股权集中度	1	14.0	22.0	高	78.38%	√
	经营管理能力	19	品牌知名度	0	17.0	20.0	高	64.86%	√
		20	经营管理水平	0	17.5	19.5	高	54.05%	√
		21	社会网络能力	0	16.0	21.0	高	43.24%	×
		22	技术吸收能力	0	18.0	19.0	高	51.35%	√
潜在竞争力	经济政治环境	23	人均国民收入	0.5	13.5	23.0	高	100.00%	√
		24	外贸依存度	1.5	16.0	19.5	高	100.00%	√
		25	法律法规健全度	0	20.5	16.5	中	48.65%	×
		26	政府效率与信誉	0	18.0	19.0	高	56.76%	√
	文化创新环境	27	教育支出占比	0.5	16.5	20.0	高	89.19%	√
		28	人均受教育年限	0	20.0	17.0	中	40.65%	×
		29	产权保护程度	0	17.5	19.5	高	78.38%	√

由表中的决策向量与指标重要性程度及其易得性可知，基础竞争力系统中因"资本积累率""境外公司数"、"社会网络能力"和"法律法规健全度"等四项指标或者重要程度中或者易得性均低于50%，所以应予以剔除。然而，鉴于"境外收入增长率"和"社会网络能力"两个指标的重要性程度以及评价指标系统完备性的需要，结合专家意见，选择以"境外公司占比"代替"境外收入增长率"，用"网络强度"代替"社会网络能力"。"资本积累率"、"法律法规健全度"和"人均受教育年限"指标，三者重要性程度均处于"中"类，且后者还受到易得性低的影响，两个指标可删减。

总之，结合指标重要性程度和易得性等因素，最后剔除"资本积累率"、"人均受教育年限"和"法律法规健全度"三项指标；被修正的"境外机构占比"代替"境外收入增长率"，用"网络强度"代替"社会网络能力"。经过专家筛选与修正,本研究最终构建跨国公司竞争力评价指标体系。其中共有定量指标(硬指标)18项,定性指标(软指标)8项。具体情况如表4-3所示。

表4-3 跨国公司竞争力评价指标体系

评价体系	二级评价体系	序号	评价指标	单位	性质
基础竞争力	规模实力	1	总资产	万元	定量
		2	主营业务收入	万元	定量
		3	固定资产	万元	定量
	盈利能力	4	销售利润率	%	定量
		5	资产净利率	%	定量
		6	净资产收益率	%	定量
	国际化水平	7	国际市场占有率	%	定量
		8	境外机构占比	%	定量
		9	国际化销售密度	%	定量
	发展速度	10	销售收入增长率	%	定量
		11	净利润增长率	%	定量
核心竞争力	创新能力	12	研发投入强度	%	定量
		13	模式创新水平	指数	定性
		14	组织创新程度	指数	定性
	风险控制能力	15	主营业务占比	%	定量
		16	资产负债率	%	定量
		17	股权集中度	%	定量
	经营管理能力	18	品牌知名度	指数	定性
		19	经营管理水平	指数	定性
		20	社会网络强度	指数	定性
		21	技术吸收能力	指数	定性
潜在竞争力	经济政治环境	22	人均国民收入	万元	定量
		23	外贸依存度	%	定量
		24	政府效率与信誉	指数	定性
	文化创新环境	25	教育支出占比	%	定量
		26	产权保护程度	指数	定性

三、评价指标解释与说明

(一)基础竞争力指标解释

基础竞争力评价指标,包括规模实力、盈利能力、国际化能力和发展速度4个二级评价体系,包括总资产、主营业务收入等共11个具体评价指标。

1. 规模实力

(1)总资产。总资产是企业作为一个经济实体所实际拥有并掌握的全部资产,包括有形资产与无形资产、金融资产与非金融资产。一般可以认为,某一会计主体的总资产金额等于其资产负债表的资产总计金额。与联合国SNA中的核算口径相同,我国资产负债核算中的资产指经济资产。所谓经济资产,是指资产的所有权已经界定,其所有者由于在一定时期内对它们的有效使用、持有或者处置,可以从中获得经济利益的那部分资产。

按照持有资产的期限不同,总资产由流动资产和长期资产构成。前者如货币资产、存货、应收款等,后者如长期投资、房屋设备等。按照资产的周转特性的不同,总资产由流动资产、长期投资、固定资产、无形资产和递延资产等构成。按照资产存在的形态不同,总资产由金融资产与非金融资产、有形资产与无形资产构成。

(2)主营业务收入。主营业务收入是指企业从事本行业生产经营活动所取得的营业收入。主营业务收入根据各行业企业所从事的不同活动而有所区别,如工业企业的主营业务收入指产品销售收入;建筑业企业的主营业务收入指工程结算收入;交通运输业企业的主管业务收入指主营业务收入;批发零售贸易业企业的主营业务收入指商品销售收入;房地产业企业的主营业务收入指房地产经营收入;其他行业企业的主营业务收入指经营(营业)收入。企业在填报主营业务收入时,一般根据企业会计损益表中有关主营业务收入指标的上年累计数填写。

(3)固定资产。固定资产一般是指企业为生产产品、提供劳务、出租或者经营管理而持有的、使用时间超过12个月的,价值达到一定标准的非货币性资产,包括房屋、建筑物、机器、机械、运输工具以及其他与生产经营活动有关的设备、器具、工具等。固定资产是企业的劳动手段,也是企业赖以生产经营的主要资产。从会计的角度划分,固定资产一般被分为生产用固定资产、非生产用固定资产、租出固定资产、未使用固定资产、不需用固定资产、融资租赁固定资产、接受捐赠固定资产等。

固定资产的价值一般比较大，使用时间比较长，能长期地、重复地参加生产过程。在生产过程中虽然发生磨损，但是并不改变其本身的实物形态，而是根据其磨损程度，逐步地将其价值转移到产品中去，其价值转移部分回收后形成折旧基金。

2. 盈利能力

(1)主营业务利润率。主营业务利润率是指企业一定时期主营业务利润同主营业务收入净额的比率。它表明企业每单位主营业务收入能带来多少主营业务利润，反映了企业主营业务的获利能力，是评价企业经营效益的主要指标。主营业务利润率是主营业务利润与主营业务收入的百分比。计算公式如下：

$$主营业务利润率＝(主营业务收入－主营业务成本$$
$$－主营业务税金及附加)/主营业务收入×100\%$$

主营业务利润率是从企业主营业务的盈利能力和获利水平方面对资本金收益率指标的进一步补充，体现了企业主营业务利润对利润总额的贡献，以及对企业全部收益的影响程度。同时，该指标体现了企业经营活动最基本的获利能力，没有足够大的主营业务利润率就无法形成企业的最终利润，为此，结合企业的主营业务收入和主营业务成本分析，能够充分反映出企业成本控制、费用管理、产品营销、经营策略等方面的不足与成绩。该指标越高，说明企业产品或商品定价科学，产品附加值高，营销策略得当，主营业务市场竞争力强，发展潜力大，获利水平高。

(2)资产净利润率。简称 ROA(return on assets)，资产净利润率、资产报酬率或资产收益率，是企业在一定时期内的净利润和资产平均总额的比率。资产净利润率越高，说明企业利用全部资产的获利能力越强；资产净利润率越低，说明企业利用全部资产的获利能力越弱。资产净利润率与净利润成正比，与资产平均总额成反比。资产净利润率是影响所有者权益利润率的最重要的指标，具有很强的综合性，而资产净利润率又取决于销售净利润率和资产周转率的高低。计算公式为：

$$资产净利润率＝净利润/资产平均总额×100\%$$
$$资产平均总额＝(期初资产总额＋期末资产总额)÷2$$

资产净利润率主要用来衡量企业利用资产获取利润的能力，反映了企业总资产的利用效率，表示企业每单位资产能获得净利润的数量，这一比率越高，说明企业全部资产的盈利能力越强。该指标与净利润率成正比，与资产平均总额成反比。

(3)净资产收益率 ROE(rate of return on common stockholders' equity),净资产收益率又称股东权益报酬率/净值报酬率/权益报酬率/权益利润率/净资产利润率,是净利润与平均股东权益的百分比,是公司税后利润除以净资产得到的百分比率,该指标反映股东权益的收益水平,用以衡量公司运用自有资本的效率。指标值越高,说明投资带来的收益越高。该指标体现了自有资本获得净收益的能力。计算公式为:

$$资产净利润率＝净利润/资产平均总额 \times 100\%$$

$$资产平均总额＝(期初资产总额＋期末资产总额)\div 2$$

资产净利润率主要用来衡量企业利用资产获取利润的能力,反映了企业总资产的利用效率,表示企业每单位资产能获得净利润的数量,这一比率越高,说明企业全部资产的盈利能力越强。该指标与净利润率成正比,与资产平均总额成分反比。

3. 国际化能力

(1)国际市场占有率(international market share index,简称 IMS)。国际市场占有率是指一国的出口总额占世界出口总额的比重,可反映一国某产业或产品的国际竞争力或竞争地位的变化,比例提高说明该国该产业或产品的出口竞争力增强。它包括在开放的国际市场上,某种国产品销售额占世界该类产品总销售额的比重、某种国产品出口额占世界该类产品总出口额的比重。本研究借鉴行业国际市场占有率的计算公式,构建跨国公司国际市场占有率指标,直观反映该公司产品的国际市场占有状况以及产品参与国际贸易的绝对竞争优势。数值越大,跨国公司竞争力越强。计算公式为:

$$国际市场占有率＝该公司出口额/区域出口总额 \times 100\%$$

一个企业的国际竞争力大小,最终将表现在该公司的产品在国际市场上的占有率。在自由、良好的市场条件下,本国市场和国际市场一样,都是对各国开放的。一种产品在国际市场的占有率,反映该公司产品的国际竞争力大小。

(2)境外机构占比。跨国公司企业通过授权海外代理商、设立海外分支机构及售后服务点等方式提高海外营业效率,带来境外销售收入的增长。境外机构数是衡量企业在国际市场上扩张能力的最为直观的指标,是企业用以分析国际化程度的重要因素。计算公式为:

$$境外机构数＝海外机构数量/总数量 \times 100\%$$

(3)国际化销售密度。表示海外分支机构覆盖程度,反映了企业在国际销售的占比情况以及在国际市场上的扩张能力。计算公式为：

国际销售密度＝业务覆盖国家或地区数/全球国际或地区数×100%

4. 发展速度

(1)销售收入增长率。销售增长率是评价企业成长状况和发展能力的重要指标。销售增长率是衡量企业经营状况和市场占有能力、预测企业经营业务拓展趋势的重要指标，也是企业扩张增量资本和存量资本的重要前提。其计算公式为：

计算方法一：销售增长率＝本年销售增长额/上年销售总额＝(本年销售额－上年销售额)/上年销售总额

计算方法二：销售增长率＝本年销售额/上年销售额－1

该指标越大，表明其增长速度越快，企业市场前景越好。

(2)销售利润增长率。销售利润是指利润总额减所得税后的余额，是当年实现的可供出资人(股东)分配的净收益，也称为税后利润。它是一个企业经营的最终成果，净利润多，企业的经营效益就好；净利润少，企业的经营效益就差，它是衡量一个企业经营效益的重要指标。净利润的多寡取决于两个因素，一是利润总额，其二就是所得税。企业所得税等于当期应纳税所得额乘以企业所得税税率。我国现行的企业所得税税率为25%，对符合国家政策规定条件的企业，可享受企业所得税优惠，如高科技企业所得税率为15%。计算公式为：

销售利润增长率＝(当期销售利润－上期销售利润)/上期销售利润×100%

销售利润增长率代表企业当期销售利润比上期销售利润的增长幅度，指标值越大代表企业盈利能力越强。

(二)核心竞争力指标解释

跨国公司核心竞争力包括创新能力、风险控制能力和经营管理能力3个二级指标体系，具体包括研发投入、主营业务集中度等10个评价指标。

1. 创新能力

(1)研发投入强度。研发投入又称为R&D经费，指企业在产品、技术、材料、工艺、标准的研究、开发过程中发生的各种费用，包括：研发活动直接消耗的材料、燃料和动力费用；企业在职研发人员的工资、奖金、津贴、补贴、社会保险费、住房公积金等人工费用以及外聘兼职研发人员的劳务费；用于研发活动的仪器、设备、房屋等固定资产的折旧或租赁费用，单位价值在30万元以下的研发仪器、设备的购置费用以及相关固定资产的运行维护、维修等费用；用于研发活动的软件、专利权、非专利技术等无形资产的摊销费用；用于中间试验和产品试制的模具、工艺装备开发及制造费，设备调整及检验费，样品、样机及一般测试手段购置费，试制产品的检验费等；研发成果的论证、评审、验收、评估以及知识产权的申请费、注册费、代理费等费用；通过外包、合作研发等方式，委托其他单位、个人或者与之合作进行研发而支付的费用；与研发活动直接相关的其他费用，包括技术图书资料费、资料翻译费、会议费、差旅费、办公费、外事费、研发人员培训费、培养费、专家咨询费、高新科技研发保险费用等。研发投入强度指全社会研究与试验发展（R&D）经费支出与企业产值之比。计算公式为：

$$研发投入强度 = R\&D\,经费支出 / 企业产值 \times 100\%$$

（2）模式创新程度。商业模式创新是改变企业价值创造的基本逻辑以提升顾客价值和企业竞争力的活动。既可能包括多个商业模式构成要素的变化，也可能包括要素间关系或者动力机制的变化。商业模式创新是指企业价值创造提供基本逻辑的变化，即把新的商业模式引入社会的生产体系，并为客户和自身创造价值，通俗地说，商业模式创新就是指企业以新的有效方式赚钱。新引入的商业模式，既可能在构成要素方面不同于已有商业模式，也可能在要素间关系或者动力机制方面不同于已有商业模式。该指标属于定性指标。

（3）组织创新程度。所谓组织结构创新包含两方面的含义：第一，企业可以对其中的一个或多个关键要素加以变革。例如，可将几个部门的职责组合在一起，或者精简某些纵向层次、拓宽管理幅度，使组织扁平化或机构更少；可以制定更多的规章制度，提高组织的正规化程度；通过提高分权化程度，加快决策制定的过程等。第二，企业可以对实际的组织结构设计做出重大的变革。它可能包括以下几种情况：转变组织结构的形式，比如从直线职能型向事业部制结构的转变，或者形成一种矩阵制结构或虚拟结构；重新设计职务、工作程序；修订职务说明书、丰富职务内容；实行弹性工作制，改革企业的报酬制度等等。该指标属于定性指标。

2. 风险控制能力

（1）主营业务占比。主营业务收入是指企业从事本行业生产经营活动所取得的营业收入。主营业务收入根据各行业企业所从事的不同活动而有所区别，按企业集团各成员企业说，就是企业工商营业执照中注册的主营和兼营的项目内容。主营的业务内容就是主营业务收入，兼营的业务内容就是其他业务收入。主营业务集中度是企业主要营业收入在全部营业收入中的占比。计算公式为：

$$主营业务集中度＝主营业务收入/营业总收入×100\%$$

（2）资产负债率。是期末负债总额除以资产总额的百分比，也就是负债总额与资产总额的比例关系。资产负债率反映在总资产中有多大比例是通过借债来筹资的，也可以衡量企业在清算时保护债权人利益的程度。资产负债率这个指标反映债权人所提供的资本占全部资本的比例，也被称为举债经营比率。计算公式为

$$资产负债率＝总负债/总资产×100\%$$

该指标表示公司总资产中有多少是通过负债筹集的，该指标是评价公司负债水平的综合指标。同时其也是一项衡量公司利用债权人资金进行经营活动能力的指标，也反映债权人发放贷款的安全程度。如果资产负债比率达100%或超过100%说明公司已经没有净资产或资不抵债。

（3）股权集中度。股权集中度是指全部股东因持股比例的不同所表现出来的是股权集中还是股权分散的数量化指标。股权集中度是衡量公司的股权分布状态的主要指标，也是衡量公司稳定性强弱的重要指标，同时也是衡量公司结构的重要指标。股权集中度一般通过第一大股东持股比例指标，即第一大股东持股份额在公司总股份中所占比重来衡量。计算公式为：

$$股权集中度＝第一大股东持股份额/股东总份额×100\%$$

3. 经营管理能力

（1）品牌知名度。指跨国公司所拥有的企业文化或品牌被消费者所知晓的程度。它是企业发展的无形资产与关键动力所在，表明的是其文化品牌的影响范围或影响广度。其用于侧面反映企业的整体规模与国际化发展潜力。企业文化品牌知名度越高，产品生命周期就越长，企业获得市场占有份额越高，参与竞争的规模实力越强。该指标属于定性指标。

（2）经营管理水平。指跨国公司通过对自身整个生产经营活动进行计划与决策、组织与指挥、协调与控制、挖潜与创新，并对企业成员进行约束与激励，以优化内部组织结构、管理效率以及生产运作机制，实现组织目标的综合能力。其用于考察出版企业实现有效生产经营、内部高效管理以及自身生存发展的基本素质。企业经营管理水平越高，生产效率就越高，经营效益越好，实现可持续发展以及国际化发展的实力越强。该指标属于定性指标。

（3）社会网络强度。指一国出版企业以市场需求为主导，通过广泛利用信息网络技术、通信技术、智能化技术、计算机技术、数据库技术等高新技术实现

出版产品不同形态和介质相互渗透、多元传播渠道联动交融以及技术数字化、网络化、市场一体化、管理技术化数字化、业务融合化的综合素质。其用于考察出版企业借助现代科学技术优化生产经营活动、推动自身数字化转型的能力与程度,同时也侧面衡量其管理效率。企业媒介融合能力越强,科技利用与创新水平就越高,内部管理越科学。该指标属于定性指标。

(4)技术吸收能力。指跨国公司敏锐识别知识的价值、获取和吸收知识并将其有效运用于生产经营过程的能力以及对已有知识进行优化、重组和创造,进而推陈出新,开拓出新知识的能力。它包括知识吸收和知识创新两个存在递进关系的能力,即知识创新是建立在知识吸收与积累的基础上的。其用于考量出版企业在产品、资本、组织、制度、管理、市场等方面获得持续发展以及获取持续竞争优势的能力。企业的知识吸收与创新能力越强,经营管理效率就越高,所生产出的产品创新性及对资本的吸引力越强,获取持续竞争优势的能力越强。该指标属于定性指标。

(三)潜在竞争力评价指标解释

跨国公司潜在竞争力包括经济环境和文化创新环境两个二级指标体系,具体有人均国民收入、贸易依存度等5个评价指标。

1. 经济政治环境

(1)人均国民收入。人均国民收入是一个国家在一定时期(通常为1年)内按人口平均计算的国民收入占有量。人均国民收入与国民收入成正比,与人口数量变动成反比。它基本上可以反映一国生产力发展水平和国民的生活水平。人均国民收入的增长决定于下列因素:劳动生产率的提高;物质消耗的节约;总人口的变化;劳动力人口占总人口的比重的高低。

制约人均国民收入水平的决定性因素是每一就业人口平均提供的国民收入额,其次则是就业人口占劳动适龄人口的比例及劳动适龄人口占总人口的比例。后两者的比例增大,有利于加速人均国民收入的增加,但这种增加与提高每一在业人口的人均国民收入额相比,作用则是有限的。

(2)外贸依存度。外贸依存度是一国的经济依赖于对外贸易的程度。其定量表现是一国进出口贸易总额与其国内生产总值之比。外贸依存度不仅表明一国经济依赖于对外贸易的程度,还可以在一定程度上反映一国的经济发展水平以及参与国际经济的程度。外贸依存度,亦称"外贸依存率"、"外贸系数"。一国对对外贸易的依赖程度,一般用对外贸易额进出口总值在国民生产总值或国内生产总值中所占比重来表示。比重的变化意味着对外贸易在国民经济中所处地位的变化。计算公式为：

$$贸易依存度＝对外贸易总额/国民生产总值×100\%$$

$$或贸易依存度＝贸易总额/国民收入总额×100\%$$

（3）政府效率与信誉。指一国政府在配置生产资源、提供公共物品和公共文化服务、开展基础设施建设、改革体制机制、制定政策法规、开展外交活动等一系列社会经济管理活动中所体现出的行为效率，以及社会公众对政府履行义务、承担责任情况的认可度与赞同度。其用于衡量政府行政能力与行为效率的高低及其为民营企业发展提供外部动力的能力。政府效率与信誉越高，民营企业发展环境越好，获得竞争优势的潜力越大。该指标属于定性指标。

2. 文化创新环境

（1）教育公共支出占比。政府教育公共支出是指一国（或地区）为了完成其公共职能，对购买的所需商品和劳务进行的各种教育财政资金的支付活动，是政府必须向社会付出的成本。财政支出通常是指国家为实现其各种职能，由财政部门按照教育预算计划，将国家集中的财政资金向教育部门和方面进行支付的活动，因此也称预算支出。财政教育支出占GDP的比重，反映了各省通过教育转移支付、投入补贴等方式，在社会经济中发挥的作用。计算公式为：

$$教育支出占比＝教育财政支出/国民生产总值（GDP）×100\%$$

（2）知识产权保护程度。知识产权是指人类智力劳动产生的智力劳动成果所有权。它是依照各国法律赋予符合条件的著作者、发明者或成果拥有者在一定期限内享有的独占权利，一般认为它包括版权（著作权）和工业产权。版权（著作权）是指创作文学、艺术和科学作品的作者及其他著作权人依法对其作品所享有的人身权利和财产权利的总称；工业产权则是指包括发明专利、实用新型专利、外观设计专利、商标、服务标记、厂商名称、货源名称或原产地名称等在内的权利人享有的独占性权利。一般可以用专利授予量，说明地方政府对技术、创新等产权保护，可衡量区域产权保护制度安排。该指标属于定性指标。

第五章

宁波民营跨国公司竞争力评价

随着我国"走出去"战略的推进,相关政策也加大了鼓励企业的力度,民营企业国际化的进程和步伐也不断加快,对外直接投资的规模比重也逐渐加大,已成为政府实施"走出去"战略,解决传统产能过剩、吸引先进技术、加快技术创新、引进战略资源和实现经济结构调整的重要经济主体。在此背景下,我国民营跨国公司竞争力问题成为民营企业能否占据国际市场生产分工重要地位和国家"走出去"战略能否发挥预期功效的关键,因此,民营跨国公司竞争力也逐步发展成为学者关注方向和热点。因此,为了系统、全面地了解我国宁波民营跨国经营企业的强弱,本章基于 RAC 框架体系,对它的评估分别从两大方向展开:一方面进行横向测评,即站在全国和浙江省的角度静态考察和比较宁波、深圳、厦门、青岛、大连 5 个计划单列市民营企业跨国竞争力水平,及宁波、杭州、温州、台州等浙江省 11 个城市的民营跨国公司竞争力比较,测评宁波在上述测评城市中的强弱排名;另一方面进行纵向测评,即站在宁波视角动态考察宁波民营跨国经营企业竞争力的演变情况。在此之后,基于横纵向综合测评结果,分析其优劣势以及未来发展方向与趋势,为此后竞争力提升提供方向指导和依据。

第一节　跨国公司竞争力评价方法和步骤

跨国公司竞争优势评价是在企业竞争优势评价方法的基础上,结合跨国公司内外部要素的特点,对其国际竞争优势进行评价。本节将介绍本研究所应用的评价方法和具体的评价步骤。

一、企业竞争力评价方法

关于企业竞争优势的评价已形成比较多的处理方法,从评价指标体系构成看,企业竞争优势的评价主要可划分为单项指标评价法和综合指标体系评价法两种方法。顾名思义,单项指标评价法是直接用某企业单项指标的报告期数值与基准期数值对比,或用不同企业的同一指标实际数值对比得出相应的结论。它的特点是从某一方面反映企业的经营业绩,非常直观、明确,操作起来也比较简单,只要数据准确,排序是很简单的。单项指标评价的局限性也是明显的,因为一个指标再重要也不能把企业的综合竞争实力描述出来。多项指标评价法是运用多个指标对多个参评单位进行评价的方法,又可以称为多变量综合评价方法,或简称综合评价方法。其基本思想是将多个指标转化为一个能够反映综合情况的指标来进行评价。根据大量学者对企业竞争优势的研究,一般认为企业竞争优势是企业内、外部综合要素的复合表现,竞争优势的评价具有复杂性,仅依靠单个指标不能充分反映企业竞争力的情况,因此,综合指标评价方法更能够合理评价企业竞争优势。综合指标评价中,常见的评价方法有专家评价法、模糊综合评价法、因素分析法、灰色综合评价法、层次分析法等多种评价方法。

(一)专家评价法

研究中的定量指标,本文选用专家评价法。专家评价法是出现较早且应用较广的一种评价方法。它是在定量和定性分析的基础上,以打分等方式做出定量评价,其结果具有数理统计特性。专家评价法是指依赖具有丰富经验的专家或行业权威对跨国公司的竞争能力做出综合评价。专家评价法的主要步骤是:首先根据评价对象的具体情况选定评价指标,对每个指标均定出评价等级,每个等级的标准用分值表示;然后以此为基准,由专家对评价对象进行分析和评价,确定各个指标的分值,采用加法评分法、乘法评分法或加乘评分法求出评价对象的总分值,从而得到评价结果。专家评价的准确程度,主要取决于专家的阅历经验以及知识丰富的广度和深度。要求参加评价的专家对评价的系统具有较高的学术水平和丰富的实践经验。总的来说,专家评分法具有使用简单、直观性强的特点,但其理论性和系统性尚有欠缺,有时难以保证评价结果的客观性和准确性。专家在做出判断时要综合考虑包括财务与非财务信息等各方面的因素,不同专家考虑的侧重点不同。专家评价法有评分法和排序法等。结合本文讨论重点,分析民营跨国公司竞争优势,具体的步骤如下：选定跨国公司竞争力评价要素；确定竞争对手；选择专家；确定各要素权重；量化打分或排序；跨国公司竞争力对比评价；要素分析。

（二）因素分析法

因素分析法是利用统计指数体系分析现象总变动中各个因素影响程度的一种统计分析方法。因素分析法是现代统计学中一种重要而实用的方法，它是多元统计分析的一个分支。使用这种方法能够使研究者把一组反映事物性质、状态、特点等的变量简化为少数几个能够反映出事物内在联系的、固有的、决定事物本质特征的因素。因素分析法的最大功用，就是运用数学方法对可观测的事物在发展中所表现出的外部特征和联系进行由表及里、由此及彼、去粗取精、去伪存真的处理，从而得出客观事物普遍本质的概括。其次，使用因素分析法可以使复杂的研究课题大为简化，并保持其基本的信息量。

（三）对比差距法

对比分析法通常是把两个相互联系的指标数据进行比较，从数量上展示和说明研究对象规模的大小，水平的高低，速度的快慢，以及各种关系是否协调。在对比分析中，选择合适的对比标准是十分关键的步骤，选择得合适，才能做出客观的评价，选择不合适，评价可能得出错误的结论。

对企业竞争优势的评价可以采取企业与企业直接比较的方式：假定同类企业中最优秀的一家或几家企业的一系列显性特征对企业间竞争力具有明显的影响，因而，可以通过本企业和最优秀企业的一系列显示性指标的比较来评估本企业在竞争力上存在的差距。这种研究方法主要涉及以下几个环节：（1）选取对比指标；（2）比较本企业与最优秀企业各指标的差距；（3）进行综合汇总，评价本企业与最优秀企业之间的总体差距。这种方法同前一种方法的共同之处是都要进行详细的因素分析和统计数值的计算，不同之处是后一种方法是一对一的比较，可以进行多指标的直接比较，而不必进行数值的加总比较，因此可以避免确定各因素的权重过程中的主观因素。

（四）模糊综合评价法

模糊综合评价法是一种应用模糊关系合成方法，量化难以定量、界限模糊的因素，进而确定评价对象隶属度的方法。其一般步骤为：组织和建立评价专家组，确定因素集及其权数，构建评价等级集，确定隶属关系，建立模糊关系矩阵，最终得出总体评价值。该方法的优点在于适用性强、应用范围广，而且计算简单，操作便捷，数值处理过程明晰，能有效将定性指标定量化，尤其可对涉及模糊因素的对象系统进行综合评判；缺点在于仍未解决评价指标间相关性造成的信息重复问题,对各指标权重的确定缺乏规范性,而且在多指标综合评价过程中隶属函数的确定较为困难,主观性强,求解过程复杂烦琐。

(五)层次分析法

层次分析法(analytic hierarchy process,简称 AHP)是将与决策总是有关的元素分解成目标、准则、方案等层次,在此基础之上进行定性和定量分析的决策方法。该方法是美国运筹学家匹茨堡大学 Satty 教授于 20 世纪 70 年代初,在为美国国防部研究"根据各个工业部门对国家福利的贡献大小而进行电力分配"课题时,应用网络系统理论和多目标综合评价方法,提出的一种层次权重决策分析方法。所谓层次分析法,是指将一个复杂的多目标决策问题作为一个系统,将目标分解为多个目标或准则,进而分解为多指标(或准则、约束)的若干层次,通过定性指标模糊量化方法算出层次单排序(权数)和总排序,以作为目标(多指标)、多方案优化决策的系统方法。层次分析法是将决策问题按总目标、各层子目标、评价准则直至具体的备投方案的顺序分解为不同的层次结构,然后用求解判断矩阵特征向量的办法,求得每一层次的各元素对上一层次某元素的优先权重,最后再用加权和的方法递阶归并各备投方案对总目标的最终权重,此最终权重最大者即为最优方案。这里所谓"优先权重"是一种相对的量度,它表明各备投方案在某一特点的评价准则或子目标,标下优越程度的相对量度,以及各子目标对上一层目标而言重要程度的相对量度。层次分析法比较适合于具有分层交错评价指标的目标系统,而且目标值又难于定量描述的决策问题。其用法是构造判断矩阵,求出其最大特征值。及其所对应的特征向量 W,归一化后,即为某一层次指标对于上一层次某相关指标的相对重要性权值。从本质上讲,AHP 是一种思维方式。它把复杂问题分解成各个组成因素,又将这些因素按支配关系由高到低分组形成有序的递阶层次结构。通过两两比较的方式确定层次中诸因素的相对重要性。然后综合决策者的判断,确定决策方案相对重要性的总的排序。整个过程体现了人的决策思维的基本特征,即分解、判断、综合。AHP 是一种定量和定性相结合,将人的主观判断用数量形式表达和处理的方法。因而,在很多情况下,决策者可以直接使用 AHP 进行决策,大大提高决策的有效性、可靠性和可行性。

(六)灰色综合评价法

灰色综合评价法以我国著名学者邓聚龙提出的灰色系统理论为基础,是结合控制论、系统论、信息论以及数学统计方法形成的借助明确信息实现对灰色系统的了解与认知的综合评价方法。其中,灰色系统是相对于黑色系统、白色系统而言的。因为在控制论中，人们常用颜色深浅说明信息的明确程度，如用黑色代表信息模糊未知，白色意味着信息完全已知，灰色暗示信息的明确程度介于未知与已知之间，部分未知，部分已知。可见，灰色系统即为：介于黑色系统和白色系统之间的中介系统，为信息不完全明确的"贫信息"不确定系统。这一评价方法的优点是分析思路清晰，对样本量没有严格要求；评价不受人的主观影响，较为客观，综合评价误差小；计算简单，易于掌握，能够通过利用已知信息实现对灰色系统未知信息的探索与确定，最终使系统由"灰"变"白"。它的缺点是对数据要求较高，应从历时变化角度体现序列性，且评价结果具有相对评价的特征，即仅反映各个对象相对的优劣程度而非绝对水平。具体而言，该方法主要包括灰色统计、灰色关联分析、灰色建模、灰色预测、灰色决策、灰色系统分析、灰色系统控制以及灰色系统优化等。

二、跨国公司竞争力评价方法

尽管众多学者提出了诸多可行的企业竞争优势综合评价方法，但是目前单一评价方法在理论和应用方面还存在至少以下一些不足点有待解决：第一，评价方法的具体适用性研究较少。由于不同评价方法的机理不同，对于不同的待评价领域有不同的适用度。评价对象也存在多样化等区别，因此并不是所有的方法均适合用于同一对象，在具体评价的执行中的选择没有一个准则可供参考。第二，多方法评价结论的非一致性问题。所谓多方法评价结论的非一致性是指，第五章企业竞争力的评价方法当对具有确定属性值的同一对象运用多种不同方法分别进行评价时结论存在差异，因此难以得到与客观实际相符的一致性评价。

民营跨国经营企业竞争力是一个复杂、宽泛的概念，要对其进行量化评价显得更加困难。本研究选择评价方法的基本要求是尽量避免主观因素的干扰，使评价结果尽可能接近客观现实。通过对以上各种评价方法的深入研究与优缺点分析，同时结合本研究评价客体文化特殊性的考虑，在此拟主要结合灰色综合评价法与数理统计法对民营企业竞争力展开模型构建和量化评价。之所以选择灰色综合评价法对民营跨国经营企业竞争力进行评价，主要是由于民营跨国经营企业竞争力的影响因素有很多，而且它们对竞争力的影响十分复杂，无法仅仅通过评价指标穷尽所有因素及其对竞争力的复杂影响，加上各项指标间的关系密切程度难以准确界定，以及指标数据的可获取性有限，使得宁波民营跨国经营企业评价系统成了一个灰色系统。因此运用灰色综合评价法展开的评价是客观的、有效的、实用的。具体而言，灰色综合评价法中本研究将主要选取灰色统计、灰色关联分析两种分析方法,分别用于评价指标的筛选修正与评价模型的构建。数理统计法中则主要选择变异系数法用于计算各评价指标权重,以避免赋权的人为影响,增强灰色综合评价法关于权数分配的科学性与客观性。

(一)灰色统计法

作为灰色系统决策方法之一,灰色统计法是围绕"贫信息"、"不确定"等特征,以灰类的白化函数生成为基础,将分散、不完全的调查统计数据按若干灰类所描述的类别进行判断整理,进而归纳统计指标所属灰类,加强对决策方案认知的一种方法。它主要包括统计对象(决策群体、统计指标决策方案或决策样本)、统计灰类、决策灰类或决策量、灰类白化函数、统计样本五大要素,在此主要用于评价指标的重要性程度判断,进而实现对指标体系的筛选与修正。五大要素中的灰类白化函数是描述灰类白化成某个白化值的可能性或倾向程度的函数,即用于表达各统计指标的白化值分别对于各灰类隶属关系的函数。简而言之,它是指利用调查或统计数据使灰色系统白化,对有限信息进行加工处理,以使灰色系统白化的函数。

(二)灰色关联分析法

灰色关联是指事物之间的不确定关系以及随时间或不同对象变化的关联程度。灰色关联分析法则主要是定量比较或描述灰色系统中各因素在发展过程中随时间或不同对象相对变化的同步程度,以借此判断它们彼此之间的不确定关系以及灰色关联程度。它是灰色综合评价法中目前运用最为普遍和广泛的方法之一,有助于为灰色"贫信息"系统的识别、预测、决策、控制和优化提供更多依据与指导,在此用于构建评价模型,测度评价对象宁波民营跨国经营企业。它的基本思路是:根据灰色系统中各项因素之间的发展趋势与相异程度确定参考数列、比较数列;构建用于分析两大序列关联程度的灰色关联分析计算模型;测度两类序列的关联程度与接近程度,如果两者的变化基本同步,即可认为它们之间的关联度大,反之则关联度小。

(三)变异系数分析

变异系数是指两个或多个度量单位及平均数不同的样本数据的变异程度,是一个无单位且不受平均数影响的特征数。变异系数法是一种客观赋权法,即直接借助各指标数据本身涵盖的信息与变异程度对指标展开权重赋值的方法。在此主要用于增强灰色综合评价法中关于权重分配的科学性,对各项指标权重进行客观赋值。其中,各项指标的变异系数计算公式为样本标准差除以样本均值。第 i 个指标的变异系数权重为第 i 个指标变异系数与所有指标变异系数的总和之比。

第二节　宁波民营跨国公司竞争力评价说明

一、分析评价思路与数据处理

(一)评价思路

如前所述,本研究主要采用灰色综合评价法中的灰色关联分析法对民营跨国经营企业竞争力展开模型构建和量化评价。利用该分析方法评价民营跨国经营企业竞争力的基本逻辑是:以各评价单元(国家或年份)民营跨国经营企业中竞争力最强(理想国或理想年)的各指标数据作为参考数列,以被评价单元(国家或年份)民营跨国经营企业的各项指标数据作为比较数列,计算两大数列随着不同对象或时间变化的关联度。关联度越高,说明被评价单元(国家或年份)民营跨国经营企业与竞争力最强的评价单元(理想国或理想年)越相似,竞争力越强,反之则越弱。

此外,指标的权重赋值是构建评价模型以及开展竞争力评价过程中尤为关键的环节之一。采用不同方法测定指标权重,将会得到不同结果,进而直接影响综合评价值。为使评价结果能更准确、真实地反映各评价单元(国家或年份)宁波民营跨国经营企业强弱水平,排除权重分配的人为因素,在此直接依据各项指标所包含的信息对其进行客观赋权的方法,即如前所述的变异系数法。它的逻辑思路是:在评价指标体系中,指标取值差异越大的指标,也就是越难实现的指标,这样的指标更能反映被评价单元的差距,应当赋予较大的权数;相反,则应赋予较小的权数。若某项指标的变异程度为零,则说明所有评价对象在该指标上的观测值相等,该指标没有评价的价值。其中,各项指标的变异系数计算公式为样本标准差与样本均值之比。第 i 个指标的变异系数权重为第 i 个指标变异系数与所有指标变异系数总和之比。

(二)灰色综合评价过程

具体来说,构建民营跨国经营企业竞争力灰色综合评价模型主要包括确定参考数列与比较数列、对各数列指标值进行无量纲化处理、计算关联系数、计算指标变异系数分配指标权重、计算关联度等主要环节。具体构建步骤如下。

1. 确定参考数列

选取 Z_0 为参考数列，Z_i 为比较数列，则有：

$$Z_0 = (Z_{01}、Z_{02}、Z_{03}、Z_{04}、\cdots、Z_{0j})$$
$$Z_i = (Z_{i1}、Z_{i2}、Z_{i3}、Z_{i4}、\cdots、Z_{ij})$$

式中，$i=1,2,3,\cdots,m$；$j=1,2,3,\cdots,p$；Z_{0j} 为第 j 个指标的最佳值，Z_{ij} 为第 i 个评价单元（国家或年份）的第 j 个指标的评价值。

2. 指标值无量纲化处理

不同评价指标通常有不同的量纲，为了使各指标值之间可以进行比较，展开评价时应先对原始数据进行规范处理，即无量纲化。在处理时要注意区分正指标和负指标。正指标的指标值越大就越有利于提高产业竞争力，这些指标值的规范处理可直接套用公式。负指标则正好相反，指标值越大则越不利于产业竞争力提升，在规范处理时应先把负指标转化为正指标。宁波民营跨国经营企业评价体系中除了居民消费价格指数（CPI）为负指标之外，其余指标都是正指标。无量纲化公式（5）为：

$$X_{ij} = (Z_{ij} - \min_i Z_{ij})/(\max_i Z_{ij} - \min_i Z_{ij})$$

式中，$X_{ij} \in (0,1)$。参考数列 Z_0 经无量纲化处理后为 X_0；比较数列 Z_i 经无量纲化处理后为 X_i。

3. 计算关联系数

将 X_0 作为参考数列，X_1 作为比较数列，计算对 X_i 对 X_0 在第 j 个指标的关联系数 ε_{ij}，得到关联系数矩阵 E。ε_{ij} 值越大，关联度越大，与最佳值指标越接近。计算公式（6）为：

$$\varepsilon_{ij} = (\min_i \min_j |X_{0j} - X_{ij}| + \rho\max_i \max_j |X_{0j} - X_{ij}|)/$$
$$(|X_{0j} - X_{ij}| + \rho\max_i \max_j |X_{0j} - X_{ij}|)$$

式中，ρ 为分辨系数，值越小，分辨力越大，一般取值为（0，1）。当 $\rho \leqslant 0.5463$ 时，分辨力最好，通常取 $\rho = 0.5$。

4. 计算指标变异系数

在利用变异系数法进行指标赋权之前，首先应计算各项指标的变异系数。设用于评价宁波民营跨国经营企业的指标有 n 个，被评价单元（国家或年份）有 m 个，则有第 n 项指标为 x_n（其中，$j=1,2,3,\cdots,n$），取其无量纲化结果值 $X_1,X_2,X_3,\cdots,X_m$（其中，$i=1,2,3,\cdots,m$），计算 x_n 的变异系数 V_n，得到各指

标变异系数向量 V，其反映了各项指标的相对变异程度。计算公式(7)为：

$$V_n = \sigma_x / \sum_{i=1}^{m} \overline{X}_i$$

式中，σ_x 是第 n 项指标的标准差；$\overline{X}_i$ 是第 n 项指标的平均数。

5. 分配指标权重

利用公式(7)得出各项指标的变异系数后，即可对其展开权重的分配，计算出各项指标的权重 w 及其权重向量 W。设第 n 项指标的权重为 W_n，则其计算公式(8)如下：

$$W_n = V_n / \sum_{n-1}^{k} v_n$$

式中，$n = 1, 2, 3, \cdots, k$。

6. 计算各层评价系统的关联度

鉴于各项指标的重要性强弱水平存在差异，因此利用权重乘以关联系数的加权平均合成法合成各评价单元(国家或年份)的最终关联度，计算公式(9)为：

$$R = (r_1, r_2, r_3, \cdots, r_m) = WE^T$$

式中，W 为 n 个评价指标的权重向量；E 为关联系数矩阵；T 为矩阵空间中行向量的维度，由当前评价层指标的个数决定。

计算多层评价系统的最终关联度时，应进行不同层级评价指标关联度的合成。设当前评价层为第 r 层，若要将第 r 层的关联度合成到它所属上一层即第 r-1 层，需对第 r 层的权重进行重新分配，计算公式(10)为：

$$W_n = V_n / \sum_{n=1}^{t} v_n$$

式中，t 为第 r-1 层中指标的个数，进行权重的再次赋值后利用公式(9)即合成第 r-1 层的关联度，此后继续以 r-1 层的关联度作为数据值代入公式(10)，计算 r-2 层各指标权重，并利用公式(9)合成计算出 r-2 层各指标的关联度，依此逐层类推计算，即可拟合出指标体系最高评价层即目标层的最终关联度，即各评价单元(国家或年份)民营跨国经营企业竞争力综合指数。

7. 竞争力综合指数排序

按照各评价单元(国家或年份)的最终关联度即其民营跨国经营企业竞争力综合指数进行高低排名，即可得到其竞争力强弱排序。

二、样本选择与数据采集

选定评价样本即评价对象,并围绕所确定的对象以及各评价指标收集相应数据,是开展竞争力评价的两大关键步骤,应保证两者与评价目标、评价原则的一致性以及其与前文所设计的灰色综合评价模型的适用性。

(一)选定样本

1.具体样本对象

本研究选择样本城市民营跨国经营上市公司作为城市民营跨国公司竞争力代表。其中,浙江省 11 个城市,计划单列市 5 个城市。

2.考察时间

本研究首先选定 2013—2017 年 5 年作为考察时间段。

3.测评范畴

本研究有 3 个测评范畴。范畴一是选择宁波、深圳、厦门、青岛、大连等 5个计划单列市,作为第一个测评组,进行横向比较。范畴二是选择宁波、杭州、温州、绍兴、金华、衢州、舟山、台州、嘉兴、丽水和湖州等浙江省辖区 11 个城市,作为第二个测评组,进行横向比较。范畴三是选择宁波近 5 年的企业发展情况数据进行历史纵向比较。

首先,之所以选取计划单列市作为评价对象,主要是因为 5 个城市有一个共同特点,均是沿海城市,都是在改革开放的政策红利下,依靠沿海天然优势对外开放,加速自身经济发展。其中,大连、青岛和宁波是国务院 1984 年批准的第一批沿海开放城市。上述城市在经济、政治、文化等各方面比一般城市具有相当优势,对其展开探讨具有很强的现实指导价值。

第二,选择宁波、杭州、温州、绍兴、金华、衢州、舟山、台州、嘉兴、丽水和湖州等浙江省辖区 11 个城市作为测评组,是因为以上测评城市均属浙江省,在同一辖区范围内,政治、经济、文化教育等区域政策相似,且企业经济条件趋同,但各城市的集聚产业特点及企业思想观念、价值体系等方面各具特色,具有代表性。另外,宁波与其他城市之间存在较为频繁的合作与交流,在同一评价系统中对比宁波与其他城市的民营企业竞争力水平以及其中的差距,有利于使宁波民营企业认识到发展中的自身优势与劣势,更好地扬长避短,有的放矢地实现竞争力的培育与增强。

（二）采集指标数据

民营跨国经营企业竞争力评价指标体系包括规模实力、盈利能力、国际化水平、发展速度、创新能力、风险控制能力、经营管理能力、经济政治环境和人文教育环境等评价领域。如前所述，民营企业竞争力评价指标体系中主要包括定量指标与定性指标两大类。它们两者因性质的不同而在数据搜集渠道和方式上存在差异，分别借助文献调研与问卷调查两种不同形式获取相应指标数据。

1. 研究样本公司选择

基于本研究的研究目标，同时考虑到系统性和一致性，研究数据选择的上市公司应符合以下几点：

（1）选择企业的性质为民营企业，剔除国有及集体资金来源性质的企业。例如，宁波上市公司中，选择雅戈尔、海伦钢琴等民营企业，剔除宁波港、宁波银行等非民营企业的公司样本。

（2）选择的企业应具有显著的贸易出口或对外投资。例如，宁波上市公司中选择申洲国际、均胜电子等，剔除康强电子等主营业务以国内销售为主的公司样本。

（3）选择近5年年报数据完整的公司，剔除上市时间不足5年的公司样本。例如，宁波上市公司中剔除宁波高发等样本。

（4）剔除近5年出现借壳、卖壳等股权变动的企业。例如，宁波上市公司中剔除新海电气等样本。

2. 定量指标的数据来源

民营企业竞争力评价指标体系包括总资产、主营业务收入、固定资产、主营业务利润率、资产净利率、国际市场占有率、人均国民收入等定量指标。基于统计口径一致性以及数据权威性、可信性的考虑，各城市民营企业的上述定量指标数据以及用于计算相应指标指数的原始数据均主要来源于各城市民营企业上市公司年报数据。各城市民营企业竞争力各项定量指标数据计算如下：

（1）选取符合上述条件的上市公司样本，根据2013—2017年，各公司年报数据，搜集整理各公司原始数据。

（2）个别年份某公司的缺失指标数据以前后年份指标变动情况，给出推测值作为代用数据。

（3）以各公司的总资产占比为权重，计算各城市民营企业竞争力评价中各项定量指标的加权平均值。

（4）潜在竞争力相关定量指标，根据各测评城市统计公报数据，计算整理。

3. 定性指标的数据来源

民营跨国经营企业竞争力评价指标体系包括规模实力、盈利能力、国际化水平、发展速度、创新能力、风险控制能力、经营管理能力、经济政治环境和人文教育环境等评价领域。企业知识吸收与创新能力、出版市场开放程度、产业聚集程度、政府知识产权保护度等项为定性指标。各项定性指标数据均来源于问卷调查,即邀请专家针对各指标在宁波、深圳、厦门、青岛、大连、杭州、温州、绍兴、金华、衢州、舟山、台州、嘉兴、丽水和湖州等 15 个测评城市的现实状况进行主观判断与评分。其中,问卷问项中各指标在不同国家的高低程度采用李克特五点尺度,即采取 5 分制打分,1 表示"很不高",2 表示"不高",3 表示"一般",4 表示"高",5 表示"很高",由专家按照自己的判断分别赋予分值。在选择调查对象时,尽可能保障调查的覆盖面和有效性,兼顾专家的背景、专业、行业、职务等多方面因素,分别对企业主管部门、跨国经营企业、高等院校等不同领域的专家展开问卷调查。同时,为增强专家群体决策的科学性,本研究在地域选择方面不仅局限于浙江省,而是通过制作不同版本的在线调查问卷,并借助在线调查平台邀请了其他省份专家对各指标在不同国家的得分情况进行判断。共发放问卷 110 份,回收到问卷 60 份,回答完整有效问卷 37份。具体问卷形式与结构见附录。

需要说明的是,定性指标是竞争力提升演变的动态增量因素与影响竞争结果的过程指标,所反映的是其在某一时期内的总体状况,多与该因素的本质有关,于较短的年内发生的明显或不明显性质变化难以逐年准确量化。此外,通过问卷调查所收集到的专家评分数据反映的也仅为其对相应指标近期来的总体定性判断。所以本研究在此忽略评价指标体系中项定性指标一年的显著或非显著历时性变化,将定性指标的调研数据导入每一年的竞争力测评模型。

综上,定量和定性指标数据具体来源及说明详见表 5-1。

表 5-1 民营跨国公司竞争力评价指标数据来源说明

一级	二级	序号	评价指标	指标数据来源说明
基础竞争力	规模实力	1	总资产	各测评城市样本上市公司年报总资产数据加权平均计算
		2	主营业务收入	各测评城市样本上市公司年报主营业务收入数据加权平均计算
		3	固定资产	各测评城市样本上市公司年报固定资产数据加权平均计算
	盈利能力	4	主营业务利润率	各测评城市样本上市公司年报主营业务利润率数据加权平均计算
		5	资产净利率	各测评城市样本上市公司年报资产净利率数据加权平均计算
		6	净资产收益率	各测评城市样本上市公司年报净资产收益率数据加权平均计算
	国际化能力	7	国际市场占有率	根据各测评城市统计公报,计算城市民营企业出口占总出口的比例
		8	境外机构数	根据各测评城市统计公报,计算测评城市境外机构数
		9	国际化销售密度	根据各测评城市统计公报,计算城市贸易投资国占全球总国家数的比例
	发展能力	10	销售收入增长率	各测评城市样本上市公司历年年报总资产数据加权平均计算
		11	销售利润增长率	各测评城市样本上市公司历年年报总资产数据加权平均计算
核心竞争力	创新能力	12	研发投入强度	各测评城市样本上市公司年报研发费用占营业收入比例加权平均计算
		13	模式创新水平	调查问卷中专家打分结果计算(定性)
		14	组织创新程度	调查问卷中专家打分结果计算(定性)
	风险控制能力	15	主营业务集中度	各测评城市样本上市公司历年年报主营业务占比数据加权平均计算
		16	资产负债率	各测评城市样本上市公司历年年报资产负债率数据加权平均计算
		17	股权集中度	各测评城市样本上市公司历年年报股权集中度数据加权平均计算
	经营管理能力	18	文化品牌知名度	调查问卷中专家打分结果计算(定性)
		19	经营管理水平	调查问卷中专家打分结果计算(定性)
		20	网络强度	调查问卷中专家打分结果计算(定性)
		21	技术吸收能力	调查问卷中专家打分结果计算(定性)
潜在竞争力	经济政治	22	人均国民收入	根据各测评城市统计公报,计算测评城市人均国民收入
		23	外贸依存度	根据各测评城市统计公报,计算测评城市外贸依存度
		24	政府效率与信誉	调查问卷中专家打分结果计算(定性)
	文化创新	25	教育支出占比	根据各测评城市统计公报,计算测评城市教育支出占比
		26	产权保护程度	调查问卷中专家打分结果计算(定性)

第三节 宁波民营跨国公司竞争力横向测度与评价

为了系统、全面地了解宁波民营跨国公司竞争力的强弱,对它的评估分别从两大方向展开:一方面进行横向测评,即与同类计划单列市比较,以及和浙江省其他城市比较,测评宁波民营跨国公司竞争力强弱;另一方面对宁波民营跨国公司竞争力进行纵向测评,测评宁波民营跨国公司竞争力的变动趋势。

一、各城市数据导入与测度

因 2013—2017 年,历年各城市民营跨国公司竞争力综合指数的测算方法相同,在此仅重点介绍 2017 年竞争力综合指数的完整测度过程。

第一,整理各测评城市历年评价指标数据情况。详见表 5-2。

第二,单独列出表 5-2 中所有城市 2017 年各指标值的最佳值即最大值,可得一组最大值数列,作为参考数列,利用公式(5)对所有指标值进行无量纲化处理,可得如表 5-3 所示的各指标值的无量纲化结果值。

第三,以表 5-3 中最大值的无量纲化结果值数列为参考数列,以各城市指标值的无量纲化结果值数列为比较数列,利用公式(6)即可计算出两者在各项指标上的关联系数,具体情况如表 5-4 所示。

第四,分别利用公式(7)、公式(8)计算各指标的变异系数和权重,利用公式(8)—(10)分别对要素层、系统层的关联度进行逐级合成计算以及权重的进一步分配,直至计算出目标层的最终关联度,即各测度城市民营跨国公司竞争力综合指数。

采用变异系数法对各指标进行赋权,计算得到要素层各要素中的指标权重分别为:

$$W_{规模实力}=(0.260,0.439,0.301),W_{盈利能力}=(0.447,0.267,0.286)$$

$$W_{国际化能力}=(0.093,0.624,0.283),W_{发展能力}=(0.254,0.746)$$

$$W_{创新能力}=(0.262,0.397,0.341),W_{风险控制能力}=(0.432,0.330,0.238)$$

$$W_{经营管理能力}=(0.220,0.205,0.260,0.315),W_{经济政治实力}=(0.206,0.446,0.348)$$

$$W_{文化教育实力}=(0.366,0.634)$$

通过计算得到 2017 年要素层关联系数,具体情况详见表 5-5。

系统层中的各要素权重为:

$W_{基础竞争力} = (0.231, 0.129, 0.320, 0.320)$,$W_{核心竞争力} = (0.349, 0.158, 0.493)$,$W_{潜在竞争力} = (0.558, 0.442)$

利用要素层关联系数与权重,进一步计算系统层系数,具体情况如表 5-6 所示。

依目标层细分的三大系统的权重为:$W_{民营企业竞争力} = (0.523, 0.332, 0.145)$

利用系统层关联系数与权重则可最终拟合出最高评价层——目标层的关联度(详见表 5-7)。2017 年各城市民营跨国公司竞争力综合指数及排名见图 5-1。

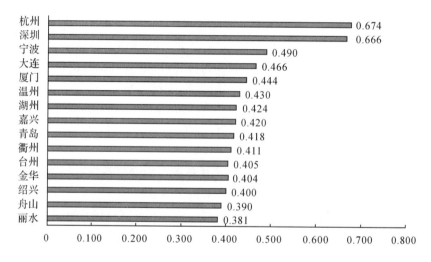

图 5-1　2017 年各城市民营跨国公司竞争力综合指数及排名

表5-2 2013—2017年各城市民营跨国公司竞争力指标值汇总

评价指标	年份	宁波	深圳	厦门	青岛	大连	杭州	温州	绍兴	金华	衢州	舟山	台州	嘉兴	丽水	湖州
总资产（单位:亿元）	2013	2.966	2.723	1.880	3.026	2.701	3.019	3.132	3.534	2.872	1.724	3.647	2.208	4.921	3.085	2.199
	2014	3.166	3.093	2.435	3.349	3.317	3.406	3.387	4.142	2.906	2.474	3.647	2.622	6.239	3.192	2.907
	2015	4.067	4.027	3.076	5.713	7.699	4.734	5.959	5.545	3.979	3.547	3.647	3.900	7.452	3.665	3.912
	2016	5.017	5.662	3.775	6.902	9.624	5.900	6.650	6.665	6.307	3.797	3.647	4.891	7.782	3.664	5.012
	2017	5.630	6.686	3.956	7.811	12.691	6.696	6.946	7.321	7.425	3.889	3.647	6.260	8.456	4.593	5.910
主营业务收入（单位:亿元）	2013	21.290	18.184	11.905	19.908	7.880	18.987	19.981	24.792	9.077	11.043	12.627	11.893	26.243	7.335	18.832
	2014	22.645	21.515	13.144	21.784	7.730	21.069	21.602	25.189	9.666	11.560	11.760	13.618	30.451	7.776	19.558
	2015	23.881	26.178	14.904	21.619	75.296	22.101	23.044	26.103	11.907	11.648	11.148	15.492	29.660	8.435	19.236
	2016	29.049	36.927	19.335	24.984	129.578	28.195	28.484	27.843	14.623	12.802	10.299	19.822	35.597	9.960	21.608
	2017	36.808	46.370	26.070	29.290	152.070	35.206	35.319	35.078	16.184	16.985	12.327	25.425	46.520	11.732	30.737
固定资产（单位:亿元）	2013	4.502	3.884	2.358	5.169	4.197	4.261	4.331	6.062	3.892	4.786	4.106	4.174	9.069	4.851	3.396
	2014	4.890	4.464	2.881	6.777	5.033	4.597	4.625	7.345	4.388	4.973	3.804	4.823	12.197	4.825	3.455
	2015	5.359	5.344	3.582	7.286	10.217	5.544	5.724	8.740	5.042	5.240	3.436	5.766	13.007	4.900	3.504
	2016	7.227	7.030	3.851	8.736	19.594	6.820	11.823	9.397	5.622	5.079	3.165	6.405	14.287	4.848	4.133
	2017	8.561	8.599	4.336	9.412	20.761	7.346	13.535	10.481	5.872	6.896	3.845	7.811	15.745	5.210	5.505
销售净利率（单位:%）	2013	9.520	66.578	11.961	11.673	11.817	13.348	10.759	8.118	11.723	12.585	1.150	8.882	9.712	0.902	8.496
	2014	8.099	7.178	8.547	11.652	13.045	12.213	11.886	8.249	9.737	11.851	2.315	9.763	10.037	3.495	9.486
	2015	9.710	10.880	10.313	11.353	10.330	12.594	9.677	8.547	6.073	11.005	2.839	9.754	12.671	5.148	10.670
	2016	10.057	11.899	12.377	9.411	9.529	13.107	8.984	10.257	12.572	10.163	2.934	12.030	15.418	6.617	11.275
	2017	6.212	8.865	8.607	24.454	1.731	12.989	9.980	9.376	14.469	10.273	2.107	10.006	1.761	7.040	11.193

续表

评价指标	年份	宁波	深圳	厦门	青岛	大连	杭州	温州	绍兴	金华	衢州	舟山	台州	嘉兴	丽水	湖州
总资产报酬率（单位:%）	2013	9.709	16.225	11.727	11.571	6.147	13.032	9.558	9.134	8.239	15.327	2.447	10.293	9.643	1.978	11.308
	2014	8.969	10.132	10.725	12.229	6.592	12.977	10.338	8.876	8.216	12.606	3.029	10.554	9.839	2.969	12.746
	2015	8.769	9.587	11.977	10.921	4.716	11.354	9.240	8.508	5.723	13.540	3.249	10.372	9.997	2.864	12.373
	2016	9.779	9.034	11.291	9.307	8.099	10.567	7.582	8.382	6.831	11.555	2.819	11.025	11.198	3.540	12.579
	2017	6.499	7.059	8.967	8.625	6.713	8.251	7.507	7.313	7.277	10.257	2.737	8.661	7.380	4.145	11.608
净资产收益率（单位:%）	2013	14.561	16.205	8.460	15.750	8.272	18.436	12.732	13.300	10.983	23.046	0.971	15.433	12.151	1.244	17.450
	2014	13.550	13.986	9.176	16.000	6.865	18.005	13.346	12.397	10.395	19.167	2.182	14.208	11.850	2.496	19.330
	2015	12.239	13.533	17.639	14.228	2.252	14.727	11.134	11.726	4.785	19.933	2.538	13.306	13.262	2.780	19.336
	2016	14.582	12.561	13.844	11.336	11.289	13.875	8.503	10.684	9.581	17.264	2.470	13.772	15.241	2.964	18.403
	2017	8.857	9.378	6.793	10.492	7.361	10.794	8.602	8.778	9.217	14.100	2.157	10.057	8.468	4.029	15.309
国际市场占有率（单位:%）	2013	62.900	43.600	38.570	29.100	12.100	59.500	66.500	61.400	70.360	61.200	50.100	63.200	61.200	49.100	60.000
	2014	63.100	41.060	39.210	29.400	13.000	59.800	63.600	63.100	75.000	62.300	51.000	65.200	62.200	49.600	61.100
	2015	65.900	41.220	41.100	30.100	15.000	59.200	65.800	62.500	71.230	63.200	51.500	65.600	59.200	51.200	60.300
	2016	67.700	45.780	39.130	31.100	15.600	59.600	68.100	62.100	74.210	64.500	53.500	67.700	60.100	53.000	61.200
	2017	69.000	48.990	36.330	0.000	16.200	67.260	67.260	63.200	75.360	65.100	55.600	68.200	61.100	56.000	61.200
境外机构数（单位:个）	2013	206	198	58	51	98	967	55	21	82	23	16	25	23	11	56
	2014	208	201	62	52	99	1095	59	25	89	22	18	26	21	12	59
	2015	226	206	62	56	108	1341	62	23	93	20	19	28	23	15	61
	2016	220	216	65	61	140	1586	65	26	95	22	20	29	25	16	65
	2017	223	225	70	68	68	1781	68	29	101	25	21	31	26	18	69

评价指标	年份	宁波	深圳	厦门	青岛	大连	杭州	温州	绍兴	金华	衢州	舟山	台州	嘉兴	丽水	湖州
国际化销售密度（单位：%）	2013	84.483	89.655	23.707	18.103	25.000	43.966	22.414	6.897	32.759	9.052	5.603	9.052	9.052	4.310	22.845
	2014	87.069	93.103	25.000	19.397	29.310	46.121	21.552	6.897	34.052	8.621	6.897	10.776	8.621	4.310	23.707
	2015	90.517	93.966	25.000	19.397	40.948	48.276	23.707	6.897	37.931	8.190	7.328	10.776	8.621	4.741	24.569
	2016	92.672	95.259	25.862	28.017	20.690	50.431	25.431	7.328	38.793	7.759	7.759	12.069	9.052	5.172	26.293
	2017	96.121	96.983	25.862	29.310	21.552	51.724	27.155	7.759	40.948	9.914	8.190	12.069	8.621	6.466	27.155
销售收入增长率（单位：%）	2013	13.453	23.342	16.287	18.573	7.410	20.260	6.790	16.326	22.073	27.091	16.071	15.573	6.582	7.924	15.152
	2014	10.625	19.434	13.914	23.974	2.175	20.521	14.859	14.455	11.830	4.467	−6.870	21.653	13.533	11.480	9.446
	2015	11.730	23.246	16.010	6.206	35.105	42.801	8.371	6.299	11.205	10.582	−5.206	12.087	11.068	11.653	4.928
	2016	18.718	80.160	37.645	21.603	10.464	25.890	11.846	19.660	25.735	7.947	−7.612	14.189	28.894	18.849	13.227
	2017	62.131	27.656	29.689	15.190	18.077	30.371	75.430	24.316	18.700	29.715	19.693	27.957	29.985	17.358	36.838
销售利润增长率（单位：%）	2013	61.247	205.978	28.993	1.750	62.106	38.095	69.732	15.178	−17.828	30.963	502.928	−98.346	14.860	0.000	46.289
	2014	−26.052	−9.379	−13.656	47.673	−51.375	26.047	199.427	47.191	2.442	−3.330	58.146	9.515	387.684	216.324	69.350
	2015	56.197	50.865	−21.189	11.914	−66.248	20.828	−77.304	4.326	80.875	18.066	9.925	−30.309	−129.316	573.777	30.447
	2016	85.513	145.777	31.601	75.955	35.154	11.186	550.332	74.626	65.717	1.258	−29.026	38.477	193.339	34.980	89.094
	2017	55.712	32.068	52.539	38.660	39.685	3276.986	43.006	75.038	70.980	41.724	12.320	−4.227	58.763	88.886	45.791
研发投入强度（单位：%）	2013	3.308	6.875	5.903	3.948	2.847	6.787	3.295	3.404	3.946	2.320	1.957	3.765	3.432	4.420	3.060
	2014	3.690	6.864	5.709	4.036	4.057	6.170	3.163	3.363	3.833	3.208	2.030	4.037	3.294	4.645	3.216
	2015	3.685	6.632	6.118	4.296	4.126	6.151	3.394	3.402	4.186	2.730	2.250	4.068	3.270	5.345	3.016
	2016	3.561	6.374	6.009	4.710	4.262	6.501	3.124	3.469	3.851	2.918	2.480	4.382	3.575	6.045	3.971
	2017	3.725	6.493	5.845	4.646	3.606	6.781	3.026	3.596	3.787	2.905	2.480	4.081	3.381	5.775	3.584
模式创新水平	2013—2017	3.522	4.212	3.321	3.281	3.128	3.986	3.312	3.325	3.213	3.212	3.215	3.325	3.321	3.125	3.356

续表

评价指标	年份	宁波	深圳	厦门	青岛	大连	杭州	温州	绍兴	金华	衢州	舟山	台州	嘉兴	丽水	湖州
组织创新程度	2013—2017	3.612	4.300	3.412	3.276	3.135	3.865	3.213	3.245	3.112	3.125	3.112	3.345	3.253	3.016	3.321
主营业务占比（单位：%）	2013	86.407	270.766	88.616	83.041	46.149	85.548	86.169	67.782	74.217	92.188	84.244	89.109	54.861	-1.549	89.307
	2014	63.852	79.420	84.002	93.134	90.226	86.530	93.544	53.258	92.859	90.927	94.947	86.931	73.244	63.123	94.539
	2015	74.350	99.628	90.314	88.668	69.032	75.978	90.722	109.635	86.503	96.610	95.605	98.623	25.847	83.774	91.296
	2016	86.516	73.495	84.839	95.575	110.995	80.250	82.376	94.807	75.923	92.792	72.012	92.861	88.631	82.167	90.404
	2017	96.261	92.988	96.977	98.520	99.567	94.183	98.972	96.957	96.093	99.473	104.033	99.183	97.374	101.033	95.828
资产负债率（单位：%）	2013	47.768	40.507	40.080	42.528	42.419	41.394	37.822	44.656	39.869	43.580	34.891	43.540	39.113	29.654	44.590
	2014	47.600	41.947	43.096	41.523	38.169	40.788	35.007	45.585	39.428	42.739	33.833	40.510	37.975	28.666	42.583
	2015	45.348	41.180	41.609	40.167	42.484	39.986	32.948	42.232	36.579	40.894	27.964	36.571	36.765	20.958	35.149
	2016	44.050	39.705	39.354	36.256	39.134	37.640	33.861	36.441	33.806	42.877	28.316	32.656	34.156	23.311	35.560
	2017	40.820	40.996	39.636	35.699	38.055	36.741	33.613	34.830	31.675	40.608	32.488	33.803	33.816	25.910	33.106
股权集中度（单位：%）	2013	60.165	59.692	61.583	59.923	55.996	62.621	67.888	61.572	66.828	72.750	49.750	59.345	58.823	48.405	54.530
	2014	59.237	57.036	60.251	58.218	57.041	60.848	66.431	59.257	66.005	72.620	50.090	60.272	59.296	42.055	53.634
	2015	59.673	57.160	60.323	56.634	58.425	62.443	67.196	59.379	67.942	68.760	49.600	59.599	60.594	43.500	61.007
	2016	62.578	58.861	58.605	61.124	59.864	61.541	64.515	59.263	64.011	66.670	53.130	61.118	59.603	38.670	58.822
	2017	64.509	60.842	61.738	63.050	60.126	62.949	62.781	61.751	65.063	74.093	55.420	63.296	62.673	35.465	64.391
品牌知名度	2013—2017	3.623	4.245	3.302	3.365	3.512	4.019	3.211	3.120	3.445	3.012	3.225	3.216	3.325	3.015	3.268
经营管理水平	2013—2017	3.546	4.343	3.532	3.234	3.214	3.879	3.214	3.241	3.321	3.125	3.235	3.356	3.365	3.002	3.356

评价指标	年份	宁波	深圳	厦门	青岛	大连	杭州	温州	绍兴	金华	衢州	舟山	台州	嘉兴	丽水	湖州
网络强度	2013—2017	3.842	4.686	3.521	3.345	3.258	3.891	3.365	3.253	3.345	3.105	3.245	3.435	3.521	3.126	3.286
技术吸收能力	2013—2017	3.665	4.563	3.253	3.123	3.472	3.912	3.321	3.245	3.231	3.125	3.125	3.351	3.268	3.100	3.267
人均国民收入（单位：元）	2013	41729	44653	41360	35227	30238	39310	37852	40454	36423	28883	37646	37038	39087	29045	36220
	2014	38074	40948	38503	38294	33591	39237	40510	35335	31599	30583	35330	30950	42143	22426	38959
	2015	41373	44633	39703	32885	35889	42316	36459	38389	34378	24460	38254	33788	45499	24402	42238
	2016	44641	48695	43143	35680	38050	46116	39601	41506	37159	26745	41564	36915	48926	26757	45794
	2017	48233	1831	4663	47176	40587	49832	43185	45306	42046	53561	45195	40439	48074	29329	49934
外贸依存度（单位：%）	2013	181.317	226.058	169.962	119.408	54.873	47.574	31.388	51.309	70.653	21.800	83.042	42.322	61.555	16.065	32.239
	2014	175.405	185.937	153.733	56.066	52.829	45.080	29.462	49.597	78.927	24.204	73.648	39.758	61.375	16.878	31.155
	2015	24.170	157.211	146.588	46.895	44.964	41.104	4.216	6.695	14.402	3.850	66.332	5.949	8.838	3.052	4.923
	2016	136.591	134.959	134.546	43.458	49.874	40.595	23.641	38.659	89.317	22.633	56.663	34.111	54.997	18.785	30.311
	2017	77.182	124.837	133.666	45.605	56.114	40.499	24.336	39.096	49.459	26.561	64.236	35.957	56.707	17.165	31.420
政府效率与信誉	2013—2017	3.800	4.500	3.700	3.600	3.100	4.200	3.610	3.710	3.740	3.210	3.130	3.570	3.850	3.250	3.610
教育支出占比（单位：%）	2013	13.184	11.656	27.268	12.667	14.162	10.256	10.938	7.867	10.891	6.152	20.393	16.015	7.205	19.874	7.842
	2014	13.165	13.537	27.554	12.364	12.925	10.446	11.355	8.121	11.004	6.512	18.420	15.203	7.612	20.676	8.461
	2015	15.635	20.111	28.880	13.149	11.779	11.991	9.473	9.434	13.632	8.201	21.886	15.036	9.384	25.338	9.960
	2016	15.095	21.434	26.954	13.513	12.779	9.813	8.719	9.683	14.922	8.190	20.394	14.651	9.410	28.467	9.656
	2017	14.325	20.477	23.741	2.299	12.491	12.272	8.582	9.201	1.066	8.696	21.986	13.627	10.190	23.060	10.985
产权保护程度	2013—2017	3.720	4.210	3.550	3.250	3.320	4.190	3.120	3.350	3.210	3.350	3.220	3.120	3.670	3.210	3.460

表 5-3　2017 年各城市民营跨国公司竞争力指标值无量纲化结果

评价指标	宁波	深圳	厦门	青岛	大连	杭州	温州	绍兴	金华	衢州	舟山	台州	嘉兴	丽水	湖州	MAX
总资产	0.219	0.336	0.034	0.460	1.000	0.337	0.365	0.406	0.418	0.027	0.000	0.289	0.532	0.105	0.250	1
主营业务收入	0.179	0.247	0.102	0.125	1.000	0.167	0.168	0.166	0.032	0.037	0.004	0.098	0.248	0.000	0.135	1
固定资产	0.279	0.281	0.029	0.329	1.000	0.207	0.573	0.392	0.120	0.180	0.000	0.234	0.703	0.081	0.098	1
主营业务利润率	0.197	0.314	0.303	1.000	0.000	0.495	0.363	0.336	0.561	0.376	0.017	0.364	0.001	0.234	0.416	1
资产净利率	0.424	0.487	0.702	0.664	0.448	0.622	0.538	0.516	0.512	0.848	0.000	0.668	0.523	0.159	1.000	1
净资产收益率	0.509	0.549	0.352	0.634	0.396	0.657	0.490	0.503	0.537	0.908	0.000	0.601	0.480	0.142	1.000	1
国际市场占有率	0.916	0.650	0.482	0.000	0.215	0.893	0.893	0.839	1.000	0.864	0.738	0.905	0.811	0.743	0.812	1
境外机构数	0.116	0.117	0.029	0.028	0.028	1.000	0.028	0.006	0.047	0.004	0.002	0.007	0.005	0.000	0.029	1
国际化销售密度	0.990	1.000	0.214	0.252	0.167	0.500	0.229	0.014	0.381	0.038	0.019	0.062	0.024	0.000	0.229	1
销售收入增长率	0.779	0.207	0.241	0.000	0.048	0.252	1.000	0.151	0.058	0.241	0.075	0.212	0.246	0.036	0.359	1
销售利润增长率	0.018	0.011	0.017	0.013	0.013	1.000	0.014	0.024	0.023	0.014	0.005	0.000	0.019	0.028	0.015	1
研发投入强度	0.290	0.933	0.782	0.504	0.262	1.000	0.127	0.259	0.304	0.099	0.083	0.372	0.210	0.766	0.257	1
模式创新水平	0.365	1.000	0.180	0.144	0.003	0.792	0.172	0.184	0.081	0.080	0.083	0.184	0.180	0.000	0.213	1
组织创新程度	0.464	1.000	0.308	0.202	0.093	0.661	0.153	0.178	0.075	0.085	0.075	0.256	0.185	0.000	0.238	1
主营业务集中度	0.296	0.000	0.361	0.501	0.596	0.108	0.542	0.359	0.281	0.587	1.000	0.561	0.397	0.728	0.257	1
资产负债率	0.988	1.000	0.910	0.649	0.805	0.718	0.511	0.591	0.382	0.974	0.436	0.523	0.524	0.000	0.477	1
股权集中度	0.752	0.657	0.680	0.714	0.638	0.712	0.707	0.680	0.766	1.000	0.517	0.720	0.704	0.000	0.749	1
文化品牌知名度	0.496	1.000	0.235	0.286	0.406	0.817	0.161	0.088	0.351	0.000	0.173	0.165	0.254	0.002	0.208	1
经营管理水平	0.406	1.000	0.395	0.173	0.158	0.654	0.158	0.178	0.238	0.092	0.174	0.264	0.271	0.000	0.264	1
网络强度	0.466	1.000	0.263	0.152	0.097	0.497	0.164	0.094	0.152	0.000	0.089	0.209	0.263	0.013	0.114	1
技术吸收能力	0.386	1.000	0.105	0.016	0.254	0.555	0.151	0.099	0.090	0.017	0.017	0.172	0.115	0.000	0.114	1
人均国民收入	0.897	0.000	0.055	0.877	0.749	0.928	0.799	0.840	0.777	1.000	0.838	0.746	0.894	0.532	0.930	1
外贸依存度	0.515	0.924	1.000	0.244	0.334	0.200	0.062	0.188	0.277	0.081	0.404	0.161	0.339	0.000	0.122	1
政府效率与信誉	0.500	1.000	0.429	0.357	0.000	0.786	0.364	0.436	0.457	0.079	0.021	0.336	0.536	0.107	0.364	1
教育支出占比	0.585	0.856	1.000	0.054	0.504	0.494	0.331	0.359	0.000	0.336	0.923	0.554	0.402	0.970	0.437	1
产权保护程度	0.550	1.000	0.394	0.119	0.183	0.982	0.000	0.211	0.083	0.211	0.092	0.000	0.505	0.083	0.312	1

表5-4 2017年各城市民营跨国公司竞争力指标层关联系数

评价指标	宁波	深圳	厦门	青岛	大连	杭州	温州	绍兴	金华	衢州	舟山	台州	嘉兴	丽水	湖州
总资产	0.390	0.430	0.341	0.481	1.000	0.430	0.440	0.457	0.462	0.339	0.333	0.413	0.516	0.358	0.400
主营业务收入	0.378	0.399	0.358	0.364	1.000	0.375	0.375	0.375	0.341	0.342	0.334	0.357	0.399	0.333	0.366
固定资产	0.409	0.410	0.340	0.427	1.000	0.387	0.539	0.451	0.362	0.379	0.333	0.395	0.628	0.352	0.357
主营业务利润率	0.384	0.422	0.418	1.000	0.333	0.498	0.440	0.430	0.532	0.445	0.337	0.440	0.334	0.395	0.461
资产净利率	0.465	0.494	0.627	0.598	0.475	0.569	0.520	0.508	0.506	0.767	0.333	0.601	0.512	0.373	1.000
净资产收益率	0.505	0.526	0.436	0.577	0.453	0.593	0.495	0.502	0.519	0.845	0.333	0.556	0.490	0.368	1.000
国际市场占有率	0.856	0.588	0.491	0.333	0.389	0.823	0.823	0.756	1.000	0.786	0.656	0.840	0.725	0.661	0.727
境外机构数	0.361	0.362	0.340	0.340	0.340	1.000	0.340	0.335	0.344	0.334	0.334	0.335	0.334	0.333	0.340
国际化销售密度	0.981	1.000	0.389	0.401	0.375	0.500	0.393	0.337	0.447	0.342	0.338	0.348	0.339	0.333	0.393
销售收入增长率	0.694	0.387	0.397	0.333	0.344	0.401	1.000	0.371	0.347	0.397	0.351	0.388	0.399	0.342	0.438
销售利润增长率	0.337	0.336	0.337	0.336	0.336	1.000	0.337	0.339	0.339	0.336	0.334	0.333	0.338	0.340	0.337
研发投入强度	0.413	0.882	0.697	0.502	0.404	1.000	0.364	0.403	0.418	0.357	0.333	0.443	0.387	0.681	0.402
模式创新水平	0.441	1.000	0.379	0.369	0.334	0.706	0.377	0.380	0.352	0.352	0.353	0.380	0.379	0.333	0.388
组织创新程度	0.483	1.000	0.420	0.385	0.355	0.596	0.371	0.378	0.351	0.353	0.351	0.402	0.380	0.333	0.396
主营业务集中度	0.415	0.333	0.439	0.500	0.553	0.359	0.522	0.438	0.410	0.548	1.000	0.532	0.453	0.648	0.402
资产负债率	0.977	1.000	0.847	0.587	0.719	0.639	0.505	0.550	0.447	0.951	0.470	0.512	0.512	0.333	0.489
股权集中度	0.668	0.593	0.610	0.636	0.580	0.634	0.631	0.610	0.681	1.000	0.508	0.641	0.628	0.333	0.666
文化品牌知名度	0.498	1.000	0.395	0.412	0.457	0.732	0.374	0.354	0.435	0.333	0.377	0.375	0.401	0.334	0.387
经营管理水平	0.457	1.000	0.453	0.377	0.373	0.591	0.373	0.378	0.396	0.355	0.377	0.405	0.407	0.333	0.405
网络强度	0.484	1.000	0.404	0.371	0.356	0.499	0.374	0.356	0.371	0.333	0.354	0.387	0.404	0.336	0.361
技术吸收能力	0.449	1.000	0.358	0.337	0.401	0.529	0.371	0.357	0.354	0.337	0.337	0.376	0.361	0.333	0.361
人均国民收入	0.829	0.333	0.346	0.802	0.666	0.874	0.714	0.758	0.692	1.000	0.756	0.663	0.825	0.516	0.877
外贸依存度	0.508	0.868	1.000	0.398	0.429	0.385	0.348	0.381	0.409	0.352	0.456	0.373	0.431	0.333	0.363
政府效率与信誉	0.500	1.000	0.467	0.438	0.333	0.700	0.440	0.470	0.479	0.352	0.338	0.429	0.519	0.359	0.440
教育支出占比	0.546	0.776	1.000	0.346	0.502	0.497	0.428	0.438	0.333	0.430	0.866	0.529	0.456	0.943	0.471
产权保护程度	0.527	1.000	0.452	0.362	0.380	0.965	0.333	0.388	0.353	0.388	0.355	0.333	0.502	0.353	0.421

表 5-5　2017 年各城市民营跨国公司竞争力要素层关联系数

要素层	宁波	深圳	厦门	青岛	大连	杭州	温州	绍兴	金华	衢州	舟山	台州	嘉兴	丽水	湖州
规模实力	0.391	0.410	0.348	0.413	1.000	0.393	0.442	0.419	0.379	0.352	0.334	0.383	0.499	0.346	0.372
盈利能力	0.440	0.471	0.479	0.772	0.405	0.544	0.477	0.471	0.521	0.645	0.335	0.516	0.426	0.381	0.759
国际化能力	0.583	0.564	0.368	0.356	0.354	0.842	0.400	0.374	0.434	0.378	0.365	0.386	0.372	0.364	0.391
发展能力	0.428	0.349	0.352	0.336	0.338	0.848	0.505	0.347	0.341	0.352	0.339	0.347	0.353	0.340	0.363
创薪能力	0.448	0.969	0.476	0.409	0.360	0.746	0.372	0.385	0.369	0.354	0.347	0.404	0.382	0.424	0.395
风险控制能力	0.661	0.615	0.614	0.562	0.614	0.517	0.542	0.516	0.487	0.789	0.708	0.552	0.515	0.469	0.494
经营管理能力	0.470	1.000	0.398	0.370	0.396	0.579	0.373	0.360	0.385	0.339	0.358	0.385	0.390	0.334	0.376
经济政治	0.571	0.804	0.679	0.495	0.444	0.595	0.455	0.490	0.492	0.486	0.477	0.453	0.543	0.380	0.496
教育创新	0.534	0.918	0.653	0.356	0.425	0.793	0.368	0.406	0.346	0.403	0.542	0.405	0.485	0.569	0.439

表 5-6　2017 年各城市民营跨国公司竞争力系统层关联系数

一级	宁波	深圳	厦门	青岛	大连	杭州	温州	绍兴	金华	衢州	舟山	台州	嘉兴	丽水	湖州
基础竞争力	0.471	0.447	0.373	0.416	0.505	0.702	0.453	0.388	0.403	0.398	0.345	0.390	0.402	0.354	0.425
核心竞争力	0.493	0.928	0.459	0.414	0.418	0.627	0.399	0.394	0.396	0.415	0.410	0.418	0.407	0.387	0.401
潜在竞争力	0.555	0.854	0.668	0.434	0.436	0.683	0.417	0.453	0.427	0.449	0.506	0.432	0.517	0.464	0.471

表 5-7　2017 年各城市民营跨国公司竞争力目标层关联系数

目标层	宁波	深圳	厦门	青岛	大连	杭州	温州	绍兴	金华	衢州	舟山	台州	嘉兴	丽水	湖州
综合竞争力	0.490	0.666	0.444	0.418	0.466	0.674	0.430	0.400	0.404	0.411	0.390	0.405	0.420	0.381	0.424

2013—2016 年各城市竞争力综合指数的计算步骤同上,在此不再详细介绍计算过程。根据计算,2013—2017 年各城市历年竞争力综合指数的测量结果与排名情况如表 5-8 所示,各国 5 年来的综合指数平均值及排名情况如图 5-2 所示。

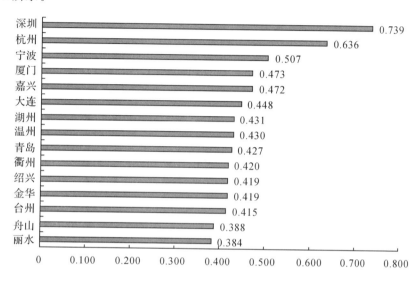

图 5-2　2013—2017 年各城市民营跨国公司竞争力综合指数及排名

二、横向综合测评结果的总体评价

民营企业竞争力综合指数是民营企业 3 个系统、9 个竞争力要素以及 26 项具体指标即影响因素综合作用的结果,从总体上综合反映所有测评城市企业的基本状况。综合指数越大,说明该城市民营企业竞争力越强;反之则越弱。本研究主要围绕表 5-8 中所示横向综合测评结果,分别从各城市民营跨国经营企业综合指数的历年变化情况以及宁波民营跨国经营企业综合指数的城市间对比两个方面展开总体分析与评价。

(一)城市民营企业竞争力综合指数变动情况

从总体上看,各城市民营企业综合指数在 2013—2017 年均呈不同程度的波动,5 年来竞争力的提升与下降情况不一,具体情况如表 5-8 所示。

1. 计划单列市横向比较

2013—2017 年,5 个计划单列市城市民营跨国公司竞争力呈现不同变动。

表 5-8 2013—2017 年各城市民营跨国公司竞争力综合指数

年份	目标层	宁波	深圳	厦门	青岛	大连	杭州	温州	绍兴	金华	衢州	舟山	台州	嘉兴	丽水	湖州
2013	综合竞争力	0.513	0.804	0.461	0.422	0.385	0.616	0.415	0.431	0.423	0.433	0.411	0.410	0.463	0.364	0.415
	排名	3	1	5	9	14	2	10	7	8	6	12	13	4	15	11
2014	综合竞争力	0.520	0.741	0.473	0.456	0.410	0.643	0.449	0.430	0.430	0.430	0.390	0.429	0.536	0.377	0.451
	排名	4	1	5	6	13	2	8	10	9	11	14	12	3	15	7
2015	综合竞争力	0.492	0.745	0.504	0.425	0.476	0.637	0.418	0.424	0.415	0.424	0.383	0.417	0.478	0.405	0.434
	排名	4	1	3	8	6	2	11	10	13	9	15	12	5	14	7
2016	综合竞争力	0.521	0.737	0.481	0.415	0.503	0.612	0.438	0.411	0.423	0.402	0.369	0.416	0.464	0.391	0.432
	排名	3	1	5	11	4	2	7	12	9	13	15	10	6	14	8
2017	综合竞争力	0.490	0.666	0.444	0.418	0.466	0.674	0.430	0.400	0.404	0.411	0.390	0.405	0.420	0.381	0.424
	排名	3	2	5	9	4	1	6	13	12	10	14	11	8	15	7
2013—2017	平均综合指数	0.507	0.739	0.473	0.427	0.448	0.636	0.430	0.419	0.419	0.420	0.388	0.415	0.472	0.384	0.431
	排名	3	2	4	9	6	2	8	11	12	10	14	13	5	15	7
	平均增长率%	-0.9	-4.5	-0.8	-0.1	5.2	2.4	1.0	-1.9	-1.1	-1.3	-1.2	-0.3	-1.9	1.2	0.6

其中,宁波、厦门、青岛、大连 4 个城市的民营跨国公司竞争力综合指数都出现不同程度的波动,例如,宁波、厦门、青岛等表现为"先升——后降——再升——再降",各城市的综合指数的年均增长率为-4.5%到5.2%不等。其中,深圳民营跨国公司竞争力综合指数平均增幅为负值,民营企业竞争力呈现为连续小幅下降的趋势。从竞争力指数绝对值看,2013—2017年深圳历年竞争力指数 2017 年达到最低为 0.666,平均综合竞争力指数为 0.739,虽然同比有所下滑,但同比其他计划单列市仍然处于绝对领先优势,综合指数也是竞争力最强的城市。其次表现良好的是宁波,平均综合竞争力指数为 0.507,从 5 年的竞争力指数表现看,宁波企业竞争力水平波动不稳定,但综合指数排名在第 2 位。厦门的民营跨国公司竞争力表现呈中等水平,平均综合竞争力指数为 0.473,2015 年最高达到 0.504,2017 年下滑明显,仅为 0.444。青岛、大连两个城市平均综合竞争力指数分别为 0.427 和 0.448。其中,大连的民营跨国经营企业竞争力指数呈增长态势,尤其是 2016 年达到五年中的指标值的高点,大连的民营跨国经营企业竞争力综合指数平均增长率达到 5.2%,相比较具有一定增长潜力优势。综合看,宁波在计划单列市中竞争力表现次强,但与深圳存在明显差距,还有一定增长空间。

2. 浙江省城市横向比较

从浙江省 11 个城市的竞争力指数表现看,杭州、温州、湖州、丽水等 4 个城市综合竞争力指数平均增长率为正值,最高的是杭州,平均增长率达到 2.4%,其次,丽水的平均增长率为 1.2%,最低的是湖州,平均增长率为 0.6%。此外,宁波、金华、台州、衢州等其他的 7 个城市的综合竞争力指数平均增长率下降,为-1.9%到-0.3%。从 5 年的平均综合竞争力指数看,浙江省杭州民营跨国公司竞争力整体水平最强,指数达到 0.636,且 5 年整体表现较为稳定,5 年期间一直是浙江省各城市中民营跨国公司竞争力水平最高的城市,2017 年综合竞争力指数达到 0.674。其次,宁波排名第二,2013—2017年 5 年的综合竞争力指数 0.507,整体水平远高于温州(0.430)、绍兴(0.419)、金华(0.419)、衢州(0.420)、舟山(0.388)、台州(0.415)、嘉兴(0.472)、丽水(0.384)、湖州(0.431)等其他 9 个城市。从 2013—2017 年,各城市综合竞争力指数的综合情况看,杭州、绍兴竞争力指数变动幅度较小,基本控制在 0.01~0.06 之间,竞争力水平稳定。其他城市中,宁波、嘉兴、绍兴、湖州等城市的竞争力指数有些波动,例如嘉兴 2014 年达到最高值 0.536,2017 年最低为 0.420,波动幅度超过 0.1。综上,宁波在浙江省中表现良好,仅次于杭州,比其他城市相对具有竞争力优势。但是,宁波还存在竞争力水平波

宁波民营跨国公司竞争力评价

第五章

动不稳定及与杭州差距较大的问题,由此可见,宁波民营跨国公司在日益激烈的国际竞争中仍需要思考如何应对其他城市民营企业的挑战。

(二)各城市竞争力综合指数聚类分析与强弱判断

为进一步判别所选 15 个城市民营企业的强弱类别,本研究运用 SPSS 软件,对 5 年来各城市竞争力综合指数的平均值展开系统聚类分析。

根据聚类分析结果,同时结合所选 15 个城市 2013—2017 年民营企业竞争力综合指数的平均值(R)大小,可将以上各城市的民营企业竞争力按从强至弱的顺序依次划分为五大梯度与类别。其中,第一梯度是竞争力极强(R≥0.55),深圳和杭州属于该梯度,具有极明显竞争优势;第二梯度是竞争力较强(0.50≤R<0.55),宁波属于这一梯度,具有较明显竞争优势;第三梯度是竞争力中等(0.45≤R<0.50),厦门属于该梯度,具有不明显竞争优势;第四梯度是竞争力较弱(0.40≤R<0.45),青岛、大连、绍兴、嘉兴、湖州、温州、金华、衢州和台州等 9 个城市属该梯度,具有较明显竞争劣势;第五梯度是竞争力极弱(R<0.40),舟山和丽水两个城市属于该梯度,具有极明显竞争劣势。各城市具体的梯度分布与分类情况如表 5-9 所示。

表 5-9　2013—2017 年各城市民营跨国经营企业竞争力强弱分类

梯度	类别	城市
第一梯度(R≥0.55)	竞争力极强	深圳、杭州
第二梯度(0.50≤R<0.55)	竞争力较强	宁波
第三梯度(0.45≤R<0.50)	竞争力中等	厦门
第四梯度(0.40≤R<0.45)	竞争力较弱	青岛、大连、绍兴、嘉兴、湖州、温州、金华、衢州、台州
第五梯度(R<0.40)	竞争力极弱	舟山、丽水

(三)宁波民营跨国公司竞争力综合指数的横向对比

总体来说,2013—2017 年,宁波民营跨国公司综合指数年的平均值为0.507,排名第 3,属竞争力较强的第二梯度。若进一步分析宁波民营跨国公司与其他城市的差距,则进一步计算 15 个城市历年民营企业综合指数的平均值,并以此为基准,得出宁波民营跨国公司综合指数与其他 15 个城市的平均指数的差值,以及与位居首位的深圳的差值,具体情况如表 5-10 所示。从中可以看出,2013—2017 年宁波民营跨国公司指数与各城市平均指数差值呈缩小态势,与排名第一的深圳相比,差距也日渐减小,2013 年差值为 0.292,2017

年差值为 0.176。可见,近几年在国家经济结构转型、"一带一路"及"中国制造 2025"等政策交汇影响下,宁波也在深化体制改革、完善产业政策体系、全面贯彻实施国家"走出去"战略等各方面不断努力,宁波民营跨国公司竞争的实力已日渐增强。

表 5-10　2013—2017 年宁波民营跨国公司竞争力综合指数横向比较

年份	宁波	各城市平均值	差值	深圳	宁波与深圳的差值
2013	0.513	0.464	0.048	0.804	0.292
2014	0.520	0.478	0.042	0.741	0.222
2015	0.492	0.472	0.020	0.745	0.253
2016	0.521	0.468	0.054	0.737	0.215
2017	0.490	0.455	0.035	0.666	0.176
2013—2017	0.507	0.467	0.040	0.739	0.232

然而,深入分析城市间的差值、宁波与深圳的差值的历年变化情况可知,两者的总体波动均较为明显。2013—2017 年,宁波与 15 个城市的平均值的差距呈"增加——持续下降"的变化轨迹;与深圳综合指数的差距则呈"下降——上升——再下降"的演变轨迹。综合看,宁波的民营跨国公司竞争力指数比 15 个城市的平均值高,2013—2017 年连续 5 年高于城市平均水平。从 5 年的平均值看,宁波平均值(0.507)高于 15 个城市的指数平均值(0.467)。与深圳相比较看,宁波与深圳的差值平均值达到 0.232,其中 2013 年最高,差值达到 0.292,2017 年差值较小,为 0.176。

此外,综合前文民营跨国公司系统层关联系数即基础竞争力、核心竞争力、潜在竞争力指数,可得如表 5-11 所示的 2017 年各城市民营跨国公司系统层的综合排名。根据表中数据显示,2017 年,宁波民营跨国公司竞争力总体水平处于第三位,基础竞争力、核心竞争力、潜在竞争力系统指数在 15 个城市中分别位居第 3、第 3、第 4。若进一步分析各系统的竞争优劣势可知,宁波民营跨国公司竞争力来源于企业的经营管理、风险控制及创新能力所决定的核心竞争力,指数排名落后于深圳和杭州。从基础竞争力系统指数看,宁波民营跨国公司在规模、国际化水平方面存在显著的竞争劣势。从潜在竞争力系统指数看,可见,宁波民营跨国公司的企业管理能力及总体外部环境相对较好,但企业自身的一些指标相对较弱。由此说明,在竞争日渐激烈、世界范畴内的竞争力水平呈波动性增强的形势下,宁波若想有效拉小与其他城市的差距,必须将战略重点聚焦于优化企业的内部企业素质与产业环境,以不断实现宁波民营跨国经营企业的自我提升。

表 5-11 2017 年各城市民营跨国公司竞争力系统层指数及排名

城市	综合竞争力		基础竞争力		核心竞争力		潜在竞争力	
	指数	排名	指数	排名	指数	排名	指数	排名
杭州	0.674	1	0.702	1	0.627	2	0.683	2
深圳	0.666	2	0.447	5	0.928	1	0.854	1
宁波	0.490	3	0.471	3	0.493	3	0.555	4
大连	0.466	4	0.505	2	0.418	6	0.436	11
厦门	0.444	5	0.373	13	0.459	4	0.668	3
温州	0.430	6	0.453	4	0.399	12	0.417	15
湖州	0.424	7	0.425	6	0.401	11	0.471	7
嘉兴	0.420	8	0.402	9	0.407	10	0.517	5
青岛	0.418	9	0.416	7	0.414	8	0.434	12
衢州	0.411	10	0.398	10	0.415	7	0.449	10
台州	0.405	11	0.390	11	0.418	5	0.432	13
金华	0.404	12	0.403	8	0.396	13	0.427	14
绍兴	0.400	13	0.388	12	0.394	14	0.453	9
舟山	0.390	14	0.345	15	0.410	9	0.506	6
丽水	0.381	15	0.354	14	0.387	15	0.464	8

三、竞争力要素与指标的城市比较

对宁波与各城市民营跨国公司展开横向总体评价之后,将从要素层及具体指标层展开深入剖析,进一步对比宁波与其他城市民营跨国公司的差距,从而有效找出宁波参与国际民营跨国公司竞争的具体优势与劣势所在。为更有针对性地分析各项要素及其具体指标的差距,在此通过 2017 年数据进行比较与分析。

(一)基础竞争力要素及其指标比较

从表 5-12 所示的各城市基础竞争力要素指数及其排名可以看出,宁波民营跨国公司基础竞争力排名第三,在规模实力、盈利能力、国际化能力以及发展能力要素上水平不均衡。其中,规模实力要素指数 0.391,排名第 8。盈利能力要素指标 0.440,排名第 11,青岛排名第 1,要素指标为 0.772,两个城市该指标差值为 0.332。国际化能力方面,宁波该要素指标达到 0.583,排名第 2,仅次于杭州(0.842),两个城市指标差值为 0.259。发展能力要素指标看,宁波该指标排名第 3,略低于杭州和温州的水平。综上数据可以看出,宁波民营跨国公司基础竞争力水平具有较强竞争力与较为明显的竞争优势,从要素指标构成看,国际化相对较好,但规模实力、盈利及发展能力都处于较低排名,体现了极弱竞争力以及极为明显的竞争劣势。由此可见,虽然目前宁波民营企业在国际上所占份额已日渐增多,但总体而言,企业规模、盈利能力、企业成长及产业的生产效率和生产技术水平与其他城市还是存在差距,整体规模仍亟待优化。

若深入剖析 4 个要素的各项具体指标,可进一步分解竞争优劣势,以及导致宁波基础竞争力薄弱的作用因素。宁波民营跨国公司基础竞争力要素各具体指标值与城市排名情况如表 5-13 所示。

表 5-12 2017 年各城市民营跨国公司基础竞争力要素指数及排名

城市	基础竞争力		规模实力		盈利能力		国际化能力		发展能力	
	指数	排名	指数	排名	指数	排名	指数	排名	指数	排名
杭州	0.702	1	0.393	7	0.544	4	0.842	1	0.848	1
大连	0.505	2	1.000	1	0.405	13	0.354	15	0.338	14
宁波	0.471	3	0.391	8	0.440	11	0.583	2	0.428	3
温州	0.453	4	0.442	3	0.477	8	0.400	5	0.505	2
深圳	0.447	5	0.410	6	0.471	10	0.564	3	0.349	8
湖州	0.425	6	0.372	11	0.759	2	0.391	6	0.363	4
青岛	0.416	7	0.413	5	0.772	1	0.356	14	0.336	15
金华	0.403	8	0.379	10	0.521	5	0.434	4	0.341	11
嘉兴	0.402	9	0.499	2	0.426	12	0.372	10	0.353	5
衢州	0.398	10	0.352	12	0.645	3	0.378	8	0.352	7
台州	0.390	11	0.383	9	0.516	6	0.386	7	0.347	9
绍兴	0.388	12	0.419	4	0.471	9	0.374	9	0.347	10
厦门	0.373	13	0.348	13	0.479	7	0.368	11	0.352	6
丽水	0.354	14	0.346	14	0.381	14	0.364	13	0.340	12
舟山	0.345	15	0.334	15	0.335	15	0.365	12	0.339	13

表 5-13　2017 年各城市基础竞争力要素指标值

要素及指标	宁波	深圳	厦门	青岛	大连	杭州	温州	绍兴	金华	衢州	舟山	台州	嘉兴	丽水	湖州
规模实力	0.391	0.410	0.348	0.413	1.000	0.393	0.442	0.419	0.379	0.352	0.334	0.383	0.499	0.346	0.372
总资产	0.390	0.430	0.341	0.481	1.000	0.430	0.440	0.457	0.462	0.339	0.333	0.413	0.516	0.358	0.400
主营业务收入	0.378	0.399	0.358	0.364	1.000	0.375	0.375	0.375	0.341	0.342	0.334	0.357	0.399	0.333	0.366
固定资产	0.409	0.410	0.340	0.427	1.000	0.387	0.539	0.451	0.362	0.379	0.333	0.395	0.628	0.352	0.357
盈利能力	0.440	0.471	0.479	0.772	0.405	0.544	0.477	0.471	0.521	0.645	0.335	0.516	0.426	0.381	0.759
销售净利率	0.384	0.422	0.418	1.000	0.333	0.498	0.440	0.430	0.532	0.445	0.337	0.440	0.334	0.395	0.461
总资产报酬率	0.465	0.494	0.627	0.598	0.475	0.569	0.520	0.508	0.506	0.767	0.333	0.601	0.512	0.373	1.000
净资产收益率	0.505	0.526	0.436	0.577	0.453	0.593	0.495	0.502	0.519	0.845	0.333	0.556	0.490	0.368	1.000
国际化能力	0.583	0.564	0.368	0.356	0.354	0.842	0.400	0.374	0.434	0.378	0.365	0.386	0.372	0.364	0.391
国际市场占有率	0.856	0.588	0.491	0.333	0.389	0.823	0.823	0.756	1.000	0.786	0.656	0.840	0.725	0.661	0.727
境外机构数	0.361	0.362	0.340	0.340	0.340	1.000	0.340	0.335	0.344	0.334	0.334	0.335	0.334	0.333	0.340
国际化销售密度	0.981	1.000	0.389	0.401	0.375	0.500	0.393	0.337	0.447	0.342	0.338	0.348	0.339	0.333	0.393
发展能力	0.428	0.349	0.352	0.336	0.338	0.848	0.505	0.347	0.341	0.352	0.339	0.347	0.353	0.340	0.363
销售收入增长率(同比)	0.694	0.387	0.397	0.333	0.344	0.401	1.000	0.371	0.347	0.397	0.351	0.388	0.399	0.342	0.438
销售利润增长率(同比)	0.337	0.336	0.337	0.336	0.336	1.000	0.337	0.339	0.339	0.336	0.334	0.333	0.338	0.340	0.337

1. 规模实力指标分析

规模实力要素主要包括总资产、主营业务收入和固定资产3个指标。宁波民营跨国公司的3项指标值分别为0.390、0.378和0.409,其中总资产指标排名倒数第5,仅优于厦门(0.341)、衢州(0.339)、舟山(0.333)和丽水(0.358);主营业务收入指标排名第4位,排在深圳(0.399)、大连(1.000)和嘉兴(0.399)等城市之后,主营业务收入指标处于较有优势的地位;固定资产指标排名第7位,排在深圳(0.410)、青岛(0.427)、大连(1.000)、温州(0.539)、绍兴(0.451)和嘉兴(0.628)之后,固定资产处于中等水平。综合来看,宁波民营跨国公司规模实力要素排名处于相对劣势,主要由于宁波的民营企业资本相对较少,企业规模相对较小,此外,由于舟山和丽水两地的上市公司数量较少,因此在规模指标上不会因为计算均值产生太大影响。相比较,营业收入情况良好,说明企业的毛收入具有相对优势。此外,企业的固定资产情况相对排名靠后,固定资产指标偏低,主要受企业的性质等情况综合因素决定。宁波的企业固定资产规模偏小,一方面是因为民营企业整体规模小,固定资产投入也相对偏小,另一方面,是因为宁波民营企业中部分企业是非制造业的信息技术服务等其他行业的企业,这类企业属于轻资产企业。可见,宁波民营跨国公司的规模实力还显得较为薄弱,尚未完全发挥出自身应有的产业功能,仍有为国民经济增长贡献力量的巨大空间。

2. 盈利能力指标分析

盈利实力要素主要包括销售净利率、总资产报酬率和净资产收益率3个指标。宁波民跨国公司的3项指标值分别为0.384、0.465和0.505,其中销售净利率指标排名倒数第4,仅优于大连(0.333)、舟山(0.337)、嘉兴(0.334);总资产报酬率指标排名倒数第3,仅优于舟山(0.333)和丽水(0.373),在计划单列市内也是排名最后,低于深圳(0.494)、厦门(0.627)、青岛(0.598)和大连(0.475),总资产报酬率指标处于明显劣势的地位;净资产收益率指标排名第8位,排在深圳(0.526)、青岛(0.577)、湖州(1.000)、衢州(0.845)、杭州(0.593)、台州(0.556)和金华(0.519)之后,净资产收益率处于偏下的劣势水平。综合来看,宁波民营跨国公司盈利能力的要素排名靠后,处于明显的劣势地位,从分解指标看,主要由于宁波的民营企业整体收益率偏低,营业利润率和总资产报酬率水平太低。盈利水平与企业规模的相关性不大,主要衡量的是企业生产利润水平。然而,宁波的民营企业三项利润率指标都偏低,基本在15个城市排名中并不理想。主要可能有以下一些因素,一是宁波的制造企业以传统制造业为主,相对电子信息技术等企业,利润率偏低;二是目前一些企业处于产业转型阶段,一些企业正处于业务调整阶段,因此前期仍然会以投入为主,企业生产利润效果显现还有一段滞后期;三是宁波企业以外销经济为主,因此这些企业的营业等受国际经济环境影响明显,由于外贸国际环境的波动,例如美国贸易保护政策抬头,技术壁垒等要求较前一段时间苛刻,金属、原油以及劳动力等生产成本上升,会影响一部分企业的利润下滑。

3. 国际化能力指标分析

反映国际化能力的具体指标包括国际市场占有率、境外机构数和国际销售密度等 3 个指标。相比较其他几个要素,宁波民营跨国公司的国际化能力要素表现相对较好。如表 5-13 所示,宁波的国际市场占有率、境外机构数和国际销售密度指标分别为 0.856、0.361 和 0.981。三项指标中,国际市场占有率在所有测评城市中位列第 2,略低于金华(1.000),比深圳(0.588)、厦门(0.491)、大连(0.389)、青岛(0.333)和浙江省内湖州(0.727)、衢州(0.786)、杭州(0.823)、台州(0.840)、温州(0.823)、嘉兴(0.725)、绍兴(0.756)等城市都优势明显,体现了较强的竞争力;境外机构数指标,宁波排名第 3,仅低于杭州(1.000)和深圳(0.362),其他城市中金华为 0.344,厦门、青岛、大连以及浙江省的湖州、温州 5 个城市境外机构数指标值为 0.340,台州和绍兴为 0.335,嘉兴和衢州为 0.334,与这些城市相比较,宁波的境外机构设点和布局相对起步早,具有一定优势;国际销售密度指标看,宁波(0.981)排名第 2,仅低于深圳(1.000),相对差距也不大。与其他城市的指标值相比,厦门(0.389)、青岛(0.401)、大连(0.375)和浙江省内杭州(0.500)、金华(0.447)、湖州(0.393)、衢州(0.342)、台州(0.348)、温州(0.393)、嘉兴(0.339)、绍兴(0.337)、舟山(0.338)和丽水(0.333),宁波该指标优势明显。综合看,宁波民营跨国公司的国际化能力水平整体靠前,还是具有一定竞争优势与实力的。主要原因是,一方面宁波企业的国际化起步较早,尤其是 2010 年以后,由于国际资本价格下降,大量企业利用国际形势,积极开展对外并购投资,企业的国际化的步伐加快。另一方面,宁波是记载丝绸之路历史的"活化石",海港交通便利、地理位置得天独厚,外向型的经济环境和民营企业土壤,很多企业成为天生型国际化企业,因此,从企业起步就开始通过参与国际贸易等途径参与国际市场。近年来,宁波全市累计备案(核准)境外企业和机构不断增加,投资分布也近 170 个国家和地区。这说明宁波的民营企业国际化进程和水平都较好。

4. 发展能力指标分析

民营跨国公司发展能力指标主要通过销售收入增长率和销售利润增长率两个指标进行衡量。宁波民营跨国公司的销售收入增长率和销售利润增长率分别为 0.694 和 0.337,其中销售收入增长率排名第 2,销售利润增长率排名第 5,整体来讲,发展能力水平处于相对优势的地位。我们分别看两项指标的具体情况,首先宁波民营跨国公司的销售收入增长率仅低于温州,比其他城市的指标值优势显著,与排名第 3 的湖州(0.438)指标差为 0.256,与青岛(0.333)和大连(0.334)的指标差达到 0.361 和 0.350。其次,从销售利润增长率看,宁波略低于杭州(1.000)、绍兴(0.339)、金华(0.339)和嘉兴(0.338),同时,宁波与绍兴、金华和嘉兴的指标值差也相对较小,可以看出该指标各城市表现接近。综上,各计划单列市和浙江省 9 个城市的民营跨国公司的成长性整体水平较为平均,而宁波的企业成长性相对较低,处于明显的竞争劣势。有的时候,企业的短期行为集中表现为追求眼前的利润,忽视企业资产的保值与增值。为了实现短期利润,有些企业不惜拼耗设备、少计费用和成本。增加了对企业发展能力的考核后,不仅要考核企业目前实现的利润,还要考核企业资产的保值与增值情况,这就可以从一定程度上抑制企业的短期行为,真正增加企业的经济实力,完善现代企业制度。

(二)核心竞争力要素及其指标比较

从表 5-14 所示的各城市核心竞争力要素指数及其排名可以看出,宁波民营跨国公司核心竞争力排名第 3,处于第二梯队。在创新能力、风险控制能力以及经营管理能力要素上水平比较稳定均衡。其中,宁波的创新能力要素指数 0.448,排名第 4,低于深圳、杭州和厦门,其中深圳排名第 1,创新要素指标为 0.969,杭州为 0.746,厦门为 0.476;宁波的风险控制能力要素指标0.661,排名第 3,衢州排名第 1,要素指标为 0.789,两个城市该指标差值为 0.128;宁波民营跨国公司经营管理能力要素指标达到 0.470,排名第 3,仅次于深圳(1.000)和杭州(0.579),与深圳差距较大,两城市间该指标的差值为 0.530。综上数据可以看出,宁波民营跨国公司核心竞争力水平排名靠前,从要素指标构成看,创新能力相对偏弱,风险管理能力相对较好,经营管理能力中等,综合水平处于中等偏上的水平。整体来讲,宁波民营企业国际化中,企业的优势主要来源于企业的创新、风险控制及经营管理等综合能力。

企业的创新、风险控制和经营管理三项要素,一方面包括企业在经营管理过程中的一些传承经验,同时另一方面也可以反映企业在互联网、技术创新等背景和趋势下,企业在管理中主动适应和主动应用的能力。深入剖析 3 个要素的各项具体指标,可进一步分解竞争优劣势,以及决定宁波核心竞争力水平高低的关键因素。宁波民营跨国公司核心竞争力要素各具体指标值与城市排名情况如表 5-15 所示。

表 5-14 2017 年各城市民营跨国公司核心竞争力要素指数及排名

城市	核心竞争力		创新能力		风险控制能力		经营管理能力	
	指数	排名	指数	排名	指数	排名	指数	排名
深圳	0.928	1	0.969	1	0.615	4	1.000	1
杭州	0.627	2	0.746	2	0.517	10	0.579	2
宁波	0.493	3	0.448	4	0.661	3	0.470	3
厦门	0.459	4	0.476	3	0.614	5	0.398	4
台州	0.418	5	0.404	7	0.552	8	0.385	8
大连	0.418	6	0.360	13	0.614	6	0.396	5
衢州	0.415	7	0.354	14	0.789	1	0.339	14
青岛	0.414	8	0.409	6	0.562	7	0.370	11
舟山	0.410	9	0.347	15	0.708	2	0.358	13
嘉兴	0.407	10	0.382	10	0.515	12	0.390	6
湖州	0.401	11	0.395	8	0.494	13	0.376	9
温州	0.399	12	0.372	11	0.542	9	0.373	10
金华	0.396	13	0.369	12	0.487	14	0.385	7
绍兴	0.394	14	0.385	9	0.516	11	0.360	12
丽水	0.387	15	0.424	5	0.469	15	0.334	15

1. 创新能力指标分析

创新能力要素主要包括研发投入占比、模式创新水平和组织创新程度 3 个指标。根据表 5-15 数据显示,宁波民跨国公司的上述 3 项指标值分别为 0.413、0.441 和 0.483,其中研发投入强指标排名第 8,与排名第 1 的杭州 (1.000) 的指标差距有 0.587,与排名第 2 的深圳 (0.882) 指标差距有 0.469,与排名第 3 的厦门 (0.697) 的指标值相差 0.284。此外,创新要素中的模式创新水平指标,宁波民营跨国公司指数排名第 3 位,排在深圳 (1.000) 和杭州 (0.706) 两个城市之后,模式创新指标处于较有优势的地位,其他 12 个城市该指标值分布在 0.333 和 0.388 之间,创新水平接近。第三项组织创新程度指

表 5-15 2017 年各城市核心竞争力要素指标值

核心竞争力要素及指标	宁波	深圳	厦门	青岛	大连	杭州	温州	绍兴	金华	衢州	舟山	台州	嘉兴	丽水	湖州
创新能力	0.448	0.969	0.476	0.409	0.360	0.746	0.372	0.385	0.369	0.354	0.347	0.404	0.382	0.424	0.395
研发投入占比	0.413	0.882	0.697	0.502	0.404	1.000	0.364	0.403	0.418	0.357	0.333	0.443	0.387	0.681	0.402
模式创新水平	0.441	1.000	0.379	0.369	0.334	0.706	0.377	0.380	0.352	0.352	0.353	0.380	0.379	0.333	0.388
组织创新程度	0.483	1.000	0.420	0.385	0.355	0.596	0.371	0.378	0.351	0.353	0.351	0.402	0.380	0.333	0.396
风险控制能力	0.661	0.615	0.614	0.562	0.614	0.517	0.542	0.516	0.487	0.789	0.708	0.552	0.515	0.469	0.494
主营业务比率	0.415	0.333	0.439	0.500	0.553	0.359	0.522	0.438	0.410	0.548	1.000	0.532	0.453	0.648	0.402
资产负债率	0.977	1.000	0.847	0.587	0.719	0.639	0.505	0.550	0.447	0.951	0.470	0.512	0.512	0.333	0.489
股权集中度	0.668	0.593	0.610	0.636	0.580	0.634	0.631	0.610	0.681	1.000	0.508	0.641	0.628	0.333	0.666
经营管理能力	0.470	1.000	0.398	0.370	0.396	0.579	0.373	0.360	0.385	0.339	0.358	0.385	0.390	0.334	0.376
品牌知名度	0.498	1.000	0.395	0.412	0.457	0.732	0.374	0.354	0.435	0.333	0.377	0.375	0.401	0.334	0.387
经营管理水平	0.457	1.000	0.453	0.377	0.373	0.591	0.373	0.378	0.396	0.355	0.377	0.405	0.407	0.333	0.405
网络强度	0.484	1.000	0.404	0.371	0.356	0.499	0.374	0.356	0.371	0.333	0.354	0.387	0.404	0.336	0.361
技术吸收能力	0.449	1.000	0.358	0.337	0.401	0.529	0.371	0.357	0.354	0.337	0.337	0.376	0.361	0.333	0.361

标排名第 3 位,也是排在深圳(1.000)和杭州(0.596)之后,与模式创新水平的位次相同,处于较有优势的水平。综合来看,宁波民营跨国公司创新能力要素排名处于中等水平,主要由于宁波的民营企业研发投入强度中等偏低,模式创新程度和管理创新程度水平相对较好。根据企业实际情况看,近年来我国企业的研发投入强度不断加强,浙江省所处的东部地区以及珠三角等区域的城市该指标发展较好,说明这些区域率先进入创新驱动阶段。从高速增长到高质量发展宏观经济目标转变的要求看,目前还处在转折时期,不平衡不充分的矛盾暴露出来,最大的短板是动能变革,要靠生产率提升和智慧驱动。因此,我国经济发展中,创新驱动真正进入发展基础研究和应用基础研究方面,宁波的民营企业作为区域国际化主体的生力军,也必须重视创新驱动,在进入全球价值链的中高端还要坚持不懈、久久为功。

2. 风险管理能力指标分析

风险管理能力要素主要通过主营业务比率、资产负债率和股权集中度 3 个指标进行综合衡量。宁波民营跨国公司的主营业务比率、资产负债率和股权集中度指标值分别为 0.415、0.977 和 0.668,其中主营业务占比指标排名第 9,位于竞争力较弱的梯队,与该指标排名第 1 的舟山(1.000)指标值差达到 0.585,与排名第 2 的丽水(0.648)指标差距为 0.233,与排名第 3 的大连(0.553)的指标值相差 0.137。此外,风险管理能力中的资产负债率指标,宁波民营跨国公司指数排名第 2 位,仅次于深圳(1.000),指标处于优势地位,其他 13 个城市中,衢州(0.951)排名第 3,厦门(0.847)排名第 4,后面依次是大连(0.719)、杭州(0.639)、青岛(0.587),丽水(0.333)排名最后,宁波与丽水的该指标差值为在 0.644,可以看出,宁波与深圳的民营跨国公司负责率水平较低,企业外部融资规模不大。第三项股权集中度指标,宁波该指标排名第 3 位,排在衢州(1.000)和金华(0.681)之后,与金华的指标值差仅为 0.013,指标优势也比较明显,处于较有优势的水平。综合来看,宁波民营跨国公司风险管理能力要素排名处于相对优势的水平,而且三项指标的水平比较均衡。通过指标值可以看出,宁波的民营企业风险控制能力较好,融资风险、股权融资及业务的集中度都控制较好。首先,宁波的民营经济发达,资产负债率偏低也与宁波商人的文化习俗密不可分,甬商重信且偏好稳健经营。宁波民营企业的成长发展中对外部债券融资相对保守谨慎,尤其是上市公司资本市场资金来源相对比较丰富,股权等其他融资来源渠道通畅,因此,企业的资产负债率明显偏低。其次,宁波民营企业股权集中度偏高。股权集中度是衡量公司的股权分布状态的主要指标,也是衡量公司稳定性强弱的重要指标,同时也是衡量公司结构的重要指标。西方发达国家的公司股权集中度从相对集中到高度分散再到重新集中,经历了一个轮回。目前,我国由于证券市场透明度较低和外部环境及法制环境不成熟,依靠外部环境难以对代理人进行有效监督和约束。在这种情况下,要想减少代理成本,提高公司绩效,上市公司的股权还应相对集中并应有控股股东。最后,主营业务集中度反映了企业成长对主营业务的依赖程度,对于主营业务是否集中,学者观点不一致,主营业务集中说明企业资源投向集聚,但也使企业的业务单一而面临市场风险。宁波民营企业该指标排名靠后,主要是近年来宁波企业在新常态、经济转型及外部宏观经济下滑等诸多因素叠加影响下,企业的发展更倾向于采用多元化战略,因此,企业的主营业务多元化,主营业务范畴有所淡化。

3. 经营管理能力指标分析

民营跨国公司经营管理能力指标主要通过品牌知名度、经营管理水平、网络强度和技术吸收能力4个定性指标进行衡量。宁波民营跨国公司的品牌知名度、经营管理水平、网络强度和技术吸收能力分别为0.498、0.457、0.484和0.449,整体来讲,发展能力水平处于相对优势的地位。其中品牌知名度排名第3,仅低于深圳(1.000)和杭州(0.732),高于大连(0.457)、金华(0.435)、青岛(0.412)、嘉兴(0.401)、厦门(0.395)、湖州(0.387)、台州(0.375)、温州(0.374)、绍兴(0.354)、舟山(0.377)、丽水(0.334)和衢州(0.333),宁波与这些城市的指标值相比优势显著。此外,宁波企业的经管管理水平、社会网络强度和技术吸收能力整体较为稳定,排名第3,偏弱于深圳和杭州。从近年来宁波企业国际化实践看,企业家逐渐意识到只有自主品牌崛起,才能在全球竞争中拥有更多的市场主动权与溢价能力。宁波作为制造业和外贸之都,"宁波品牌"被寄予了更多的期待,从引进到输出,从代工制造到自主品牌,从生产制造到知识产权再到生活的方方面面,在重定赛道、再次起航的关键时刻,宁波逐渐走在了同类城市的前列。三流企业做产品,二流企业做品牌,一流企业做标准。从企业经营管理水平看,宁波通过引导行业协会和优势企业积极参与制造标准体系构建,同时企业积极组织开展对标、达标活动,越来越多的企业开始从标准的执行者向标准的制定者转变。网络强度方面,企业的先赋性关系可以使企业起步时有限获取一些关键性社会资源,顺利进入市场。宁波企业的成长发展相对注重血缘、地缘等关系网络,具有较为稳定的企业社会网络,因此能够从熟悉的社会关系网络中迅速获取真实信息,有助于降低信息的搜寻、甄别和选择成本,有效地促进了企业的拓展。技术吸收能力方面,后起的发展中国家在工业化的过程中,通过对外的技术引进、FDI等方式来实现对发达国家的技术追赶,即引进、消化、吸收,从模仿到创新。研究表明,日本与韩国工业技术快速成长的主要原因之一,就是日、韩企业对新知识与新技术的吸收能力极强,能以模仿、改进、创新的三部曲来创造竞争优势。从定义可以看出,企业知识吸收能力包括四种:知识获取能力、知识吸纳能力、知识转化能力和知识利用能力。要提高企业潜在的企业吸收能力,仅仅使企业成员接触相关知识是不够的,还需提高他们努力的强度。仅仅强调企业知识基础知识可能过于被动,事实上无论个人还是企业组织的知识吸收效率,在短期内更多地依赖自身的知识基础,但是从长期看,获取知识的欲望、积极性则更为关键,这也是日本、韩国以及台湾地区企业在技术上快速进步,甚至超越一些西方发达国家企业的原因之一。近年来,宁波的企业在国际化过程中,也逐渐开始重视加强企业的学习努力程度,技术转移的效果也就显著优化。

(三)潜在竞争力要素及其指标比较

从表 5-16 所示的各城市潜在竞争力要素指数及其排名可以看出,宁波民营跨国公司潜在竞争力排名第 4,低于深圳、杭州和厦门,处于中等偏上的水平。综合看,宁波民营跨国公司潜在竞争力包括的政治经济实力排名第 4 和教育创新实力排名第 6,潜在的水平所处地位比较稳定,实力水平也比较均衡。其中,宁波的政治经济实力要素指数为 0.571,排名第 4,其他城市中深圳、厦门和杭州分别排名第 1、第 2 和第 3,3 个城市的政治经济实力要素指标分别为 0.804、0.679 和 0.595。其次,宁波的教育创新实力要素指标0.534,深圳该指标值为 0.918,排名第 1 位,杭州为 0.793,排名第 3 位的厦门指标值为 0.653。综上数据可以看出,宁波民营跨国公司潜在竞争力水平位于相对优势位置,从要素指标构成看,宁波企业所处的区域政治经济基础良好,企业发展的内在需要有一定保证,有利于企业的成长。同时,跨国公司发展中文化教育环境也非常重要,文化软实力有助于提升企业的国际地位及未来的成长后发优势。

民营跨国公司潜在竞争中的经济政治实力和教育创新实力这两项要素,决定了企业国际化过程中的外部环境竞争力水平,一方面这些因素会直接影响企业运营管理是否顺畅,另一方面这些因素会帮助企业在国际化过程中提升文化地位等。为进一步了解民营跨国公司潜在竞争力的具体来源,我们进一步深入剖析各项具体指标。宁波及各城市的民营跨国公司潜在竞争力要素各具体指标值与城市排名情况如表 5-17 所示。

表 5-16　2017 年各城市民营跨国公司潜在竞争力要素指数及排名

城市	潜在竞争力		政治经济实力		教育创新实力	
	指数	排名	指数	排名	指数	排名
深圳	0.854	1	0.804	1	0.918	1
杭州	0.683	2	0.595	3	0.793	2
厦门	0.668	3	0.679	2	0.653	3
宁波	0.555	4	0.571	4	0.534	6
嘉兴	0.517	5	0.543	5	0.485	7
舟山	0.506	6	0.477	11	0.542	5
湖州	0.471	7	0.496	6	0.439	8
丽水	0.464	8	0.380	15	0.569	4
绍兴	0.453	9	0.490	9	0.406	10
衢州	0.449	10	0.486	10	0.403	12
大连	0.436	11	0.444	14	0.425	9
青岛	0.434	12	0.495	7	0.356	14
台州	0.432	13	0.453	13	0.405	11
金华	0.427	14	0.492	8	0.346	15
温州	0.417	15	0.455	12	0.368	13

1. 政治经济实力指标分析

政治经济实力分析包括 3 个影响因素，人均国民收入、外贸依存度和政府效率与信誉指标值。表 5-17 中数据显示，宁波民营跨国公司政治经济实力的人均国民收入、外贸依存度和政府效率与信誉指标值分别为 0.829、0.508 和 0.500，综合排名分别处于第 4 位、第 3 位和第 4 位，整体处于中等偏上。其中，从人均国民收入指标看，2017 年宁波市居民人均可支配收入 48233 元，略低于杭州、湖州等城市，但比其他 9 个城市的人均国民收入指标值有优势。从外贸依存度数据看，厦门（1.000）和深圳（0.868）分别排在第 1 和第 2 位，宁波的外贸依存度指标值为 0.508，相比较温州该指标值为 0.348，嘉兴为 0.431。从政府效率和信誉指标看，宁波排位在深圳（1.000）、杭州（0.700）和嘉兴（0.519）之后。结合数据综合分析宁波的政治经济实力情况，各地区企业其发展在一定程度上取决于国家经济发展水平与收入水平。改革开放 40 年来，宁波经历了经济和城镇化的快速发展，经济总量有了长足进步，跻身"GDP 万亿俱乐部"指日可待。宁波的人均国民收入经济和社会发展程度如

表 5-17　2017 年各城市潜在竞争力要素指标值

潜在竞争力要素及指标	宁波	深圳	厦门	青岛	大连	杭州	温州	绍兴	金华	衢州	舟山	台州	嘉兴	丽水	湖州
经济政治实力	0.571	0.804	0.679	0.495	0.444	0.595	0.455	0.490	0.492	0.486	0.477	0.453	0.543	0.380	0.496
人均国民收入	0.829	0.333	0.346	0.802	0.666	0.874	0.714	0.758	0.692	1.000	0.756	0.663	0.825	0.516	0.877
外贸依存度	0.508	0.868	1.000	0.398	0.429	0.385	0.348	0.381	0.409	0.352	0.456	0.373	0.431	0.333	0.363
政府效率与信誉	0.500	1.000	0.467	0.438	0.333	0.700	0.440	0.470	0.479	0.352	0.338	0.429	0.519	0.359	0.440
教育创新实力	0.534	0.918	0.653	0.356	0.425	0.793	0.368	0.406	0.346	0.403	0.542	0.405	0.485	0.569	0.439
教育支出占比	0.546	0.776	1.000	0.346	0.502	0.497	0.428	0.438	0.333	0.430	0.866	0.529	0.456	0.943	0.471
产权保护程度	0.527	1.000	0.452	0.362	0.380	0.965	0.333	0.388	0.353	0.388	0.355	0.333	0.502	0.353	0.421

果偏低,企业和居民对国际市场的关注倾向与可能性就可能无法延展至国外。宁波要强化链接国际的能力,建设全球重要战略资源配置中心,离不开企业在国际市场和国际生产链中的地位提升。从外贸依存度指标看,自中国"入世"以来,宁波的外贸依存度不断提升,外贸依存度指标从 56.2% 上升到 2017 年的近 130%。从指标看,宁波的现实情况是,外贸与经济发展呈密切的正相关联系,外贸稳则经济稳,外贸依存度更应理解为地区的经济开放程度,是该区域在国际市场中竞争力的一种表现。近两年来,宁波外贸增速放缓,净出口对 GDP 增长的拉动有所减弱。政府效率与信誉是企业全面深化改革,理顺政府和市场关系的关键。通过近几年的行政改革,宁波在行政效率和政府透明度方面都有显著改善,中国社科院法学所多年连续测评发现,宁波在公权力运行的阳光透明方面,呈现出风景这边独好的"宁波现象"。在中国政府透明度指数测评中,宁波市政府连续多年名列前茅。综上,宁波的政治经济环境的改善对企业国际化也会产生直接间接的影响,因此,宁波在实施国际化进程中也已经意识到政治经济环境改善的重要性。

2. 教育创新实力指标分析

教育创新实力分析主要通过教育支出占比和产权保护程度等指标来进行综合测度和衡量。表 5-17 数据显示,宁波民营跨国公司的教育支出占比和产权保护程度指标值分别为 0.546 和 0.527,整体来讲,教育创新实力水平排位居于中等水平,还存在巨大提升空间。其中,教育公共支出占比排名第 5,低于厦门(1.000)和深圳(0.776),高于青岛(0.346)、大连(0.502)等城市。其次,产权保护程度指标仍排名第 3,深圳(1.000)排名第 1,杭州(0.965)排名第 2,宁波比其他城市产权保护程度较有优势。从产权保护程度看,近年来宁波继续强化创新驱动发展,深入实施知识产权战略,实行更加严格的知识产权保护,知识产权对经济社会发展的支撑作用日益明显。2017 年,宁波成功进入首批国家知识产权运营服务体系建设重点城市行列,基本构建起要素完备、体系健全、运行顺畅的知识产权运营服务体系,当年宁波市专利申请量和授权量分别为 62104 件和 36993 件,其中发明专利申请量、授权量分别为 18497 件、5382 件,每万人发明专利拥有量达 25.9 件,创历史新高。创新环境不断优化,有助于为企业国际化提高技术保护。

第四节　宁波民营跨国公司竞争力纵向测度与评价

宁波民营跨国经营企业纵向评价又称动态评价,主要是指通过比较宁波民营跨国公司在不同时间的状态或特质,分析其发展变化的成绩、不足以及演变规律、潜力和趋势,进而有针对性地提出结论与对策的一种评价方式。它有利于了解考察宁波民营企业跨国竞争力发展的基本规律,积累和总结发展经验,从而为下一步工作的开展提供基础与依据。因此,在综合分析了宁波与4个计划单列市,以及宁波在浙江省9个城市中的竞争力状况,并对宁波民营跨国公司竞争力进行城市间的差距比较与评价后,进一步再分析宁波纵向历史数据变化,结合评价指标体系与评价模型纵向考察 2013—2017 年来宁波民营跨国公司。

一、宁波历年数据导入与测度

宁波民营跨国公司竞争力评价指标体系中的定性指标多与事物的本质有关,且它一直处于发展变化的动态过程之中,是竞争力提升演变的动态增量因素和影响竞争结果的过程因素,难以明确描述其短时间内的本质或动态变化情况。因此,本研究开展的纵向综合测量拟从动态角度考察和测算评价指标体系中定量指标的竞争力指数,以尽可能借助客观测评结果探讨竞争力的历时性演变和提升趋势。

第一,单独列出宁波市民营跨国公司 2013—2017 年 5 年内 18 项定量指标原始数据的最佳值即最大值,即可得到一组最大值数列,以之作为参考数列,利用公式(5)对所有指标值进行无量纲化处理,可得如表 5-18 所示的各定量指标值的无量纲化结果值。

表 5-18　2013—2017 年宁波民营跨国公司竞争力定量指标无量纲化结果

评价指标	2013 年	2014 年	2015 年	2016 年	2017 年	MAX
总资产	0.000	0.075	0.413	0.770	1.000	1.000
主营业务收入	0.000	0.087	0.167	0.500	1.000	1.000
固定资产	0.000	0.096	0.211	0.671	1.000	1.000
主营业务利润率	0.860	0.491	0.910	1.000	1.000	1.000
资产净利率	0.979	0.753	0.692	1.000	0.000	1.000

评价指标	2013 年	2014 年	2015 年	2016 年	2017 年	MAX
净资产收益率	0.996	0.820	0.591	1.000	0.000	1.000
国际市场占有率	0.912	0.914	0.000	0.981	1.000	1.000
境外机构数	0.000	0.100	1.000	0.700	0.850	1.000
国际化销售密度	0.000	0.222	0.519	0.704	1.000	1.000
销售收入增长率	0.055	0.000	0.021	0.157	1.000	1.000
销售利润增长率	0.782	0.000	0.737	1.000	0.733	1.000
研发投入强度	0.000	0.915	0.903	0.607	1.000	1.000
主营业务占比	0.000	0.000	0.324	0.699	1.000	1.000
资产负债率	1.000	1.000	0.668	0.476	0.000	1.000
股权集中度	0.000	0.000	0.083	0.634	1.000	1.000
人均国民收入	0.360	0.000	0.325	0.646	1.000	1.000
外贸依存度	1.000	0.962	0.000	0.715	0.337	1.000
教育支出占比	0.008	0.000	1.000	0.781	0.470	1.000

第二,以表 5-18 中最大值的无量纲化结果值数列为参考数列,以各年份指标值的无量纲化结果值数列为比较数列,利用公式(6)即可计算出两者在各项指标上的关联系数,具体情况如表 5-19 所示。表中的数据即构成关联系数矩阵 E。

表 5-19　2013—2017 年宁波民营跨国公司竞争力定量指标关联系数

评价指标	2013 年	2014 年	2015 年	2016 年	2017 年
总资产	0.333	0.351	0.460	0.685	1.000
主营业务收入	0.333	0.354	0.375	0.500	1.000
固定资产	0.333	0.356	0.388	0.603	1.000
主营业务利润率	0.782	0.495	0.847	1.000	0.333
资产净利率	0.959	0.669	0.619	1.000	0.333
净资产收益率	0.993	0.735	0.550	1.000	0.333
国际市场占有率	0.850	0.854	0.333	0.964	1.000
境外机构数	0.333	0.357	1.000	0.625	0.769
国际化销售密度	0.333	0.391	0.509	0.628	1.000
销售收入增长率	0.346	0.333	0.338	0.372	1.000

续表

评价指标	2013 年	2014 年	2015 年	2016 年	2017 年
净利润增长率	0.697	0.333	0.656	1.000	0.652
研发投入强度	0.333	0.855	0.837	0.560	1.000
主营业务集中度	0.622	0.333	0.425	0.624	1.000
资产负债率	1.000	0.954	0.589	0.483	0.333
股权集中度	0.378	0.333	0.353	0.577	1.000
人均国民收入	0.439	0.333	0.425	0.586	1.000
外贸依存度	1.000	0.930	0.333	0.637	0.430
教育支出占比	0.335	0.333	1.000	0.696	0.485

第三,利用公式(7),计算定量指标体系中各指标的变异系数,即可得到定量指标变异系数向量 = (0.959,1.166,1.074,0.633,0.593,0.611,0.561,0.853,0.804,1.724,0.584,0.600,0.712,0.667,1.123,0.807,0.710,0.997)。

第四,将定量指标变异系数向量导入公式(8),即可对各相应指标的权重进行分配,得到当前评价层各指标权重向量 = (0.063,0.077,0.071,0.042,0.039,0.040,0.037,0.056,0.053,0.114,0.038,0.040,0.047,0.044,0.074,0.053,0.047,0.066)。

第五,利用公式(9),将定量指标层关联度直接拟合至目标层,即可算出历年出版产业国际竞争力目标层的最终关联度,即竞争力综合指数,具体情况如表 5-20 所示。

表 5-20　2013—2017 年宁波民营跨国公司竞争力目标层关联系数

目标层	2013	2014	2015	2016	2017
综合竞争力	0.521	0.473	0.535	0.652	0.803
综合竞争力增长率		−9.10%	13.08%	21.90%	23.15%

根据表 5-20 数据所示,我们可以看到宁波民营跨国公司综合竞争力 2017 年达到最高值,2013—2017 年期间出现波动。需要说明的是,展开纵向评价时忽略了定性指标的细微变化,所以在计算竞争力综合指数时无法像开展横向评价一样依次对指标层、要素层、系统层、目标层 4 个评价层的关联度进行逐层拟合。为了对宁波民营跨国公司竞争力纵向变化进行深度剖析,在此将计算出均由定量指标构成的定量型要素。具体计算过程如下:

第一，依据前文第三步所计算的各指标变异系数向量，利用公式(8)对各定量型要素中的各项指标进行赋权，计算得到五大要素中各指标的权重分别为：

$$W_{规模实力} = (0.300, 0.365, 0.336), W_{盈利能力} = (0.345, 0.323, 0.332)$$

$$W_{国际化能力} = (0.253, 0.385, 0.362), W_{发展能力} = (0.747, 0.253)$$

$$W_{风险控制能力} = (0.284, 0.267, 0.449)$$

第二，利用公式(9)计算 5 个定量型要素关联系数，可得如表 5-21 所示的具体结果。

表 5-21　2013—2017 年宁波民营跨国公司竞争力定量型要素关联系数

定量型系统	定量型要素	2013	2014	2015	2016	2017
基础竞争力	规模实力	0.333	0.354	0.405	0.590	1.000
	盈利能力	0.909	0.631	0.675	1.000	0.333
	国际化能力	0.464	0.495	0.654	0.712	0.911
	发展能力	0.435	0.333	0.418	0.531	0.912
—	风险控制能力	0.613	0.499	0.436	0.566	0.822

第三，利用公式(10)对定量型要素的关联系数进行拟合计算，得定量型系统——现实竞争力系统中的四大要素权重如下：

$$W_{基础竞争力} = (0.335, 0.192, 0.232, 0.241)$$

第四，根据表 5-21 中数据所示的规模实力、盈利能力、国际化能力和发展能力 4 个要素的关联系数及其权重，利用公式进一步计算基础竞争力系统的关联系数，得到 2013—2017 年宁波民营跨国公司基础竞争力指数及其变化情况，如表 5-22 所示。

表 5-22　2013—2017 年宁波民营跨国公司竞争力定量型系统关联系数

定量型系统	2013	2014	2015	2016	2017
基础竞争力	0.499	0.435	0.518	0.683	0.830

二、纵向综合评测总体评价

尽管宁波民营跨国公司竞争力水平与深圳、杭州等仍存在显著差距，但从宁波民营跨国公司竞争力综合指数的纵向变化可知，近年来宁波民营跨国公司的竞争实力日渐提升，增幅明显。具体而言，其动态演变轨迹体现出如下特点。

(一)发展快速,总体呈提升态势

2013—2017 年,宁波民营跨国公司竞争力增长态势总体较为强劲,竞争力水平明显提升。据图 5-3 可知,宁波民营跨国公司竞争力综合指数已由 2013 年的 0.521 增至 2017 年的 0.803,较 2013 年高出 0.282 个点,年均增长率 12.26%。尤其在 2015—2017 年连续 3 年,竞争力综合指数增长率分别达到 13.08%、21.90%和 23.15%。此外,从表 5-22 中数据所示的宁波民营跨国公司竞争力的定量型系统——基础竞争力得分的增长变化情况看,它也与宁波民营跨国公司竞争力综合指数的演变轨迹基本同步,近年来也是呈现出明显提升态势,已由 2013 年的 0.499 增至 2017 年的 0.830。同样在 2013—2017 年,宁波民营跨国公司基础竞争力增长态势尤为明显。由此可见,近年来,宁波民营跨国公司竞争力水平总体呈强劲增长的可喜态势,尤其在 2014 年以后,增速更是明显,表现强劲。而这种强势增长除了是因为受到宏观层面我国经济发展对市场需求的强力刺激之外,可以说主要得益于两大方面:一是政府为推动"走出去"战略,实施"一带一路"建设,同时,宁波作为中国中东欧合作试点城市、"中国制造 2025"试点城市享受特殊政策激励,宁波民营企业也积极响应国家政策,结合企业行业特点和自身优势,积极对外投资。二是宁波民营企业经历了近 40 年的成长和积累,部分企业已逐渐成长为具有一定国际影响力的国际化企业。目前,这些企业在宁波民营经济中已开始发挥示范带头作用,影响着更多的民营企业为实现产业发展和转型做出了一系列努力和尝试,如积极开拓市场,深化内部机制改革创新等推动产业的国际化发展。

(二)稳中有变,个别年份出现波动

宁波民营跨国公司竞争力综合指数近年来增长明显,然而进一步考察其历年增幅可知,宁波民营跨国公司竞争力的提升演变总体呈现出非稳态增长之势。如图 5-3 所示的综合指数历年提升稳中有变,增幅存在一定波动性,例如,2013 年宁波民营跨国公司竞争力综合指数为 0.521,2014 年下滑至 0.473,总体呈"先下降后上升"的动态演变轨迹。2014 年出现显著下滑,主要受资本市场在 2013 年面临经济低谷,市场表现不佳等因素影响。2013 年的市场对 2014 年的滞后影响,导致 2014 年宁波民营上市企业的整体表现明显下滑。从国际市场看,2012 年的世界经济增长势头明显趋弱,而且直接影响到 2013 年和 2014 年的全球经济增长率。主要发达经济国家的增长势头缓慢是全球经济下滑的根源。大多数发达国家,尤其是在欧洲的有关国家,在这一阶段陷入了恶性循环的困境之中。欧洲、日本和美国的经济困境以外溢的方

式影响到新兴经济体。伴随着主要的经济不确定性与趋向下滑的风险,欧元区危机、美国"财政悬崖"的进一步加重及新兴经济体国家的自身发展问题的暴露引起了全球性衰退。

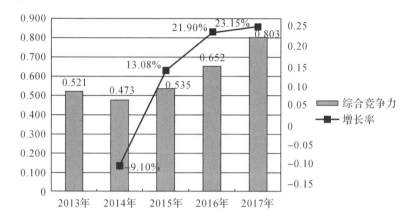

图 5-3　2013—2017 年宁波民营跨国公司竞争力综合指数及增长情况

三、基础竞争力纵向比较评价

根据上文分析提到,纵向比较分析中完全定量指标的系统为基础竞争力,因此,重点对宁波民营跨国公司的基础竞争力进行纵向比较。其中,包括规模实力、盈利能力、国际化能力和发展能力四大类要素。

(一)规模实力及其指标比较

近年来,随着宁波民营经济的快速发展,宁波民营企业的整体规模实力也不断提升,规模经济效应日渐显现。尤其是,本研究选择的样本企业主要是上市公司,上市公司在区域经济中也是实力相对较强的群体。根据图 5-4 可以看出,规模实力要素呈现稳定上升趋势,其增长率指标也是稳定增长。2014年,规模实力增长率为 6.11%,2017 年增长率达到 69.46%。从规模实力要素的构成指标分解分析,结合表 5-19 中定量指标变动趋势看,2013—2017 年期间,总资产、主营业务收入和固定资产三项指标均表现为连续 5 年稳定提升。主要原因为,一是随着"大众创业、万众创新、规范统一、竞争有序"的市场秩序不断营造,在政策扶持、创新服务、优化环境下宁波的民营企业营商环境良好,企业总体平稳扩张,企业规模稳固壮大,企业发展势头良好。二是,近年来,重点培育和打造宁波本土千亿级企业,是拥有"东方大港""开放强市"及

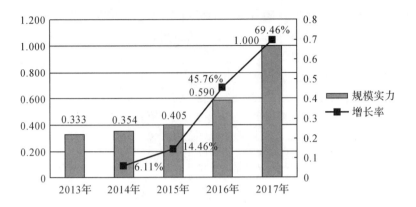

图 5-4　2013—2017 年宁波民营跨国公司规模实力竞争力指数增长情况

"民营大市"等标签的宁波必须完成的重要任务。千亿级的巨人型企业往往拥有巨大创新力、核心竞争力、市场影响力,宁波工业企业要敲开千亿级俱乐部的大门,根本路径是创新,做大主业,多元发展。同时,运用资本经营,兼并和重组国内外企业,借力资本市场实现跳跃式发展。在此背景下,宁波上市公司中的奥克斯集团、舜宇集团、均胜集团、雅戈尔集团、杉杉集团、宁波金田铜业和吉利汽车等成为第一批重点培育企业。这些企业近年来,通过资本市场,并购重组等方式实现规模快速扩张,同时,在国际市场中也快速成长。由上可见,宁波民营龙头企业的示范性与规模经济效应已逐步显现,规模水平日益提高。

(二)盈利能力及其指标比较

根据图 5-5 显示,宁波民营跨国公司盈利能力近年来呈现明显波动态势,是影响综合竞争力提升的一大制约因素。盈利能力竞争力指数表现为"先下降——后提升——再下降"的波动特征。首先,2013 年宁波民营跨国公司的盈利能力要素值为 0.909,到 2014 年下降到 0.631,从 2014—2016 年连续 3 年快速回升,2016 年达到高点。2017 年较 2016 年有所下降,指标值下降到 0.333。由此可见,2017 年宁波民营跨国公司的盈利能力竞争力情况非常不好,整体来讲,盈利能力竞争力的波动也反映了宁波民营跨国公司的盈利情况的不稳定,在很大程度上制约了基础竞争力及综合竞争力的提升,总体盈利水平亟待增强。

进一步分析盈利能力各指标的变化情况,根据表 5-21 中数据进行比较评价,我们可以发现盈利能力的构成指标中,主营业务利润率、资产净利率和净

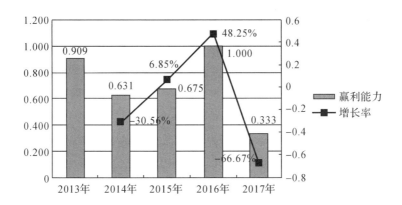

图 5-5　2013—2017 年宁波民营跨国公司盈利能力竞争力指数增长情况

资产收益率都是在 2013 年和 2016 年达到高点,尤其是在 2016 年,三项指标值达到最佳表现年份。结合宁波民营企业运行背景及国际经济环境,可以找到盈利能力指标波动的原因。2013 年民营企业迎来盈利能力高峰,原因有二。其一是国内市场回暖,制造业产品价格上升;第二是原材料市场调整,成本价格有所下降。2016 年,宁波的民营企业盈利能力整体大幅提升,各项指标增长均突破 40%,主要原因是 2016 年宁波本地 64 家上市公司年报显示。其中 61 家宁波上市公司实现盈利,36 家公司净利润超 1 亿元。例如,宁波汽车零配件行业加速发展,主要是一方面得益于全球汽车市场的复苏,另一方面得益于企业自身通过并购重组做大做强,夯实了发展基础。

(三)国际化能力及其指标比较

从 2013—2017 年宁波民营企业国际化能力构成指标的变动情况看,国际化竞争力整体表现为增长趋势,2013 年指标值为 0.464,2014 年增长 6.73%,2015 年指标值达到 0.654,增长率为 31.96%。2016 年涨幅有所下滑,指标值为 0.712,涨幅为 8.91%,2017 年国际化竞争力创新高,指标值达到 0.911。通过图 5-6 反映的变动趋势看,宁波民营跨国公司国际化能力连续稳定增长,表现较为平稳。

从国际化能力的构成指标进一步分析,根据表 5-19 显示,2014 年和 2016 年表现为提升特征,境外机构数指标在 2015 年达到竞争力最优,国际化销售密度指标与国际化能力的整体变化趋势相同,都呈现为连续稳定增长。综合分析,一方面,宁波民营企业对外直接投资的经验越来越丰富,对国际市场经济环境、政治和人文环境越来越了解,因此,民营企业的海外销售或直接投资

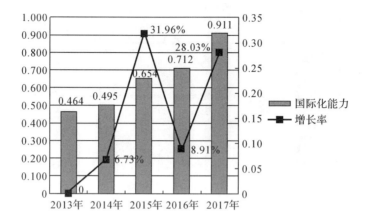

图 5-6　2013—2017 年宁波民营跨国公司国际化能力竞争力指数增长情况

办厂也越来越成熟。例如,近年来海天连续在巴西、德国、印度等地建设生产基地,通过生产网络扩张,快速进入国际市场。再有,申洲国际、狮丹努等企业抱团走出去,纷纷在越南、柬埔寨等国家开办工厂及销售中心。另一方面,民营企业跨国并购等国际扩张活动在近年来掀起高潮,并购绩效表现稳定。例如,宁波均胜电子等从 2013 年开始,先后收购德国 IMA、德国 QUIN、德国 TS、美国 KSS、美国 EVANA 和日本 Takata。通过对外并购这条途径,公司从一家汽车功能件企业演变为一家拥有汽车安全、汽车电子和汽车功能件的跨国公司。由此可见,近年来宁波民营跨国公司国际化竞争力有明显提升。

(四)发展能力及其指标比较

从 2013—2017 年宁波民营企业发展能力构成指标的变动情况看,发展竞争力整体表现为波动增长,2013 年指标值为 0.435,2014 年下降至 0.333,增长率为 −23.33%。从 2014—2017 年变动情况看,发展指标值一路提升,2015年达到 0.418,增长率为 25.53%。2016 年指标值为 0.531,涨幅为 26.92%,2017 年发展竞争力创新高,指标值达到 0.912,涨幅达到 71.71%。通过图 5-7 反映的变动趋势看,宁波民营跨国公司发展能力呈现先下降后连续稳定增长的趋势。

从发展能力的构成指标进一步分析,根据表 5-19 显示,销售收入增长率、和净利润增长率表现不同。其中,销售收入增长率 2014 年有所下降,从 2013年的 0.346 下降至 0.333,之后指标值连续增长。此外,净利润增长率 2013年表现强劲,指标值为 0.697,之后上涨至 2016 年的最高点,2017 年下降至

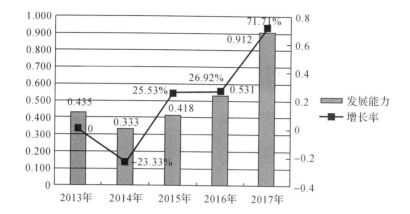

图 5-7 2013—2017 年宁波民营跨国公司发展能力竞争力指数增长情况

0.652。综合分析,近年来宁波民营跨国公司发展竞争力虽然有一定程度的提升,但从分解指标变动趋势看,还是存在不稳定特征,因此,在一定程度上影响了宁波民营跨国公司的基础竞争力,也不利于综合竞争力的提升。

第六章

宁波民营跨国公司竞争力影响因素
及形成机制分析

根据上章综合竞争力测度与评价分析,实证研究可知,一方面,从基于计划单列市和浙江省城市范畴内的横向测评结果看,宁波民营跨国公司竞争力处于中等梯度,总体上与深圳、杭州等城市还存在明显的竞争力差距,尤其是与深圳的民营跨国公司综合竞争力相比较还难以在短期内填补差距;另一方面,从宁波的纵向测评结果看,宁波民营跨国公司竞争力增长态势稳定且强劲,近年来总体水平得到持续增强。为了更加有效地找到宁波民营跨国公司竞争力的提升路径,有必要对以上实证研究与评价结果进行全面总结。因此,本章将重点分析竞争力影响因素,系统探讨宁波民营跨国公司竞争力提升的制约因素。

第一节　宁波民营跨国公司竞争力测度结论

本节分析宁波民营跨国公司与国内同类其他城市的差距以及自身优劣势,总结宁波民营跨国公司竞争力的演变趋势、主要问题及优势之处。

一、宁波民营跨国公司竞争力优劣势分析

结合前文的分析结果可知,宁波与深圳、杭州等一线城市相比,民营跨国公司竞争力构成的系统层仍面临优势少、劣势多的问题。在此基础上,本节进一步深入分析宁波与排名第一的深圳的差距及原因。

(一)系统层优劣势

根据上章整理的各城市 2013—2017 年的各项指标,整理宁波与深圳的对

比数据。本节重点利用2017年的数据进行两个城市的对比分析。首先构建宁波与深圳两个城市的各系统竞争力的强弱对比雷达图,具体情况如图6-1所示。从中可知,系统层中宁波民营跨国公司竞争力中3个系统层均是劣势点。对比图中宁波与深圳的发展数据,基础竞争力系统,深圳(0.471)高于宁波(0.447)0.024;核心竞争力系统,深圳(0.928)高于宁波(0.493)0.435;潜在竞争力系统,深圳(0.854)高于宁波(0.555)0.299。通过数据对比,宁波在核心竞争力系统和潜在竞争力系统与深圳的差距更大、更显著,在基础竞争力系统与深圳的差距较小。因此,应认真思考带来差异化的原因,一方面宁波的民营跨国公司企业由于天生国际化基础良好,因此为基础竞争力带来了一定优势,另一方面,由于宁波企业结构偏于传统制造业,企业创新等相对滞后,产业结构调整短期也很难见效,因此核心竞争力系统必然会存在劣势。

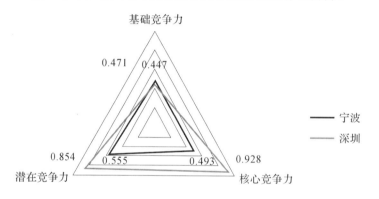

图6-1 2017年宁波与深圳民营跨国公司各系统竞争力强弱对比

(二)要素层优劣势

依据前文表5-19所示数据,同样可构建宁波与深圳两个城市的2017年各要素竞争力的强弱对比雷达图,具体情况如图6-2所示。从中可知,在民营跨国公司竞争力要素层中,宁波民营跨国公司竞争力共有3个优势点,其他的均为劣势点。其中,国际化能力、发展能力和风险控制能力表现具有比较优势,而其他的规模实力、盈利能力构成的基础竞争力均为劣势点;核心竞争力系统中的创新能力和经营管理能力是劣势点,风险控制能力具有微弱优势;潜在竞争力系统中的经济政治环境和文化创新环境也都是显著的劣势点。

通过数据对比宁波与深圳的民营跨国公司要素竞争力,宁波的民营跨国公司国际化能力、发展能力与风险控制能力要素是优于深圳。国际化能力要素对比,宁波(0.583)略高于深圳(0.564)0.019,风险控制能力要素宁波

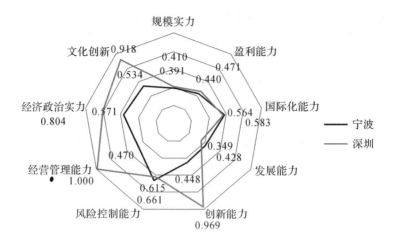

图 6-2　2017 年宁波与深圳民营跨国公司各要素竞争力强弱对比

(0.661)高于深圳(0.615)0.046,发展能力要素宁波(0.428)比深圳(0.349)超出 0.079。其他 6 项要素,宁波与深圳还存在差距,面临竞争劣势。其中,规模实力要素宁波(0.391)与深圳(0.410)的差值为 0.019,深圳优于宁波;盈利能力要素宁波(0.440)与深圳(0.471)的差值为 0.031,宁波民营跨国公司盈利能力偏弱;创新能力要素宁波(0.448)与深圳(0.969)的差值为 0.521,深圳创新能力优势较大;经营管理能力要素宁波(0.470)与深圳(1.000)的差值为 0.530;政治经济实力要素宁波(0.571)与深圳(0.804)的差值为 0.233;教育创新环境要素宁波(0.534)与深圳(0.918)的差值为 0.344。综上,宁波要提升民营跨国公司竞争力综合水平,还需要从企业内部和外部环境双管齐下,一方面企业内部从规模、技术、创新等要素入手提升企业内部竞争力,另一方面,从地方经济发展看,地方政府也应该从优化经济政治、文化创新环境等要素入手提升区域竞争力。

(三)指标层优劣势

依据前文表 5-19 所示数据分别构建宁波与深圳两个城市的 2017 年各定量指标竞争力的强弱对比雷达图和定性指标竞争力的强弱对比雷达图,具体情况如图 6-3、图 6-4 所示。根据图 6-3 显示,在宁波民营跨国公司竞争力的 18 项定量指标中,宁波具有 5 个优势点,分别为人均国民收入、股权集中度、主营业务占比、销售收入增长率和国际市场占有率。其中,人均国民收入、主营业务占比和国际市场占有率 3 项指标具有显著优势,其他 2 项为弱优势点。根据图 6-4 显示,在宁波民营跨国公司竞争力的 8 项定性指标中,深圳具有绝

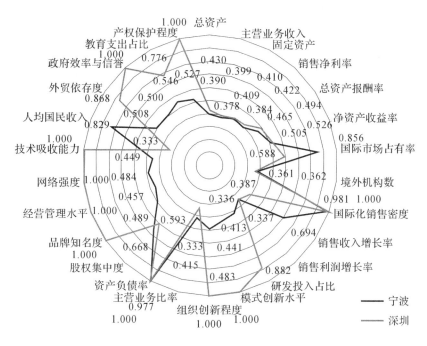

图 6-3　2017 年宁波与深圳民营跨国公司各定量指标竞争力强弱对比

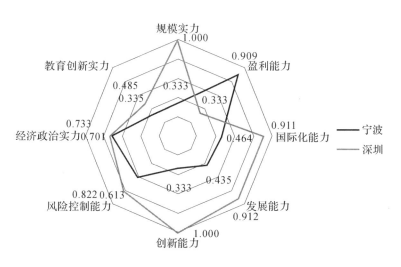

图 6-4　2017 年宁波与深圳民营跨国公司定性指标竞争力强弱对比

对优势。

二、宁波民营跨国公司竞争力的动力与阻力分析

结合前文的实证研究结果可知,2013—2017 年,宁波民营跨国公司竞争力整体呈波动提升态势,这在很大程度上取决于各系统、要素以及指标竞争力的整体提升与变动。为更加直观地展示宁波民营跨国公司竞争力提升的动力与阻力,将通过对比 2013 年与竞争力最强的 2017 年各评价层关联系数即竞争力,得出各系统、要素及其相应指标的历时性发展情况。考虑到定性指标2013 年至 2017 年采用相同赋值,因此,宁波纵向分析主要对比定量指标。

(一)系统动力与阻力分析

纵观 2013—2017 年宁波民营跨国公司系统竞争力强弱变化情况,我们通过数据可以观察到,2013—2014 年,宁波民营跨国公司的基础竞争力、核心竞争力和潜在竞争力都呈现小幅下滑的趋势。2015—2017 年部分系统又有所提升。其中,基础竞争力系统和核心竞争力系统都是呈现稳步上升的趋势。其中,基础竞争力从 2014 年的 0.435,增长到 2015 年的 0.518,2016 年提升到0.683,2017 年达到新高 0.830。核心竞争力系统也与基础竞争力变动趋势相同。最后,潜在竞争力系统,先后在 2014 年和 2017 年出现波动下降,2014年潜在竞争力指标值从 2013 年的 0.556 下降到 0.502,2017 年潜在竞争力指标从 2016 年的 0.644 下滑到 0.635,波动特征显著。2013—2017 年宁波民营跨国公司各系统竞争力强弱对比详见表 6-1。

表 6-1　2013—2017 年宁波民营跨国公司各系统竞争力强弱对比

系统层	2013 年	2014 年	2015 年	2016 年	2017 年
基础竞争力	0.499	0.435	0.518	0.683	0.830
核心竞争力	0.559	0.568	0.514	0.564	0.857
潜在竞争力	0.556	0.502	0.627	0.644	0.635

(二)要素动力与阻力分析

依据要素层指标数据,首先构建宁波民营跨国公司 2013 和 2017 年各要素竞争力的强弱对比数据表及雷达图,具体情况如表 6-2 和图 6-4 所示。从表 6-2 中数据可知,宁波民营跨国公司竞争力要素层中,2013—2017 年期间各指标存在一定波动。各项要素中有 2 个要素表现为连续稳定的上升趋势,其他 5 个要素层呈现波动变化。尤其是教育创新和政治经济环境等波动特征

较明显,波动幅度也较大。通过 6-4 雷达图直接观测,可以看到宁波民营跨国公司竞争力要素中的盈利能力要素表现为阻力点,阻力作用较突出;此外,其他的规模实力、国际化能力、发展能力、风险控制能力、经营管理能力及教育创新环境等表现为动力点的特征,呈现一定上升趋势,尤其是教育创新环境动力效果更明显。

通过数据对比,2017 年与 2013 年宁波民营跨国公司要素竞争力值,2017年整体水平有所上升,但上升幅度不大。同时考察 2013—2017 几年间的变动情况,其间还呈现一定的波动。综上,宁波民营跨国公司要素竞争力在波动中缓慢上升,其间 2015 年大部分要素数据明显优化。其背景原因,一是国家自2013 开始推进实施"一带一路",企业国际化步伐明显加快,对外直接投资主要集中在基础建设、制造业等领域,宁波制造业集聚优势显著,因此,各项国际化指标在 2015—2016 年达到小高峰,之后部分指标出现回落。二是 2013—2015 年宁波大力推进战略性新兴产业的建设,企业转型升级的努力,使得这几年间宁波的部分企业出现经济数据好转。

表 6-2   2013—2017 年宁波民营跨国公司各要素竞争力强弱对比

要素层	2013 年	2014 年	2015 年	2016 年	2017 年
规模实力	0.333	0.354	0.405	0.590	1.000
盈利能力	0.909	0.631	0.675	1.000	0.333
国际化能力	0.464	0.495	0.654	0.712	0.911
发展能力	0.435	0.333	0.418	0.531	0.912
创新能力	0.333	0.855	0.837	0.560	1.000
风险控制能力	0.613	0.499	0.436	0.566	0.822
经济政治实力	0.701	0.613	0.382	0.610	0.733
教育创新实力	0.335	0.333	1.000	0.696	0.485

(三)指标的动力和阻力分析

依据指示层数据,本文构建宁波的 2013—2017 年各定量指标竞争力的强弱对比雷达图,具体情况如图 6-5 所示。根据图 6-5 显示,在宁波民营跨国公司竞争力的 18 项定量指标中,部分表现为竞争力提升,部分指标 2017 年较2013 年反而有所下滑。其中,销售利润增长率、资产净利率、净资产收益率、销售利润增长率、资产负债率和外贸依存度等,表现为阻力特征,尤其是资产负债率和外贸依存度指标的阻力较大。其他的总资产、主营业务收入、固定资

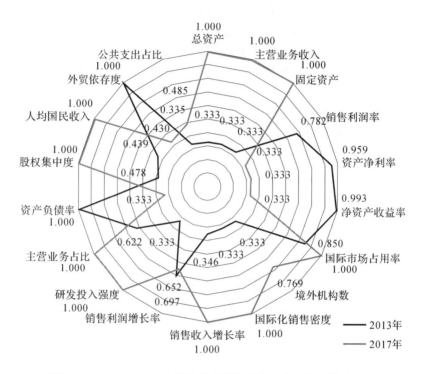

图 6-5　2013—2017 年宁波民营跨国公司指标竞争力强弱对比图

产、研发投入强度、国际市场占有率、国际销售密度和股权集中度等指标表现为动力特征。其中,7 项指标 2017 年比 2013 年增长幅度超过 0.6 以上,表现为强势动力;人均国民收入指标,表现为较强势动力,2017 年比 2013 年增长幅度为 0.561;增长幅度在 0.3 以上的指标有 1 项,境外机构数指标表现为中等动力;教育公共支出占比指标增长幅度在 0.1 以上,表现为弱动力。综上分析,宁波民营跨国公司竞争力的演变趋势过程中,整体都表现为提升,整体来讲,提升的主要动力因素来自核心竞争力和潜在竞争力的构成指标。

三、宁波民营跨国公司竞争力分析结论

基于以上实证研究与分析,横向对比 2017 年宁波与深圳的强弱情况,以及结合纵向对比宁波民营跨国公司竞争力 2013 年和 2017 年之间的变动情况,可以对宁波民营跨国公司竞争力的综合情况得出如下主要结论。

（一）深圳、杭州优势地位显著

深圳和杭州等城市在计划单列市和浙江省同类城市中处于强势地位。无论是从民营跨国公司的基础竞争力、核心竞争力还是潜在竞争力看，它们都体现出明显竞争优势，是名副其实的竞争力优势城市。与之相比，宁波民营跨国公司竞争力属于第二梯度，在规模实力、盈利能力等基础核心竞争力构成要素，创新能力、经营管理能力和组织创新能力等核心竞争力要素中处于劣势地位，相比较在国际化能力、销售收入增长率等指标中具有一定优势性，整体水平还是难以与深圳、杭州等创新国际化城市相媲美。也正是因为如此，在今后较长一段时间内，宁波民营跨国公司竞争力仍将是重点培育和经济发展所依赖的核心力量，提升宁波民营跨国公司竞争力任重而道远。

（二）宁波民营跨国公司国际化进程加速

近年来，宁波民营跨国公司在国际市场中成长较快，国际化进程也显著提升，国际影响持续拓展，企业国际竞争力明显增强，且有着可喜的发展前景与提升机会，与深圳、杭州等优势城市之间的强弱差距呈缩小之势。这离不开宁波民营跨国公司的销售收入水平、市场集中程度、出口规模、市场占有份额以及企业综合创新能力等动力因素的强力助推。若深入剖析其中的原因，可以说主要是我国政府在实施"走出去"战略等方面所做的长期努力以及企业在开拓出版市场、深化内部机制改革与创新、优化经营管理模式与提升企业综合创新能力等方面所做出的一系列探索和尝试。同时，这也与我国的国民经济发展水平、市场开放程度、国家创新程度和国际地位等宏观外部因素密切相关。

（三）宁波民营跨国公司成长空间较大

宁波民营跨国公司竞争力相对于深圳、杭州等城市的民营跨国公司竞争力存在明显的劣势，而这种劣势在一定程度上折射出宁波民营跨国公司的产品技术创新、组织创新等仍具有巨大的改善和增值空间。在国际大环境影响下，近年来宁波作为快速发展的城市，应充分结合本地的经济发展水平、人口数量、科技实力等客观实际，正确看待宁波自身与深圳、杭州等国际化程度较好的城市之间存在的差距，有的放矢地提出相应策略，合理稳步地推进宁波民营跨国公司竞争力水平的提升。

（四）宁波民营跨国公司国际化经验不足

与全球跨国公司相比，宁波的民营跨国公司国际化与国际大型企业相比，国际化水平明显偏低。宁波跨国公司发展虽取得了一定的进步，其国际化水平在国内走在前列,但总体而言,投资主体国际化经验仍然不足,宁波企业"走出去"发展距离真正意义上的跨国公司还有较大差距,国际化水平距离世界平均水平仍有差距。根据发放问卷调研的企业数据显示,调研的企业中平均跨国指数与世界 100 大跨国公司平均跨国指数还存在显著差距,达到世界 100 大跨国公司平均跨国指数的只有两家。在境外资产规模方面,差距更大。在技术、品牌等核心竞争力以及国际化经营能力、理念等方面也亟待提升。

(五)宁波民营跨国境外资产规模偏小

与其他城市横向比较,宁波跨国公司境外资产规模虽小,但国际化程度较高,与国内企业相比具有一定的优势。目前,我国跨国公司主要由央企构成,宁波的企业与之相比,境外资产规模明显偏小。但宁波企业跨国指数较全国平均水平则更高。根据本研究中统计的企业平均拥有境外资产 55.97 亿元,远低于全国 100 大跨国公司平均拥有境外资产的 524.73 亿元。其中浙江吉利集团、均胜、杉杉等一批企业的国际化程度较高,同时,企业规模也具有一定优势。整体来看,宁波的民营跨国公司资产规模实力不足,具备一定基础。

第二节　跨国公司竞争力影响因素分析

近年来,宁波民营跨国公司竞争力虽提升明显,但其总体水平仍十分有限,与深圳和杭州等优势城市相比差距悬殊。而结合以上分析可知,目前宁波民营跨国公司在企业规模、企业管理、内部创新等方面相对于深圳和杭州所体现出的劣势以及自身发展过程中盈利能力有限、市场活力欠缺、市场需求不足等障碍都是制约宁波民营跨国公司竞争力提升的主要因素。本研究主要从内外部两大方面深入剖析和总结宁波民营跨国公司参与国际竞争、提升竞争力的制约因素,以期为对策研究提供方向和思路。

一、竞争力制约因素的理论分析

借鉴产业竞争力理论、资源学派以及核心能力学派的观点,影响企业竞争力制约因素主要包括外部因素和内部因素。

(一)外部因素的理论来源

企业外部因素主要指环境因素,包括法制环境、资金环境、竞争环境、市场环境、政府服务环境等。国家的产业政策、税收政策、区域政策等均对企业活动产生影响,这些因素也都属于环境因素。20 世纪 80 年代后期,以波特为代表的竞争战略理论即"五力"理论认为,企业的竞争优势取决于企业在其所在产业中的市场地位(在一个非常有吸引力的产业里,若企业不具备有利的竞争地位,则其不可能得到充分发展)、企业所在产业的长期赢利能力(一个具有优势竞争地位的企业,若身处前景黯淡的产业,也无法获得满意的利润)。产业环境中存在着五种基本的竞争力量,即新的竞争对手的进入、替代品的威胁、买方的讨价还价能力、卖方的讨价还价能力,以及相同行业竞争对手之间的竞争。企业要充分利用这五种竞争力之间的关系,推动这些力量向自己有利的方向转变。这五种作用力能影响产业竞争强度和产业利润率,最终影响企业竞争力。

在产业结构学派的不断演进中,梅森和贝恩提出了"结构—行为—绩效"(structure-conduct-performance)范式(梅森—贝恩范式)。他们指出:市场结构决定企业的行为,而企业行为进一步影响企业绩效(包括效率、价格和边际成本比、产品的多样性等),而这直接对企业竞争力产生影响。此外,国家政策(产业政策、税收政策、区域政策等)对企业活动的影响、国际经济关系(贸易壁垒、汇率变动等)和技术创新环境、金融环境等,都被归类于环境因素对企业竞争力产生的影响。

(二)内部因素的理论来源

环境因素只是影响企业竞争力的一个方面,企业内部的因素才是竞争力差异的决定性因素,这些内部要素主要分为资源和能力。资源分为有形资源和无形资源两大类。有形资源指土地、房屋、机器设备、资金等;无形资源包括商誉、专利权、商标权、专有技术、土地使用权、人力资源等。能力主要包括企业适应环境的能力,即感知市场导向、学习吸收新知识技能、建立良好社会网络关系、协调整合企业经营管理活动能力等;获取或开发资源的能力包括企业融资能力、研究开发创新能力、开发人力资源能力、增强生产产能能力、营销产品能力、建设信息系统能力等;战略和经营管理能力体现为领导者素质、企业文化氛围、人力资源管理水平以及资产管理水平等等。

结合以上实证研究结果发现,影响宁波民营跨国公司提升最为关键的制约因素在于企业自身实力的不足。基于环境因素(外部论)对企业竞争力进行研究显然是片面的,未突破经典经济学理论的基本假设条件,即"理性人"假设:每一个从事经济活动的人(企业)所采取的经济行为,都是力图以自己最小的经济代价,去获得自己最大的经济利益。这意味着不同企业在经济决策的原理上是没有差异的,即"企业同质"。企业被抽象为投入和产出完全一致的

"黑匣子",但这很难解释相近环境下,企业竞争力的持续性差异。随着对竞争力的研究进入管理经济学(企业经济学)的阶段,"企业同质"的假定被放弃,取而代之的是,企业存在着实质性的内部结构差异和行为差异假定,企业从"黑匣子"转变为"白匣子",对企业竞争力的研究进入对企业内部差异的剖析,认为企业内部的因素,才是竞争力差异的决定性因素。企业竞争优势内生论在讨论影响企业竞争力的内部要素时,一部分学者将核心能力和知识归于资源基础论的内部深化,一部分学者将核心能力归为能力要素,还有一部分学者则更具体地提出创新、管理等要素。产生这些差异的原因在于这些要素并不是互斥的,它们在外延上是相互交叉的,甚至是可以相互转换的。因此,将影响竞争力的内部要素分为资源、能力(包括知识、核心能力、动态能力)进行探讨。

二、内部制约因素分析

(一)企业资源基础相对薄弱

长期以来,宁波民营跨国公司在产业资源要素方面仍存在一定不足,面临资源基础薄弱的现实,这也导致企业盈利水平低、国际市场份额少、企业绩效不明显以及企业总体实力难与深圳、杭州等城市相比。具体而言,一是宁波的民营企业大都是制造业,制造业市场开放程度相对较高,与国际市场的竞争也更为激烈。例如宁波的家电、纺织等传统制造业,在日益开放的国际市场中,由于嵌入全球生产链的地位并不高,国际市场中技术壁垒等限制较高,致使产业资本资源的数量与质量水平偏低,在国际上还是缺乏竞争优势。二是民营跨国公司从业人员整体素质不高,总体人才储备欠缺。现有人才队伍结构中复合型、外向型、创新型人才匮乏,尤其缺少具有国际视野的经营管理人才和具备多语种交流技能的技术管理人才,以及精通产品经营运作的新型人才,难以满足民营企业的国际化发展以及"走出去"企业在东道国的本土化运作。三是民营跨国公司的社会网络水平有限,同时由于知识基础薄弱,民营跨国公司对知识资源的利用程度有待加强。在日益网络化的环境下,企业与外部关系主体如供应商、经销商、顾客、竞争对手等外部组织之间的关系不断增强,企业与这些外部关系主体的关系构建和管理能力将直接影响到企业创新能力的提升、竞争优势的获取以及企业核心竞争力的提高。目前,民营跨国公司在社会网络资源获取和利用方面,经验还相对不足,尚未充分将这种资源优势转换成现实生产力与国际影响力。四是技术资源实力单薄。近年来,全国企业的生产技术水平不断提升,但技术大多集聚在应用领域层面。由于技术研发的资金投入水平总体较为有限,制约了技术实力的提升,也在很大程度上阻碍了资本资源、人力资源尤其是知识资源等高级资源的深度开发与多元利用,不利于资源要素的整体升级。

(二)规模优势不明显

随着市场化的深化以及企业转型升级的不断努力,宁波民营跨国公司的结构与竞争态势有所改善,产业资源得到一定程度的优化配置和高效利用,初步呈现出规模经济效应。然而总体而言,宁波民营企业以制造业为主,但产业集中度低,产业内企业仍呈粗放型发展与分散竞争态势,在很大程度上制约了产业的规模化经营与集约化增长。而这也是我国目前仍为制造业大国而非制造业强国的主要原因所在。具体而言,一是民营企业自发、自主、自觉地参与国内竞争尤其是国际竞争的主体意识和市场意识薄弱,大多处于彼此分散、不完全竞争的粗放型发展状态,且对国际化发展战略的认识和把握不足,总体规模及实力水平与国外企业差距明显。二是缺乏具有国际垄断性与话语权且能够与国外大型跨国公司抗衡的行业领袖,缺少能够在全球范围内凸显自身辐射能力与国际知名度的企业品牌。三是民营企业的相对资源能力不足,缺乏根据自身发展或市场需要而开展的产业链延伸拓展、媒体整合以及跨媒体经营等活动,市场化程度低,规模经济效应不足。这必然不利于产业内部各环节资源要素的优化配置和产业链的有效衔接与完善,有碍于产业整体规模与贸易结构的优化,最终制约企业实力及其国际竞争力的整体提升。

(三)企业社会网络体系资源利用不充分

从目前发展的实际情况以及以上实证研究结果可知,宁波民营跨国公司与上、下游企业以及关联产业的聚集程度偏低,产业组织结构不合理。尤其与国外大型企业相比,宁波民营跨国公司的主营业务不明显。企业在实际经营管理过程中,如果不与外部网络中的相关主体保持密切的联系,有效整合各种外部资源,就无法保证企业的长期稳定发展。因此,企业应积极主动地参与到其所处的社会网络中,并与外部网络中的相关主体积极互动和交流,充分利用各种外部资源。随着信息技术的普及和发展,社会关系网络在企业组织变革与创新过程中扮演着越来越重要的角色,并对企业的生产经营过程产生了全方位的影响,企业必须在强化内部管理的基础上充分利用和整合各种外部网络资源,才能更好地保持其市场竞争优势。目前,宁波民营跨国公司缺乏跨国家、跨地区、跨行业的经营运作能力与经验,难以像国际大型企业一样,能够快速整合上下游企业的资源,进行多元化生产和运作。二是宁波与其他城市相比较,产业集群的整体空间布局不够合理。目前,宁波的产业基地较为分散,分区域形成了小家电、纺织服装、模具等一些产业集聚区。国内现有的产业基地(园区)多集中于北京、上海、浙江、江苏、广东等城市和省份,宁波在浙江省中属于传统制造业集聚的城市区域,但现有产业以外销贸易为主,还缺乏高技术含量的优势企业。三是我国宁波民营跨国公司还处于多元化探索的阶段,尚未真正走上典型的国际化企业阶段。

(四)现代企业管理体制有待完善

宁波民营跨国公司大多来源于草根民营经济,目前的管理仍以家族企业管理方式为主。随着市场化的不断推进,企业要融入国际市场,必须要积极转变思路,加强经营管理意识、创新管理机制,实现自身由生产型向生产经营型角色的转变。然而,因市场主体意识以及现代化经营管理模式的长期缺位,宁波民营企业整体经营管理水平有限,转型发展步伐有待加速,难以适应国际化发展的需要。这主要表现在:第一,企业目前普遍尚未形成完整高效、科学合理的包括生产管理、产品建设、成本管理、财务管理、风险控制、制度建设、人事安排、绩效管理、战略管理等一系列工作在内的企业管理体系以及参与国际资本运作与海外营销管理的现代化管理模式,自身可持续发展以及市场化、国际化发展受阻。第二,部分企业还并未建立起真正意义上的现代企业制度,企业法人制度建设以及内部组织管理制度的科学性、合理性不足,绩效考核与激励约束机制欠佳,总体仍处于集权式、粗放型管理状态。第三,企业自主参与管理机制体制改革创新、制度创新、技术创新、产品内容创新的主体意识与管理理念明显薄弱,尤其缺乏自主开展管理转型探索的自觉性、主动性与创新意识,管理信息化、技术化建设力度不足,不利于企业间的充分整合与衔接,有碍企业生产效率的整体提升以及转型发展。

(五)产品实力水平有限

产品实力直接决定企业的生存与发展,是跨国公司竞争力的核心构成部分之一。根据以上的竞争力横向比较和纵向分析,宁波民营跨国公司在产品实力及技术含量等方面存在较强劣势点与制约因素。传统的制造业以人力资本密集型为产业特点,但这种现状与国际制造业的知识密集型、智力密集型的趋势相矛盾。宁波民营跨国公司相对于国际大型跨国公司仍存在着明显劣势以及较为薄弱的国际竞争力水平也在很大程度上折射出宁波民营跨国公司制造的产品技术不足、创新性不足、生产效率与生产技术水平有限等问题。具体而言,一是产品技术创新性不足。因不少企业片面追求出口数量与短期经济效益,大多企业生产的产品普遍存在着跟风、同质化、重复等问题,缺乏创新意识,原创实力欠佳。二是产品国际化能力薄弱,尚未形成全球范围内的立体化营销网络,对西方发达国家的出口能力尤为不足。从输出地看,产品大部分出口至我国香港、台湾地区以及东南亚国家,真正进入欧美主流市场和渠道的产品非常有限。这与我国产品质量不足以及产品走向世界、参与国际竞争的经验、力度、渠道欠缺息息相关。

(六)管理团队水平不均衡

民营企业家在开拓全球化视野、组织领导国际化人才储备方面应具有超前的战略眼光。随着经济全球化和区域经济一体化的深入发展,国际产业链和价值链体系正在发生重构。民营企业"走出去",在东道国形成产业集群,需要放眼全球,具备国际化视野,在中观层面明确自身在产业链所处的位置。由于处于产业链中高端的企业数量较少,实力不足,因此在全球化和国际化过程中面临的困难较大。宁波民营企业境外产业链合作形成产业集聚尚处在萌芽和起步状态,而全球化和国际化过程中的核心要素是国际化人才储备。由于地区间的文化和价值观存在很大的差异,民营企业在国际化过程中虽然可以尝试在当地寻找新的合作伙伴,与东道国的企业形成合作生产网络,但需要花费很高的成本,谈判和试错的成本也很高,而且要经过长时期的磨合,这无疑会成为民营企业进行对外投资的障碍,因此民营企业自身的国际化人才储备数量和获取国际化人才的便捷途径显得尤其重要。宁波民营企业在国际化的过程中,面临国际化人才的巨大缺口。目前,宁波民营企业非常缺乏熟悉国际标准、按国际惯例办事的国际化人才,这导致了一系列如草率制定生产计划、产品从生产到交货毛躁等问题。这不仅难让订货方满意,而且影响企业自身的发展,尤其在国际业务中,国际化职业经理人更加缺乏,无法满足企业对高层次人才的需求。国际化人才储备不足严重影响企业国际化进程。

三、外部制约因素分析

(一)国际外部市场需求萎缩

实际表明,在世界经济仍然低迷的大背景下,我国国内的供需结构性矛盾也一并凸显,同时更逼迫企业在日益加剧的市场竞争和劳动力成本增加条件下加快转型,提升自身竞争优势;而且"稳增长"的现实需要更不可忽视,其意义在于站在可接受区间底线上"调结构、促转型"使供给层结构性改革能够持续推进。宁波民营跨国公司竞争力之所以不及深圳、杭州,除了自身实力不足之外,还与经济发展水平影响的市场需求等外部环境因素密切相关。从以上实证分析结果可知,宁波的经济基础实力以及所呈现出的市场需求既是宁波民营跨国公司与其他城市相比较中的竞争的劣势所在,也是近年来宁波民营跨国公司竞争力实现纵向提升的主要障碍,从根本上制约了宁波民营跨国公司竞争力的整体提升。具体而言,一是与深圳、杭州等国际化强国相比,宁波的民营企业产品的市场需求因全球市场中面临低层次产品产能集中,产品同质且缺乏国际竞争力等问题,同时国际市场中近年来又存在经济下滑,宁波本土的国民经济水平增长缓慢、国民购买力有限、引导力度欠缺等情况,导致宁波民营跨国公司的产品需求规模小、总体需求不足且日趋萎缩等问题,传统企业的发展缺乏根本动力。二是目前外部市场中存在需求结构不够完善,市场中纺织、小家电等市场的整体消费结构不够合理、协调,呈失衡状态。综上,这些都导致了宁波的民营跨国公司缺乏竞争力。

(二)贸易投资国制度环境不利

国内企业在国际化经营过程中往往会受到投资或贸易国的相关法规、制度的限制。一方面是企业在直接投资中要遵守国际投资协议,目前国际投资体制由 3271 个双边区域及诸边投资协议组成,各个协定之间往往缺乏连续性、一致性,甚至存在诸多相冲突的地方,目前大多数的国际投资争端的被起诉对象仍以发展中国家居多,而中国作为发展中国家,随着中国企业对外直接投资的增多,受到越来越多东道国的关注,东道国投资保护主义增加了中国企业海外投资的成本与风险,部分国家会通过直接设置关卡或间接制造障碍来阻挠中国企业在海外获得资源和能源。发达国家会从战略威胁的角度去看中国的对外投资,出台新的外资管理法律,提高投资门槛,并设立严格的投资审查,如澳大利亚在 2010 年通过新立法,严格对国外投资的管理,我国对美国的投资至今仅占美国外商直接投资很小的部分。另一方面,企业在投资中会受到东道国的国家制度影响。一个国家的制度是根植于其悠久的发展历史中的,一直以来东西方文化都存在着较大的文化差异,加上政治体制的不同,制造业企业的经营触角已经伸向了世界各地,在这样的情况下,企业跨国经营需要与东道国的政府、社区、公民打交道,需要面临东道国复杂的正式与非正式制度与文化差异。法律法规、社会文化、信仰、风俗习惯等各制度方面的差异都在影响着企业国际化的经营绩效,关系到企业国际化的成败。在《中国对外投资和经济合作》的平台上,有许多关于中国企业在国外跨国经营遇到的法治、人文、政治等制度环境差异带来的损失案例。世界银行的全球治理指数(WGI),测量的是一个国家权力行使的传统和机构,比如政府选择、监督和更换流程的方式,政府有效地制定和实施健全政策的能力,以及尊重公民支配它们之间的经济和社会互动的制度状态。中国与制造业企业主要境外分布国家的制度差异是比较明显的,制度的差异意味着海外经营风险与经营成本的增加。

(三)产业结构布局有待优化

宁波民营跨国公司主要集聚于纺织、家电等传统制造企业。近年来,我国经济面临转型升级阵痛,传统制造竞争力偏弱。宁波经济外向型程度高,但在国际产业分工中,宁波制造业仍处于低加工和低附加值环节。国际金融危机后,发达国家"再工业化"和发展中国家的同质低价竞争,对宁波制造业冲击较大,产业转型升级压力大。从测评结果来看,部分传统制造业质量竞争力偏弱,如石油加工、炼焦、皮革、毛皮、羽毛及其制品和制鞋业,酒、饮料和精制茶制造业,质量竞争力指数处于欠质量竞争力发展阶段。纺织服装和服饰业、家具制造业等传统优势制造业质量竞争力处于初等质量竞争力发展阶段。宁波制造业也存在素质性和结构性问题,主要表现为:产业层次比较低,高附加值、高技术含量产品少,企业整体技术创新能力较弱,缺少核心竞争力。在能源资源价格上涨、土地供应日益紧张、劳动力成本优势逐渐丧失的背景下,宁波制造业的不足之处正日益成为阻碍工业经济增长的"短板"。近年来,宁波以创新型初创企业、科技型企业、高新技术企业、创新型企业培育梯队为主体,形成了科技型企业和创新领军企业协调发展的良好局面。在此背景下,对宁波民营跨国公司的结构布局进行完善优化还尚需时日。

(四)行政管理效率尚需提升

企业发展离不开政府提供的良好产业政策环境、法律环境、制度环境等宏观外部环境的有力保障。然而从前文的实证研究结果看,政府行为要素在宁波的民营跨国公司竞争力中仍面临弱势局面。这也说明目前宁波的政府为企业发展所营造的产业政策环境、法律环境以及制度环境等仍不够完善,行为效率亟待优化。具体而言,第一,一是产业政策体系的建构与健全力度仍显不足,具体政策的贯彻落实、整体执行力度以及政策执行的监督力度都有待进一步强化。第二,相关法律法规的不完善及其执行、监管力度的欠缺也是宁波民营跨国公司竞争力全面提升的障碍,不利于市场秩序的健康稳定发展以及企业生产经营与竞争的规范化、有序化。第三,政府行政管理的方式和行为仍需优化。特别是与深圳和杭州等城市相比,宁波的政府借助行政手段之外的财政、税收、投资、信贷、金融、价格等经济手段以及法律手段对产业进行宏观调控和间接监管的力度不足,缺乏对行业自律机制的强化建设。

(五)国际化中社会服务缺失

目前,我国还没有一个权威性的综合协调管理机构来对企业海外投资进行统一规划和宏观协调,这导致我国跨国公司海外投资盲目行动,"一窝蜂"现象较为严重。此外,政府海外投资审批手续仍较为烦琐,"多头管理"问题依然突出,海外投资信息分享与投资准入仍存在"体制差别"、"双重征税"问题给民营跨国公司带来沉重负担,相关配套政策法规还不完善。同时,宁波民营企业国际化进程中,还面临社会服务机构支持不足的问题。一方面是我国国有政策性银行和金融机构为民营企业海外投资提供融资支持时,在贷款审批、额度、利率、优惠政策等方面都存在着"歧视"现象;另一方面是与民营企业"走出去"有关的信息、法律、会计、评估、咨询等中介服务机构发展滞后,相关业务都被发达国家中介服务机构垄断,这进一步增加了民营企业"走出去"的经营成本,也容易造成"商业机密"泄露,给海外投资带来诸多隐患。

(六)产权保护等创新环境不佳

当前,我国经济发展进入新常态,实施创新驱动发展战略成为时代主题。在当前创新驱动的经济发展模式下,知识产权是激励知识创新、推动产业发展的制度保障。随着知识产权在国际经济竞争中的作用日益上升,越来越多的国家都已经制定和实施了知识产权战略。面对国际上知识产权保护的发展趋势和中国在开放条件下面临的知识产权形势,中国必须加紧制定和实施知识产权战略保护国家的技术安全,促进国内的自主创新能力和防止跨国公司的知识产权滥用。产权保护特别是知识产权保护是塑造良好营商环境的重要方面。近年来,广州、深圳的区域创新综合能力、有效发明专利拥有量、PCT国际专利申请量连续在全国名列前茅。近年来,宁波从制度顶层设计上,不断优化创新制度环境,知识产权保护状况得到明显改善,但仍然存在维权成本高、侵权成本低、知识产权司法保护效果欠佳等问题。对此,宁波应加大知识产权保护,优化营商环境,在细化配套举措、优化政策环境的同时,还应加强立法执法,优化法律环境,进一步完善法律制度的顶层设计。

第三节　民营企业跨国经营的动因和方式

自改革开放以来,特别是近5年来,宁波的民营企业在国际市场中从无到有、从小到大、从少到多、从弱到强,持续迅猛发展,显示出十分旺盛的生命力。大量研究表明企业到海外去投资,经常不是为了他们现已拥有的竞争优势去谋求利润,相反,他们是为了弥补劣势,去获得竞争中所必需的知识和技术,争取企业的可持续发展。中国企业进行国际化的具体动因十分复杂,区别投资者因自身禀赋的不同,如行业、规模、资金实力、技术水平、管理水平的不同,及差异化的经营目标、战略、组织等,具有不同的投资动因。本节从企业贸易、投资及国际合作等不同角度分析宁波民营企业国际化的动因。

一、新兴经济体企业国际化的动因理论

20 世纪 50 年代,Penrose 提出了不平衡理论,指出新兴经济体企业国际化主要考虑五大因素:为了寻求市场;为了寻求恰当的生产要素;对竞争对手做出反应;为了规避风险;为了获得原产国效应及解决产品形象定位的问题。我国早期实施跨国经营的企业多为国有企业,动因主要是获取资源、市场、战略资产和效率,前两种是国际化初期的主要动因,后两种是国际化后期的动因。然而,民营企业是否也同国有企业和大型跨国公司一样存在同样的国际化动因。例如资源的获取不仅需要较大的前期投入,还需要更大规模的后期开发费用,因此资源动因对一般民营企业不具普遍意义。根据近年来学者研究结果,新兴市场企业会寻求对本国有利的制度安排,其国际化也是正式制度推动的结果,主要标志就是政府鼓励"走出去"的政策、措施等。

中国作为最大的发展中国家,既有一般发展中国家的特点,又有自己的特色。因此,中国企业国际化的动机和目的有别于发达国家和其他的发展中国家企业。谢康(1994)将中国企业跨国经营对外直接投资的动因归纳为五种类型:扩大出口型、资源开发型、获得先进技术和管理经验型、利用外资型和信息服务型。根据企业投资发展轨迹,魏东和王璟珉(2005)从中国经济宏观角度将企业国际化动因分为自然资源导向型、市场导向型、效率导向型、战略资产导向型和政治导向型五种。同时,这五种动因并不是孤立存在的,驱使企业进行直接投资的动因一般具有多重性、差异性和发展性。在对近上百家公司调研的基础上,刘阳春(2008)分析认为中国企业国际化活动中主要是基于向外寻求发展和寻求生存的内在需要,因此跨国经营动机主要包括克服贸易壁垒、公司扩展、寻求市场、寻求自然资源、寻求创造性资产、利用专属优势等。基于我国企业国际化进程及实践活动中企业的技术能力演进特征,谭燕芝(2009)重点分析了我国企业对外直接投资主要动因是为了寻求战略资产,根本动因在于形成具有持续性效用的技术能力,克服自己的竞争劣势。上述观点也直

接支持了 Penrose（不平衡理论）的观点，即企业具有明显劣势或者不具有特有优势，到国外发达地区寻求资源优势，以弥补国内的不足，从而使企业的资源组合回归平衡，追赶竞争对手。衣长军（2010）采用了对比研究，横向比较了中国与美、日企业国际化的战略动因，认为中国企业国际化不存在美、日企业的掠夺性特征，更多是为了通过国际化进行学习、演练和提升企业国际竞争力、优化国内产业结构。文宁（2014）在分析我国中小企业对外直接投资战略目标的基础上，深入剖析中小企业对外直接投资动因，概括出我国中小企业对外直接投资动因主要有拓展企业国际生存空间，开拓新市场；获取更多融资机会；避开贸易壁垒；东道国优惠政策的吸引；寻求技术支持和创新；紧跟大型企业国际化市场进程等。吴冰、阎海峰、叶明珠等（2016）从"跳板"观点出发，探讨民营企业国际化动因，提出民营企业国际化主要基于市场、战略资产和制度等三类动因。

通过梳理相关学者对我国企业国际化动因的研究，发现中国企业国际化动因为由资源和市场导向型逐渐转向技术和战略资源型，以提高国际竞争力。随着我国经济不断发展，企业对外投资贸易国际化进程的演进，不同阶段的动因也会有所差别。

二、民营企业国际化的动因理论

（一）寻求扩大市场

企业进行国际化可扩大市场容量，扩大和稳定国外市场占有率。这种对外实体投资可分为几种情况：扩大、稳定新市场，即企业通过对外投资的属地化生产、组装和销售在东道国开辟商品市场；突破贸易壁垒，即企业面对直接出口存在的非市场化贸易壁垒或关税歧视，通过对外实体投资在进口国设立企业实体进行商品的生产、组装和转口贸易，规避贸易壁垒和障碍。例如，华为的国际化进程中重要目标就是寻求市场。早期华为公司在移动设备市场上被边缘化，国外跨国公司一度占据了高达 98％ 的市场份额。在这种局面下，华为公司确定了走向国际化、寻求市场新机会的战略方向。

（二）获取要素资源

由于资源在全球分布具有较高的不均衡性，很少有国家能同时具备经济发展所必需的全部资源要素，这种资源要素既包括传统的自然资源，也包括人力资本、地缘优势等。通过国际化，企业可以获取东道国相对稀缺的或相对高价的资源要素。目前，国内企业开展对外投资主要几种类型：一是获取自然资源,通过海外投资,获取石油、矿石等不可再生资源;二是获取人力资本,通过海外投资办厂,获取国外廉价劳动力资源或特殊的人力资本。例如宁波申洲集团在柬埔寨、越南设立生产基地,实现劳动力成本控制目标;三是获取地缘优势,部分国家或地区在社会发展中或地理位置上具有不可替代的地缘优势,如卢森堡是欧洲的债券登记交易中心、法兰克福是欧洲的交通枢纽和经济中心,通过对这些国家和地区的对外直接投资和属地化经营可获取并利用这些国家和地区有利的地缘优势;四是获取成本优势,企业国际化过程中,可通过对外贸易、投资等提高生产、交换效率。例如,当企业的国内综合生产成本高于国外时,企业通过在国外投资直接设厂生产可有效降低生产和物流成本等。

(三)获取先进技术

企业进行对外实体投资可获取东道国的先进技术,突破技术贸易限制的壁垒。这种对外投资通常集中发生于发达国家的技术密集型产业群(如美国珪谷)。一些国内企业国际化进程中,通过一系列的举措和积极参与国际竞争逐渐让华为公司提高了自身的技术水平,引进国际企业的技术,进行消化和吸收,再进行一些功能、特性上的改进和集成能力的提升。技术获取型投资对发展中国家的经济发展和产业升级具有重要的意义。例如,宁波的圣龙集团通过对外投资寻求技术,掌握了具有自主知识产权的核心技术,提升了公司整体技术水平。公司在发动机油泵、变速箱油泵、真空泵、凸轮轴等领域已完全达到全球主流汽车制造商的技术指标要求,具备了为国内外主机厂进行整车同步开发的能力,填补了国内自主品牌零部件企业在乘用车发动机变排量泵领域、变速箱油泵领域的空白,为自主品牌汽车零配企业的技术升级、产品升级提供支持。

(四)规避国际经营壁垒

随着中国经济的快速发展,部分国家对中资企业在国际市场上的资源采购、专利收购、商品贸易、金融投资等保持着不同程度的抵制,拒绝承认中国的市场经济地位,拒绝给予中国贸易最惠国待遇,限制对中国企业转让高新技术。企业通过国际化进入发展比较落后的发展中国家,这些国家的技术准入门槛较低,技术壁垒较小,对产品的要求也不苛刻。此外,在这些国家建立的都是合资企业或是代表处,选择与当地的企业合作,建立合资企业。选择合资形式可以减少海外投资风险,借助当地合作者熟悉东道国环境、商业惯例的优势,更重要的是容易获得东道国政府的支持,以此来规避贸易壁垒,尤其是非关税壁垒。例如,由于配额的限制(欧美对进口自中国的服装产品实施配额限制),或者由于政治因素,我国纺织行业有一些产品不能出口到特定的地区或者国家。在此背景下,宁波申洲集团在柬埔寨设立公司,充分利用柬埔寨可以享受的欧盟给予的普遍化关税优惠制度便利。

(五)提升国际竞争力

核心竞争力是企业竞争优势的源泉,是企业比竞争对手更优秀的根本性的原因。企业将经营活动领域从单一的国内市场扩展到海外市场,可以在更大的范围内学习新的技术、管理经验,积累对顾客需求的认识,由此打造出更强的核心竞争力。一些国际化公司在进入国际市场后,在与国外企业的竞争与合作中,意识到先进的企业内部管理体系在国际化过程中的基础作用,于是也开始注重自身的改造。在企业的竞争中,成本和产品的差异化等都是核心因素,技术的创新可以降低产品的成本。技术上的发展在产品的生产方法和工艺的提高过程中起着举足轻重的作用,既可以提高物质生产要素的利用率,减少投入;又可以提高员工的劳动生产率,从而降低生产成本。例如,宁波的申洲国际在用水量大的染色设备、蒸汽技术、流水线自动化等方面都积极地进行了国外先进技术的引进,并在此基础上通过合作研发对这些设备进行了技术改造,为企业节约了巨额生产投入和消耗,提高了劳动生产率,降低了生产成本。深圳的华为先后与 IBM、德勤和盖普洛等公司合作,对自身管理体系进行了改革,核心是引进西方管理体系,逐渐与国际接轨,建立了一套先进、规范的研发管理体系,有效提高了以客户需求为导向、加快响应客户需求的持续高效的研发能力,极大提升了公司国际竞争力,进一步巩固了公司品牌和国际市场地位。

三、民营企业国际化的方式与路径

企业参与对外投资的第一步就是进入国际市场,企业如何进入国际市场对一个企业对外投资的成功与否有着极为关键的影响。2008 年以后,随着全球经济发展新格局的形成,中国对外政策的不断深化,一些高科技企业凭借技术吸收优势,快速进行国际化发展,呈现跳跃式发展。比如具有垄断优势的大型企业完全可以凭借自己的绝对优势直接在海外建厂,在当地直接生产营销,跳过出口贸易环节,美国很多大型企业都是如此。同时,他们会首先选择在欧洲或日本这样的发达国家设厂。随着全球经济一体化的快速发展和科技发展的日新月异,企业所面临的市场环境也正发生着深刻变化,市场对企业的经营管理提出了更高的要求,企业对外在市场需求变化的反应和决策时间明显缩短,其对外在网络资源的组织整合程度则大规模提升。在此条件下,任何企业都主动或者被动地嵌入了各种复杂的外部网络当中,企业必须尽快实现从网络中被动的价值提供者转变为价值创造者,这就需要企业对其所处的外部网络进行有效的利用和管理。近年来,创新网络已成为管理领域中战略研究的重要方向和新热点。本书以宁波民营跨国公司为研究对象,调研中也了解到宁波的民营企业在国际化进程中创新网络发挥了巨大作用,企业国际化主要包括技术网络、生产网络和营销网络几种路径。为进一步讨论民营企业竞争力形成的机制,本研究将重点从网络视角探讨企业竞争力的形成机制。因此,首先基于网络视角介绍企业国际化的方式和路径。

(一)国际技术网络嵌入

在网络化时代,企业从单纯的对立竞争走向了竞争合作,企业只有通过在网络中不断开展学习和创新活动,才能获取持续竞争优势。值此世界制造业发展范式转变之际,中国企业必须抓住经济全球化带来的战略契机,积极主动地加速融入全球制造网络中,而这些都迫切需要相应的理论和方法体系的指导。因此,如何在全球网络中建立与技术网络合作伙伴之间的关系及行为,提升企业的技术创新水平这一问题亟须解决。嵌入全球技术网络的方式很多,企业通过参与国外研发,承担国际研发的某一个部分等方式实现参与全球技术研发。早期也有大量研究验证了参与研发具有溢出效应、竞争与示范效应、关联嵌入效应和互补机制。Sturgeon.T(2002)引入了一个企业层面的技术溢出框架,验证了技术嵌入的溢出效应有助于提高企业的创新能力。Prashantham S & Young S(2011),Chetty S,Johanson M、Martin(2014)也论证了中小企业参与国际研发的互补机制。

(二)国际生产网络嵌入

全球生产网络是指跨国公司将产品价值链分割为若干个独立的模块,每个模块都置于全球范围内能够以最低成本完成生产的国家和地区,进而形成多个国家参与产品价值链的不同阶段的国际分工体系。全球生产网络的形成对企业成长发展、集群和产业升级及国家经济发展等方面都带来了显著的影响,也给各行各业带来了新的发展契机,受到学术界和实践部门的广泛关注和研究。参与到全球生产网络中的发展中国家大部分集中在东南亚地区。中国、马来西亚、墨西哥、菲律宾和泰国等国为参与全球生产网络积极的国家。那些与主要的发达国家市场联系较少,缺乏基础设施或受过一定程度教育的劳动力的国家,则极少可能参与全球生产网络。一般认为,全球生产网络的专业化提高了本国生产率水平,并对发展中国家供应商核心能力的形成起重要作用(郑准、王国顺,2012)。也有学者认为全球生产网络存在一定的负面影响,必须强化企业主体创新能力,通过产业集聚创新来突破领导企业在价值链关键环节设置的壁垒,获取在全球生产网络价值链上的全面升级(王敏、冯宗宪,2013)。

(三)国际营销网络嵌入

开拓境外营销网络是企业进入国际市场的重要方式,该模式就是由企业自行在境外投资建立零售网点、仓储中心、销售中心及分销渠道等,自行在境外进行产品销售。为了提升国内产品的国际竞争力,各地政府也鼓励企业加快建设全球营销网络,打造跨境电商品牌,积极开拓多元化市场,促进外贸稳定发展,提高国际竞争力。通过全球营销网络的建立,凭借先进的技术,以战略性的眼光,建立起遍及全球的营销服务网络,给世界各地的分销商、经销商以强有力的支持。该模式优势是企业直接通过境外专卖店、分销商销售自己的产品,可积极推广自主品牌,但劣势是初期投资大、建设周期长、见效慢。我国民营企业偏向于选择相邻的国家和地区的市场。这些国家和地区与我国的文化相近,华人集聚度高,有相似的需求偏好。例如,宁波部分具有电子商务基础的企业通过国内国外的很多电商平台,实现买全球、卖全球的步伐,同时国内企业也可在海外成立平台公司,快速搭建全球营销网络。

第四节　宁波民营跨国公司竞争力形成机制分析

在前文分析内容中,我们结合企业国际化的动机和与全球网络的紧密关系,将民营企业的国际化模式分为了技术网络、生产网络和营销网络三种。为进一步了解民营企业如何沿着"国际化动机——国际化行动(复合战略)——竞争力绩效"的发展轨迹,厘清企业如何借助全球网络实现竞争力提升,本节在不摒弃传统资源观、产业观的基础上,以复合基础观下复合能力为核心,详细分析宁波民营跨国公司如何通过复合能力整合企业内外部资源,提升企业综合竞争力的机制。

一、企业网络与企业竞争力

随着科技的快速发展和全球一体化加快推进,任何企业都无法脱离现有的社会关系背景而孤立地生存和发展,必须通过适度的嵌入外部网络来追求自身多重目标的实现。为了进一步揭示企业网络对企业竞争力的影响,首先我们先厘清企业网络与企业竞争力的关系。

（一）企业网络有助于提升企业的技术优势

一般来说,单个企业通常无法拥有企业生产经营过程中所需的所有资源,因此企业之间通过某种规则和平台来实现资源的共享和有序使用就变得尤为重要。企业通过构建和维持特定的外部网络关系,能够与外部网络主体建立互惠互利的良好协作关系,从而充分利用外部网络资源,实现相关知识、技术、信息等资源的共享和相互补充。在企业所处的外部网络中,企业能否获取和使用所需的相关专业知识、技能等资源,取决于上述资源的拥有者的态度。网络主体之间的良好沟通、交流和协调机制的建立和完善,有助于各方更好地进行技术的交流与合作。企业的专业知识和专业技能等战略资源的形成不应仅仅依赖于企业自身的积累,还应充分利用外部网络实现自身技术瓶颈的快速突破和核心技术的更新换代。

企业与外部网络主体之间的特定联结关系是其竞争优势的来源和基础,特定的网络关系有助于企业跨越自身边界,实现其自我突破和跨越式发展。企业利用自身网络能力构建相应的网络关系,通过对现有网络的维护和管理,网络主体之间可以通过双向的交流与互动建立稳固的合作关系,增强双方之间的了解和互信,进而帮助企业获取某些特殊的关键性资源。按照竞争理论的观点,企业的知识和技术优势是其竞争力的重要来源之一,绝大多数企业生产的产品或者提供的服务都是特定专业知识和专业技术的产物,而网络关系有利于网络主体之间的知识交流和共享,也有利于技术的快速提升。企业通过构建外部网络,与各网络主体之间形成战略联盟,有助于企业获取发展所需的专业知识和技术等关键资源,巩固和增强自身的知识和技术水平,从而提升其技术优势,强化其市场竞争地位。

（二）企业网络有助于提升企业的成本优势

随着专业分工的不断细化,产品的生产与服务提供的环节不断增加,单个企业往往处于整个产业链条的一个或者几个环节,无法囊括产品生产和经营的全过程。在这种情况下,企业通过网络能力构建外部网络,与其他生产和经营环节的网络主体之间形成稳固的合作关系就变得尤为重要。一方面,企业可以借助外部网络资源充分利用企业自身的闲置资源或潜在资源,最大化地发挥企业资产的实际利用价值,降低企业生产和经营过程中的沉淀成本。另一方面,企业可以借助外部网络资源有效解决业务高峰时期的资源约束和产能限制问题,从而打破企业现有资源的边界障碍,避免业务高峰时段加大生产资料的投入导致固定成本的大幅增加。

此外,企业通过构建外部网络,有助于企业嵌入相应的价值产业链,与供应商、经销商等上下游环节实现无缝对接,提升整个产业链的效率和效益,进而实现产品生产和服务提供过程中的高性价比,通过产业链的优化来降低生产成本。通过与供应商的交流与合作,企业能够获得潜在的原材料信息和优化的工业流程,从而有助于降低未来产品的生产成本并优化和改进产品功能。通过与经销商、客户等的沟通与交流,企业能够有效扩大市场信息的获取范围,确保信息的高效和准确,从而更好地适应市场需求的变化,开发和生产出符合市场需求的产品和服务。

(三)企业网络有助于促进企业的价值创造

企业的价值创造主要来源于供求关系的变化、外部环境的变化以及规章制度的变化等几个方面,而这些因素变化具有明显的信息不对称的特点。企业通过网络能力构建外部网络,有助于其更好地识别、获取和开发更多的价值创造机会。通过与外部网络中的投资者进行沟通和交流,有助于获取相应的投资收益信息,从而帮助企业选择最优的投资项目,降低投资风险,实现投资收益的最大化。通过与外部网络中的科研机构进行交流与合作,有助于企业深入了解未来科技发展的趋势,实现技术的快速更新换代,获取技术领先所带来的额外收益。通过与政府部门、行业协会等公共服务机构的交往,有助于企业快速获取相关的行业信息和政策导向,及时调整生产和经营计划,确保企业获取价值创造机会。

此外,企业网络能力有助于激发企业价值创造的积极性。企业整体价值创造的积极性往往会受到风险、预期、信心等因素的影响和制约。企业通过网络能力构建外部网络,增强网络主体之间的沟通交流,强化信任、信息共享和关系承诺等机制来降低外部的不确定性,有助于减轻或消除外在环境的不确定性给企业带来的影响和损失。当现存的不确定性超出了单个企业的承受能力范围时,网络主体之间的互助协作和风险共担机制有助于分散外部风险。通过网络能力,企业能够通过与其他网络主体的互动交流,提高对价值创造活动重要性的认识,提升自身价值创造的能力,从而激发企业进行价值创造的积极性和主动性。

二、复合基础观与企业复合能力

资源基础观(RBV)下的传统竞争力理论认为,企业必须具备有价值、稀有、难以模仿和不可替代的核心能力(Prahalad&Hamel,1990),才能获取国际竞争的优势。然而,这些企业在资金、技术等方面都难以与发达国家的跨国公司相比,却能够在国际市场逆势扩张给传统战略理论带来新的挑战。复合基础观是近年来战略管理领域中基于东方文化背景发展而来的前沿理论之一。陆亚东(2013,2014)提出的复合基础观,指企业对自身拥有或外部可购买的资源与能力进行创新、整合的运用,提供具有复合功能特征的产品或服务,用复合竞争的手段获取、创造出独特的竞争优势或发展路径。

(一)复合式提供是获取竞争优势的载体

复合式提供(compositional offering)是指企业为最大化满足目标客户群的延伸式、复合式需求,而提供的具有更多整合功能、特征的产品服务价值。在表现形式上,复合式的产品服务组合既可以体现为单一产品的更多性能组合,也可以体现为多种产品规格对不同目标市场的全面覆盖,还可以体现为融合多种产品与服务组合的解决方案提供(陆亚东等,2013)。在以传统生产外包(OEM)为主要经营方式的企业中,开始出现融合了 OEM、ODM(设计外包)和 OBM(品牌外包)多种业务提供形式的企业。越来越多的中国制造业企业在帮助外资品牌代工的同时,开始推出自主研发和自主品牌的产品。这实际上也是一种复合式提供。更重要的是,在兼具多种生产组织形式的过程中,企业能够通过与外部组织的充分交流,获得自身并不具备的资源和能力,逐步学习,构建长期竞争优势。

复合式提供是满足顾客延展的复合需求,有三种不同的表现类型:第一种是单一产品多种性能的提升与整合,如智能手机作为单一产品但却复合了以往手机、电脑、MP3、照相机、传真机等多种设备所具有的各类功能;第二种是提供多种产品规格以满足客户群的延伸式需求,如京东为顾客提供几乎各类能够在线下买到的商品;第三种是在业务提供方式上进行复合,OEM、OBM和 ODM 几种方式相互兼顾、资源共享或整合、复合并进。

(二)复合式竞争是获取竞争优势的手段

复合式竞争(compositional competition)指企业采用组合式的竞争手段并将这些手段有效地整合在价值创造中,实现比竞争者更高的性价比。通常,企业在竞争中会选择侧重某些战略,如低成本、产品创新、客户化的设计与界面、增加售后服务、技术升级、塑造卓越的品牌等等。复合式竞争的企业更加关注对上述竞争战略的组合,相较于竞争对手,它们能够提供更高综合性价比的产品或服务(Luo,2012)。对国内许多中小企业而言,质量、人才、研发、品牌或市场响应等方面分开看,它们不具备优势,甚至是弱项,而低成本或价格优势又不能持久使用,但复合式竞争将上述手段有效组合使用,却能够为它们带来独特的优势,至少是暂时性竞争优势,高性价比或实惠性的产品或服务即是其典型的结果特征。

波特曾经提出过三种经典的竞争战略,即成本领先、差异化和战略聚焦。然而,这种"倾向于分类和分析的西方思维"(Chen,2002)在面对中国等发展中国家的具体情境时却又显得过于简单和教条。企业实践中,对于发展中国家而言,尤其是中国这样的劳动力资源充裕但技术却相对落后的国家,选择差异化战略缺乏必要的技术、品牌和组织基础,选择战略聚焦又往往不能与庞大的中低端市场基础相适应,所以以成本优势为基础,并结合其他竞争手段的复合式战略就成为特别适合的选择。当这些企业具有了成本优势、速度优势、战略柔性以及将之复合在一起的技能,就有可能在单一的价格、功能设计、产品质量、售后服务等方面进行整体性的设计。可能它们在上述方面都不是最杰出的,但是,将上述竞争要素组合在一起,尤其是充分利用外部市场的有效资源,它们往往可以取得比单一战略竞争对手更高的综合性价比、更快的发展速度以及更高的顾客满意度。

(三)复合式竞争是获取竞争优势的手段

复合式提供和复合式竞争的支撑基础是复合式能力。复合式能力是指企业能够协同整合来自于其内部和外部现有的有形或无形资源的独特能力(Luo,2012)。新兴市场企业的模仿式创新能力就是一种复合式的能力。这种能力,以模仿为起点,通过对外部资源和能力的模仿,以创新的方式构建企业自身竞争战略,从而取得竞争优势和领先的企业绩效(Lieberman&Asaba,2006)。将模仿、创造与创新复合在一起,发展基于复合基础观的竞争优势可以帮助那些单纯依赖低成本的中国企业循序渐进地发展。模仿,不是单纯的抄袭,而是有选择地将行业领先企业先进的技术、设计、产品功能、服务方式、流程、系统等应用于自身的经营管理,通过对上述各类要素进行创造性的复合,从而取得超越对手的竞争优势。

复合式能力的另外一种形式是对于企业家能力、商业模式、网络资源和组织适应性的复合,这种形式的复合式能力也特别适合新兴市场企业。企业在不断地发展实践中,不但擅于通过各类外部渠道获得相应能力,更能够同时结合中国的企业实践积累大量的本地化管理创新经验,掌握在中国情境下如何去组织、领导、协调和激励的系统化管理方法。由于这些企业相对较晚进入市场,同时规模不大,通常具有较高的创业导向,对于外部机会具有极强的敏感性,在广泛的外部关系网络基础上,能够取得显著的学习优势,在庞大的中低端市场需求支持下,取得快速的发展(Luo et al.,2011)。还有一种复合式能力体现在对于产品创新、过程创新和管理创新的复合上。这种能力相较于前两种是更加高阶的,并且对于发展中国家和发达国家的企业具有同样的重要性。

三、基于复合能力的竞争力形成机制分析

基于以上分析,企业竞争力的形成离不开两个重要因素,企业网络和复合竞争力。其中,企业网络对企业从自身所处的外部网络实际出发,通过识别网络价值与机会,构建网络结构,管理和利用各层次网络关系,对网络内的资源进行有效的整合和配置以获取特定的稀缺资源来提升企业竞争优势。复合基础观中包括 3 个要素及内在关系,复合式提供为载体、复合式竞争为手段、复合式能力为动力。本研究结合网络观和复合观,进一步分析企业竞争力的形成机制。

(一)企业网络维度构建

目前对于企业网络能力的内涵尚未达成共识,因此对于企业网络维度的划分也尚未统一。基于现有理论研究基础,结合宁波民营企业跨国经营实践及国际化动因等情况,本研究将企业网络维度划分为研发设计网络、原料供应网络、品牌营销网络和加工制造网络,如图 6-6 所示。

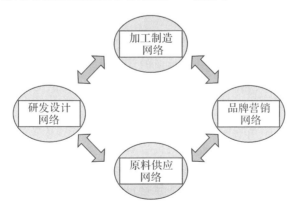

图 6-6　企业网络构成维度

1. 研发设计网络

伴随着海外市场需求的扩大,和以网络信息技术为首的全球知识生产方式的发展,西方大型跨国公司开始在全球范围内设立研发机构。中国本土的企业早期由于先天技术实力不足,长期通过技术引进、模仿等方式向发达国家的企业学习。从 20 世纪 90 年代开始,中国企业通过研发国际化不断跟进全球产业发展趋势、拓宽知识获取渠道和提升自主创新能力。

早期针对发达国家跨国公司的研究认为,企业在海外建立研发机构的初始目的只是为了帮助总部转移技术,支持当地的生产活动;随着生产和销售活动的扩大,研发机构扩张成为本地技术单元,开发适应于东道国市场的产品或工艺;之后进一步升级为全球技术单元,为全球市场开发新产品和新工艺。Cheng 和 Bolon(2013)认为跨国公司设立海外研发机构除了为提高对于东道国需求的应变能力外,还在于获取重要的创新资源,如科学人才等,统筹各个研发机构在技术、知识和外部资源层面细分创新过程。与传统发达国家的企业不同,Minin 等人认为中国企业建立海外研发机构的最初目的仅仅是为了技术学习,通过与东道国环境的互动获取技术知识外溢,然后将技术和知识转移回企业总部并与国内的研发活动相融合,提高母公司的研发能力。除了技术吸收,中国企业的另一个目的是直接利用东道国的创新资源,雇用海外优质的研发人才,让中国外派员工与国外专家在合作中提升研发和创新能力。

结论 1:企业建立海外研发机构的初期是为了学习和吸收新知识,进而提高研发总部在中国本土的研发能力,最后企业通过将这种技术能力进一步推广到海外研发机构,实现产品和工艺在海外市场的本地化。

2. 原料供应网络

供应网络源于供应链的网络化拓展,是由核心企业及与其存在直接或间接物料供给关系的其他企业共同组成的复杂网络系统。供应商是嵌入在其外部供应网络中的,供应商所处的供应网络位置不仅使供应商接触并获取相应的网络资源,同时也使其行为受到网络关系结构的制约,这对于制造企业资源获取、业务决策、供应商管理实践选择以及绩效结果具有重要影响。但由于企业对供应商供应网络及其结构嵌入性理解不足,企业在管理供应商时始终面临如何利用供应商供应网络位置问题,极大地制约了企业对供应商资源和能力的利用。良好的网络认知能力能够帮助企业有效识别供应网络位置,评价网络位置所能带来的信息和声誉资源,增强企业与供应商供应网络的整合水平。

随着市场竞争加剧,制造企业除了要求供应商能够准时、高效地提供所需物料外,更要求供应商具有帮助企业实现其战略和获取竞争优势的资源和能力。供应商网络位置对企业绩效的影响主要表现在两个方面。一方面,卓越的网络位置能够使供应商更快速、更准确地获取大量且异质的物料、服务、知识和信息等资源,这将进一步增强供应商创新性和供应商学习的可能性,促进供应商对内、外部资源信息的有效整合,从而推动供应商的技术革新和产品的更新换代,提升供应商满足制造企业在成本、质量、交付可靠性、柔性、创新等方面需求的能力,并表现出令企业满意的供应绩效。另一方面,具有优势的网络位置也为供应商提供了更多的机会来制定相应的网络规范和行为标准,从而有效地控制供应网络中的各种资源,这极大地增强了制造企业让供应商参与新产品开发过程的意愿,并为企业通过与供应商合作获取和整合更多与运作和创新相关的优势资源提供了极大的便利(李娜等,2017),从而促进企业在运作和创新等方面绩效的提升。

结论2:供应商的结构嵌入性对知识、信息等资源的获取和利用产生积极影响。占据良好网络位置的供应商能够帮助企业获取其不易接触到的新颖且有价值的知识和信息,从而制定更切合实际的发展战略和市场开拓战略。

3. 品牌营销网络

品牌网络是由各种品牌因错综复杂的相互联系而联结起来的网状结构。从网络的角度看,无数不同的品牌组成了一张巨大的网络。该网络中又嵌套着无数规模相对较小且处于不同层次的网络,从而组成了一个错落有致、层级分明的品牌生存场域。品牌营销网络的建设与管理是企业占领市场,提高市场竞争力的重要手段。要建立完善的企业营销品牌网络体系并进行科学的管理,企业必须及时获取生产和市场信息,利用大数据进行合理的筛查与分析,为企业制定合理的营销策略,不断地提升产品质量和性能,改进服务方式,以此降低企业经营成本,提高企业的市场竞争力,促进企业长远健康的发展。

在世界经济一体化的今天,国内外的经济市场受各方面因素的影响,风云变化莫测,各行业各领域间的市场竞争日益激烈,企业必须用发展的眼光、理性的态度、多角度的思维模式,全方位地审视当前的市场形势、经营环境、政策导向,以此建立完善的营销网络体系,并进行科学的管理,帮助企业实现长远的规划,树立品牌效益,强化对市场终端的掌控,促进企业在市场竞争中立于不败之地。

结论3:品牌营销网络中可以获取大量的重要信息,企业在国际经营活动中可以利用建立品牌营销网络体系,及时获取国内外市场的各种信息,包括产品在市场中的认可程度,客户对产品的需求,使用者对产品的反馈以及市场营销环境等,以调整企业产品市场,获取市场竞争优势。

4. 加工制造网络

随着全球化和价值链垂直分工日趋深化,网络化正成为企业发展的重要手段。特别是近 30 年来,全球生产网络的迅速发展已使其成为全球经济最为重要的载体。作为一种新的企业生态环境,生产制造网络极大地影响了生产网络中每一个企业的生存与发展。面对现实环境对传统理论的挑战,各学科都在寻求新的理论突破。现有生产网络相关研究认为,更广阔的全球发展和更广泛的网络合作提供了企业内部能力发展的新动力(Gulatie et al.,2000)和外部经济的新源泉,是一种更优的企业成长模式。

在新的企业生态环境下,内部资源和能力的积累并不是企业成长的唯一动力和决定因素。在竞争激烈和具有较大不确定性的外部环境下,企业的生存和发展需要更多外部力量,企业所拥有的网络资源和网络优势成为其成长的另一重要决定因素与标志。相对于主要存在于企业内部的专有资源和能力,企业的网络优势是企业通过发展外部网络关系获得的来自网络组织的资源与能力。

结论 4:企业依托生产制造网络获得的竞争力,不同于传统单个企业的竞争优势。同时,企业在网络合作中因更优的网络结构、网络位置、网络关系等获得相对其他网络合作节点更多的利益。

(二)复合基础观与企业竞争优势

相较于这种传统的战略范式,复合基础观始终把研究的重点放在如何带来竞争优势,尤其是那些只具备普通资源的企业如何打造竞争优势方面。对于内外部普通资源的获取、部署、应用以及对其他资源的撬动,逐步形成并内化出支撑企业发展的能力资源集合体,同样能够为企业带来持续的竞争优势。企业通过对现有普通资源的高效、快速整合(即复合能力),一方面在现有原料、现有生产条件等基础上,生产出具有成本优势的产品(即复合式提供),另一方面企业通过对市场中的变动,积极迅速做出应对,调整优化战略(即复合竞争)。复合观与企业竞争优势的形成关系详见图 6-7。

1. 获取成本优势

中国企业的发展与其具有的成本领先优势是分不开的。成本领先并不是一个孤立的特征,而是可以在此基础上,借助模仿式创新等快速但同样低成本的研发方式,提供复合式的产品或产品服务组合。同样,借助开放式的架构和

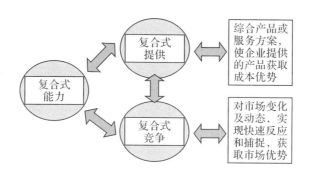

图 6-7　复合观下企业竞争优势的形成

产业内的二次分工,组织效率能够在低成本的基础上进一步提高,带来复合式竞争方式的发展。复合式战略避开了资源基础观所倡导的高投入、高风险,特别是研发成本等差异化投入。某种程度上,复合基础观强调在现有资源基础上进行整合与创新性的应用和以往创新领域提倡的创新资源挖掘在逻辑上是相通的,故可以带来成本优势。将成本控制能力与发展中国家大量中低端市场的广泛渠道相结合,或与柔性生产工艺过程相结合满足日益复杂的顾客结构与消费结构,成为复合式能力引导下成本优势得以强化的必然逻辑。

结论 5:企业通过参与到国际市场中,企业有机会接触并获取到更多的资源,为企业的复合式产品、模式等提供注入新鲜的要素,基于复合能力可使企业获取成本优势。

2. 获取速度优势

速度优势指组织能够比其竞争对手更及时地满足顾客需求的能力,是独立于成本优势和差异化优势之外的企业战略竞争优势(Stalk,1988)。随着技术的公开,行业门槛不断降低现有的公司必须能够在很短的时间内对整个市场战略做出调整。面对客户反馈中所提出的意见,一些公司不得不每隔几周就对战略进行重新规划。作为战略武器,速度与资金、生产率、质量甚至创新同等重要。速度战略不仅能降低成本,而且有助于拓宽产品系列,覆盖更大范围的市场,从而闪电般包抄动作迟缓的竞争对手。速度已成为竞争中占据领先地位的关键。显然,速度优势与时间有关,速度优势建立在组织的速度理念、速度条件和速度系统的基础上(白如彬、周国华,2012)。以中国为代表的新兴市场国家普遍具备市场规模大、地区广阔、顾客需求差异大、平民化以及变化速度快等特征。在这样的市场,那些能够提供多种产品功能选择的企业会体现出对市场需求的适应性,响应速度也就相应提高。

结论6：嵌入全球网络中，参与企业通过网络平台获取更多的信息，利用信息的快速整合，企业能够对市场变化做出快速响应，能够提高决策的准确性，在竞争中抢占先机，提升企业竞争优势。

3. 获取合作优势

竞争从不孤立存在，合作总是如影随形。从资源基础观注重内生的资源与能力，到复合基础观突破企业边界更加注重内外部各类资源的整合，具有高合作导向的企业显然更加容易实现这样的转变。合作导向是指公司从战略层面注重与公司外部利益相关者如供应商、顾客、其他企业之间和内部与管理层、员工之间的合作，就这一点而言，合作导向与复合式战略在"合"的思想上是一脉相承的。合作导向越高，外部组织网络可能越完善，这有利于企业更好地获取机会、获取资源。在专业化分工越来越强的时候，合作导向和带来的外部网络帮助企业更好更快地获取所需资源。现代战略管理理论对合作的形式有了大量研究。如在公司层面，可以采取多元化战略联盟、协同战略联盟和特许经营，在业务层面，可以建立互补型战略联盟、竞争性反应战略、降低风险战略和减少竞争战略等（Hitt et al.，2012）。通过与外部企业的合作，借助合作伙伴拥有而自身并不具备的资源和能力，能够为企业带来更高的创新能力、更低的财务成本以及更好的绩效。

结论7：复杂的企业间合作性资产组合也可以成为创造独特的竞争优势来源（Mitsuhashi& Greve，2009）。因此，企业在合作导向的指引下，可以更加主动地建立并管理与外部的复合式竞争，通过合作带来企业对外部资源和信息的获取、整合、利用，从而提高竞争优势。

（三）"全球网络—复合战略—竞争优势"形成机制

基于以上分析，我们可以得出以下观点：（1）企业通过嵌入全球网络，可以获取更多资源；（2）通过复合战略，企业可以将普通的非异质性资源，整合转化为具有特殊优势的复合产品或具备全球其他企业所没有的复合竞争优势；（3）企业通过复合能力，使企业获得成本优势、快速优势和异质性网络，从而使企业获取竞争优势。概括来讲，基于"全球网络—复合战略—竞争优势"思路的竞争力生产机制详见图6-8。

1. 嵌入全球网络——获取更充分资源

对于国际市场参与度高的企业，企业可以通过原料供应网络、生产制造网络、研发设计网络及品牌营销网络，获取更充分的资源。首先，企业通过嵌入研发设计和生产网络获取学习效应，实现企业成长。特别是对于新兴经济体，

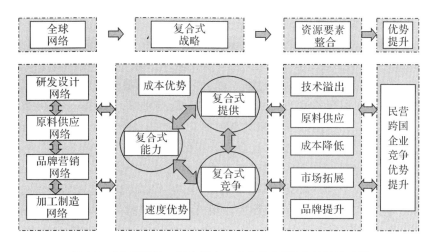

图 6-8 "全球网络—复合战略—竞争优势"形成机制关系图

企业的自身知识存量水平和开发能力相对较弱,网络被视为其利用后发优势,获取外部知识,学习和取得新的技术与信息的重要途径。企业通过网络扩展了知识来源和学习机会。网络中独立的企业具有不同的知识和能力集合,这使得不同企业之间可以充分利用对方的认知能力来弥补自己的不足,通过学习不断更新知识和拓展技术选择集合。特别是当后发企业不断调整网络关系,吸收新的对自己专有知识获取有利的网络合作伙伴时,更能不断扩展和更新其知识来源,还能有效地避免知识输出方有意地知识封锁和截断产生的能力片段化发展和知识来源的单一化。其次,企业嵌入网络,广泛吸收创新资源,快速形成创新能力。在全球网络中,顾客、技术供应商、研发机构、信息中介等都被作为网络节点纳入生产网络内,同时也成为网络创新体系的一部分。这极大地丰富了创新资源,特别是创新信息来源的多样化,消费者的需求意愿、创新伙伴的技术支持都可以成为企业创新知识的来源和推手。最后,通过主动地运用全球化和网络化发展手段,获取外部网络优势,实现企业内部复合特有能力的提升,推动企业快速成长。在此过程中,企业应当通过对价值链专业环节或特定价值创造活动的选择,以及组织结构的调整来实现由单一价值创造主体到网络价值创造组织者的转变。在这个过程中,获取、利用其他网络合作节点的资源和能力,从而有效地推动自身内部专有能力的提高,获得由全体网络节点创造的网络竞争优势,更好地应对复杂多变的外部环境和实现更快速的成长。

2. 复合式战略——成本速度优势

企业在全球网络系统下,通过复合式战略使得企业竞争优势能够提升。复合式战略主要从速度、网络及优势等路径提升企业竞争优势。首先,复合式战略所带来的速度优势和成本优势,对于中低端人群更加有效,而通过国际市场参与,不但可以覆盖欧美等发达国家的中低端市场,同样处于发展中的印度、俄罗斯、巴西、东南亚等国家具有更加宽广的市场空间。中国手机企业的产品出口在前述市场迅速扩大就是一个很好的例证。市场空间的扩大,可以使得复合式战略与竞争优势之间的主效应更加显著。其次,即使产品出口到发达国家,相较于价格昂贵的竞争对手,中国企业的成本优势和速度优势将体现得更为明显。华为早期在国外进行项目投标竞争时,不但提供了极具诱惑力的价格,还曾经特意将办公室设在大客户的隔壁以提高响应速度,从爱立信、朗讯等几大跨国巨头相对垄断的通信行业"攻城掠地",这与它们相对十分明显的成本优势和速度优势是分不开的。最后,通过国际市场的参与,企业有机会接触并获取更多的资源,为企业的复合式战略注入新鲜的血液并不断释放出其优势效能。全球范围内的资源提供为复合式提供和复合式战略带来更大的整合想象空间,并推动复合式能力的快速提升。

3. 组织学习——提升复合式能力

复合式能力并非与生俱来,而是组织在成长发展过程中可以逐步习得的。在新兴市场环境下,规模相对弱小的企业可以通过企业家精神、市场熟悉程度等加强来提升复合式能力。首先,企业家精神对于组织的生存和发展起着至关重要的作用。对于不同规模的企业,都可以通过"创造性破坏"改变现状来适应外部环境的变化。其次,企业对于市场的熟悉程度以及对市场变化的快速响应,能够提高决策的准确性,在竞争中抢占先机。大量的信息通过快速响应机制得到有效及时的反馈,能够提高企业的竞争主动性。快速响应可以通过分散决策、系统预案、外部合作和信息系统集成来实现。新兴市场具有平民化、大规模、分散化和成长速度快等特征。在此背景下,组织对于外部市场的熟悉程度越高,响应速度越快,则越有利于提升其复合式能力。

4. 结论

在国际市场不断变化的环境和企业发展的实践中,越来越多的企业,虽不具有显著的优势,不具备资源基础观所要求的核心竞争力(如品牌、技术、专利等),但却取得了卓越的绩效。综上分析,这些企业正是在全球网络平台上,通过复合式战略,在不断提升复合式能力的过程中,能够充分整合、协调内外部资源,不断循序渐进地发展自身的资源和能力。同时,这些企业还可以通过对综合性价比的追求,在低成本和差异化中做到二者兼得,从而构建复合优势,最终带来绩效的提升。

第七章

宁波民营跨国公司竞争力
形成典型案例分析

　　根据上章民营跨国公司竞争力的影响因素和形成机制分析,我们对宁波民营跨国公司综合竞争力的形成进行了梳理,归纳了企业在国际化过程中主要可以通过研发设计、原料供应、品牌营销及加工制造网络获取全球网络效应,从而通过复合式战略提升企业竞争优势。根据宁波民营企业国际化实践,本章挑选两家典型企业案例,进一步探究企业在国际网络中,如何利用网络资源实现网络正效应,以及如何通过企业家精神等要素提升复合竞争力,最终有效提升企业的竞争优势。基于调研,本章重点分析宁波海伦钢琴和海天集团两家公司,通过对企业国际化发展脉络和轨迹的梳理,进一步提炼企业竞争力形成的经验。

第一节　基于研发品牌网络的竞争力战略研究
——宁波海伦钢琴案例分析

　　近年来,宁波民营企业通过收购、参股或合作等方式,积极拓展"走出去"合作空间,一批具有"宁波品牌"的大型跨国公司逐渐成长,跃升成为宁波企业国际化的典型。海伦钢琴凭借对国际市场机会的洞察力,以及应对国际市场各种不确定性的魄力和判断力,逐渐成长为能够代表宁波品牌的优秀制造企业。本节以海伦钢琴国际研发网络和品牌营销网络为主线,归纳总结民营企业国际竞争力战略的主要做法和经验。

一、海伦钢琴国际化背景

(一)海伦钢琴具备先天国际化基础

随着全球经济一体化及中国加入世贸组织,中国企业不仅迎来前所未有的机遇,同时也面临越来越多的困难及问题,这就不仅要求中国企业自身要经历市场化和国际化,而且还要面对日益增多的跨国公司达到中国市场所带来的竞争。随着我国百姓生活逐步达到小康水平,中国钢琴市场越来越被众多国外知名钢琴企业所看重,它们纷纷将世界钢琴制造业向我国转移,并在我国设立生产基地。宁波海伦钢琴有限公司在我国钢琴产业中属于四大钢琴产业基地之一,前身为宁波海伦乐器制品有限公司,主要为国内外钢琴厂家配套生产钢琴五金配件。2002 年起海伦研发钢琴核心部件——码克取得成功,2004年开始为奥地利著名厂商文德隆贴牌生产整琴,2005 年打造出自主品牌"HAILUN"并成功打入欧洲主流市场。目前,产品 50％以上出口欧洲和日本、美国等地,生产销售与出口创汇均居国内同行业前列。很明显,海伦钢琴从企业成立之初,企业发展沿着"产品出口——技术引进——形成自主品牌——国际化"的轨迹,先零部件再核心部件,先贴牌再创牌,先销往国外再开发国内市场。现在,海伦钢琴已获得欧洲主流认可,享有了国际声誉。海伦钢琴成长过程中,走过了一条稳扎稳打的创牌之路,注重融入全球技术网络、品牌营销网络,不断整合资源,逐渐成为具有稳定国际市场,并且有一定的品牌效应的国际化企业。

(二)海伦钢琴形成良好创新网络环境

近代钢琴工业于 17 世纪末发源于欧洲,20 世纪初美国成为世界上最大的钢琴生产国。20 世纪中叶日本将自动化流水线生产方式引入钢琴制造,之后日本钢琴制造业迅速崛起,超越美国成为全球钢琴的生产中心。近年来,由于我国劳动成本低廉,欧洲、日本、美国等钢琴制造业企业加速向中国转移,我国开始成为全球钢琴业的生产中心。在此背景下,海伦钢琴早期作为国外钢琴零配件生产商和供应商,因此,拥有良好的国际创新网络主动参与嵌入的优势和条件。在经济科技全球化时代,创新资源和要素在世界范围内充分流动,如何把握机遇、提高创新能力,是民营企业面临的一道难题。纵观发达国家的企业创新实践,最重要的一条成功经验就是打破领域、区域和国别的界限,构建起庞大的创新网络,实现协同创新,促进创新要素最大限度的整合。企业网络作为从开放式创新中获得最大收益的重要方式和途径,逐渐成为创新领域

宁波民营跨国公司竞争力形成典型案例分析

研究的热点和实践的主题。参与网络中的企业可看作是个体节点,彼此之间发生的每一个影响创新的联系都被称为连接,企业在参与创新活动过程中的联网行为组成了规模不一的个体网络,而这些网络直接影响着企业之间创新活动的开展,并最终导致创新网络的形成。企业在创新网络中的嵌入、结网、竞合、形成网络能力、获取网络资源,从而最终形成较强技术能力,是一条适合民营企业提升创新能力之路。

(三)海伦钢琴拥有领先核心技术优势

随着钢琴行业从手工作坊向半机械化、机械化生产方式过渡转变,企业规模和产品质量有了进一步的提高。自 20 世纪 80 年代以来,国家投资完成了大规模的技术改造工程,实现了资产重组和结构调整,从而使我国钢琴制造业在人才、技术、装备、生产规模、产品质量等方面实现了新的跨越。钢琴的零件个数达到 9000 个左右,生产过程中必须极为苛刻地控制零件的加工、装配,才能实现钢琴的高质量,其中码克是钢琴整机中最重要的核心部件。海伦的前身是亚洲第一的码克厂,做了几十年的码克,为国外著名品牌(欧洲的文德隆、佩卓夫、亚洲的 KAWAI 等)所使用。码克是钢琴音色和钢琴稳定性能的综合表现,就像汽车的发动机一样,是钢琴的核心零部件。码克包括琴弦、马桥、钢板、背柱,而这些部分损坏之后是无法修补的,海伦钢琴一直是生产钢琴最核心部件——码克的领导者。目前,海伦钢琴拥有 30 多项国家专利,拥有进口全数控高科技钢琴专用设备和生产线,并先后聘请了多位国外钢琴设计和制作大师、整音与调音权威专家,来公司长期指导组装、生产工艺,从而实现了现代高新科技与欧洲先进组装工艺的完美结合。随着我国音乐教育逐步从精英教育开始向大众教育转变,国内巨大的市场需求将带动更多的钢琴企业加大科研投入和生产规模。正是拥有扎实、核心的钢琴核心部件生产技术,在此基础上组建形成的产品的自主设计与开发能力,才带动了海伦钢琴一步一步走出国门,走进国际市场,成为钢琴制造企业的知名品牌。

二、海伦钢琴国际化成长历程及国际化绩效

(一)海伦钢琴概况

自古以来,宁波港是中国东南沿海的重要港口城市,经济繁荣,工商业发达。海伦钢琴正是基于这样独特的历史底蕴创建于宁波。这是一家以钢琴制造为主,钢琴零配件及乐器小五金件制造为辅的民营企业。

经过十余年艰辛创业,目前公司已发展成为年产量 2 万余架钢琴并且具

有一定知名度的中大型钢琴生产商,现有产品包括三角钢琴以及立式钢琴,钢琴的核心部件码克等。作为一家专注于钢琴研制、开发、生产、销售的企业,公司凭借其在钢琴设计和制造上的技术,2006 年 9 月,其自有品牌"HAILUN"还被国家质检总局认定为"中国名牌"产品。截至目前,公司已经成功开发 30 多款"HAILUN"品牌的钢琴系列产品,产品在欧洲、美国、日本共有 400 余家经销商销售,国内多达 150 多家经销商及琴行代理销售。该企业被科技部认定为国家级重点高新技术企业,同时被评定为国家文化产业出口重点企业和重点项目企业,国家级文化产业示范基地。海伦钢琴是中国乐器协会副理事长单位,是最具潜力的民营企业之一。

海伦公司生产的立式钢琴、三角钢琴在国际上已得到广泛认可和好评,目前公司生产的钢琴约有 50% 出口欧洲、日本、美国,并被欧洲的近 300 家琴行、日本的 40 多家琴行代理销售。根据最新公司年报数据显示,2017 年,公司通过钢琴推荐会和加大市场宣传推广力度,积极开拓二三线城市市场,不断挖掘销售市场份额,扩大营销渠道,公司实现营业收入 46965.78 万元,同比上升20.68%。公司积极投资艺术教育行业,获得投资收益增多,以及政府补助较上年同期增加,报告期内实现归属于上市公司普通股东的净利润为 4098.05 万元,同比增长 23.12%。

(二)海伦钢琴发展历程

1. 企业成立初期——生产零配件制造

海伦钢琴位于宁波市北仑科技园区,其历史可追溯到成立于 1986 年的宁波北仑钢琴配套厂,主要从事钢琴五金件及琴凳生产。2001 年 6 月陈海伦先生成立了宁波海伦乐器制品有限公司,作为"海伦钢琴"的前身,当时公司的主营业务是向美国、欧洲、日本及国内主要知名钢琴厂家提供钢琴的各种零部件。经过谨慎考虑,2002 年,海伦公司开始研发码克,这一钢琴产品中最为核心的部件。码克就好比汽车的发动机,钢琴的心脏。而一架钢琴音色的好坏,60% 的技术含量就体现在码克身上。陈海伦为克服制作码克当中部件组装的定位问题,投资 4000 万元,引进了世界最先进的五轴联动 CMC 加工技术,来进行钢琴的音板加工。为了使海伦钢琴的技术起点一直保持在同行业前列,公司同时设计组建了全套数控系统,保障了生产的稳定和标准化。在码克制作技术上取得突破之后,因为传统的木质钢琴键盘容易因季节冷暖变化而收缩变形,海伦公司采用了独创的铝中盘。铝中盘的出现彻底取代了传统的细木板中盘,使得中盘变形这一历史难题从原来的 2 至 3 毫米降低到 1 毫米以内,从而保证了钢琴长久使用后的音色和手感。从外围到核心,从生产零部件到制造钢琴机芯,公司一步一步向前发展着。

2. 企业稳步发展阶段——与知名品牌 ODM(文德龙)合作

大规模的资金和研发投入,让海伦公司迅速获得了收获。在 2003 年的法兰克福乐器展上,公司自制的核心配件引起了欧洲大批顶尖钢琴制造企业的关注,文德隆是其中一家。这是一家奥地利百年钢琴制造商。但是文德隆当时一年的产量不超过 1000 台钢琴,正因为欧洲高昂的人工成本,其欲寻求中国合作伙伴。不久之后,文德隆就开始委托海伦钢琴加工整琴业务。最初,陈海伦把这个加工任务交给上海一家钢琴生产企业,但产品经常达不到文德隆的要求,于是陈海伦做出一个大胆决定,决定自己生产钢琴整机。这个决定真正促使海伦钢琴实现跨越式发展。

2004 年,海伦钢琴凭借自己的实力成为欧洲百年钢琴品牌 ODM 的伙伴。此后,海伦又凭先进的生产工艺,相继加入德国"贝希斯坦"、捷克"佩卓夫"等国际知名钢琴企业,成为他们的原始品牌制造商。为进一步提高钢琴制造水平,公司还聘请了美国的 George F. Emerson 先生为总设计师,同时聘请法国的钢琴设计大师 Stephan、维也纳钢琴制作大师 Peter Veletzky、奥地利钢琴调音权威 Zlatkouic Sibin、日本的钢琴整理检验大师 Ema Shigeru 等专家加入了海伦钢琴。公司每年从销售收入中提取 3% 以上的费用作为研发费用,这些投入不仅为海伦公司带来了 31 项专利技术,还培养了一大批专业技术骨干。当年公司销售收入超过 8000 万元,产品 70% 以上出口欧洲、日本和美国市场。

3. 企业品质提升阶段——建立自主品牌

海伦钢琴总经理陈海伦先生是一个比较有远见和自己思想的人,早在做配件时,就有做自己品牌钢琴的想法,因此,2003 年就注册了以自己名字命名的商标——"HAILUN"。但是,当时的海伦除了产品质量还说得过去外,无论是海外市场还是国内市场,无论是销售经验还是产品渠道、品牌建设,都有明显不足。于是,在相当长的一段时间内,欧洲市场上所有海伦生产的钢琴,都以"文德隆—海伦"这样的联合品牌销售,产品也顺利打开欧洲、日本、美国等国际市场,当时海外有数百家琴行在同时销售他们的产品。正是因为这样的高标准、高品质,短短数年时间,海伦钢琴便跻身中国三大名牌钢琴之一。公司从 2001 年投入巨资,引进了日本全数控高科技钢琴专用设备和生产线,并聘请了维也纳拥有百年家族钢琴制作历史经验的钢琴制作大师彼德、美国钢琴设计大师乔治·弗兰克·爱姆森、维也纳整音与调音权威大师斯宾先生、日本钢琴专家江间茂先生等专家来公司长期指导组装、生产工艺,从而实现了日本的高科技数控加工模式与欧洲先进组装工艺的完美结合,进一步提升产品的品牌影响力度。近年来,海伦钢琴积极参与国内外乐器展,如德国法兰克福乐器展、上海国际乐器展、广州乐器展、北京音乐生活展、深圳文博会等。国际市场方面,海伦钢琴相继亮相法兰克福、美国、上海、广州等地乐器展,收到了良好效果;国内市场方面,海伦钢琴充分发挥自身优势,传播海伦声音,实现多元社会责任价值。

4. 企业快速发展阶段——利用资本市场快速国际化

经过多年跨越式发展,海伦钢琴股份有限公司 2009 年钢琴总产量达到 1.44 万架,近 3 年钢琴销量的年均增长率约为 22%,其中公司内销年均增长约 46%,年均产销率将近 100%。公司的钢琴设计产能达到 11000 架/年,其中立式钢琴 9500 架/年,三角钢琴 1500 架/年,公司实际产量已超出原有的设计生产能力,产能瓶颈限制较为明显。正是受生产场地不足的限制,公司难以进一步挖掘现有产能。在此背景下,海伦不但借助资本市场募集到了公司发展所需资金,有效地缓解了公司产能不足的问题,同时新增产能也将进一步扩大销售规模,提高市场占有率。海伦钢琴首发 2012 年 1 月 12 日获证监会审核通过,发行 1677 万股于深交所创业板上市。通过企业上市,海伦钢琴借助资本市场资金支持,调整发展战略,进入快速发展通道,实现了几方面突破:一是公司拓展企业产业链,进军艺术教育培训市场,2014 年成立了全资子公司"海伦艺术教育投资有限公司";二是进一步加大研发投入,依托钢琴制造工程技术中心,拓展研究开发领域;三是扩建钢琴生产项目并完工投入使用,有效缓解公司产能不足的压力,使公司规模优势进一步体现。目前利用公司标准化厂房、生产和生活配套设施的建设,形成了标准化、专业化生产基地,能够有针对性地提升产能,满足不同种类产品的生产。

(三)海伦钢琴的国际化成效

1. 市场经营绩效

和很多的国内企业"先国内再出口"的发展路径恰恰相反,海伦钢琴是先国外后国内,先拿下最难啃的欧洲和日本市场,产品才进入国内市场。通过连续几年参加法兰克福乐器展,海伦在欧洲、北美及日本市场积累了很多优质稳定的老客户,同时,通过和文德隆的紧密合作,技术上获得提升,自身品牌也获得大大认可。基于这样的高品质高标准检验,海伦钢琴认识到自身的产品已经成熟,完全可以回到国内进行销售,国内的市场潜力才更为巨大。

海伦钢琴转至国内市场初期,中国国内市场大而零散,杂牌琴横行。钢琴市场基本被广州珠江,北京星海,上海施特劳斯,东北诺的斯卡,烟台金斯伯格几大钢琴企业所占据。早期中国主要知名钢琴制造商情况如表 7-1 所示,基本为国有企业。

表 7-1　早期中国主要钢琴制造企业情况

企业名称	珠江钢琴	星海钢琴	东北钢琴	上海钢琴	英昌钢琴	龙凤钢琴
成立时间	1956 年	1949 年	1952 年	1895 年	1956 年	1988 年
企业品牌	珠江里特米勒	星海奥特	诺的斯卡王子	施特劳斯卡尔曼	英昌	金斯伯格
所属区域	广州	北京	营口	上海	天津	烟台
企业性质	国有企业	国有企业	国有企业	国有企业	韩资	国有企业
合作企业	雅马哈	卡瓦依				

　　海伦钢琴作为一个以 ODM 出口外销为主要业务模式的钢琴业黑马,相对于国内市场,其实一穷二白。品牌,无人知晓。销售渠道,几乎接近于零。同时,由于立足于国外的高标准,其产品成本及价格相对于国内市场同类产品偏高。唯一的优势是产品品质还不错。2005 年下半年开始,海伦钢琴主攻国内市场。海伦钢琴在国内先从音乐院校做起,从基础做起,使这些专业的音乐人士接受后,再以点带面,慢慢提高知名度。努力支持国内有关中小学开办钢琴教育课程,加大宣传力度,加强和各大专音乐院校、音乐团体的合作,无偿或低价提供教学用琴。

　　此外,海伦钢琴还花重金聘请国内外著名钢琴家到中国各地巡演讲学,把最高级别的钢琴教育送到百万琴童的家门口。几年来,海伦钢琴之旅大师班巡演活动从二三线城市再逐步到中心城市,已经走遍中国六七十个城市,所到之处都取得了圆满成功。这些活动不断提升海伦钢琴的品牌知名度,获得广大音乐用户的认可,产品国内销售量以每年 30% 以上的速度提高。同时,针对销售产品同质化的今天,海伦钢琴提出不但要拼产品,拼售前,还要拼售后。每一位客户,在使用海伦钢琴过程中,如发现海伦钢琴存有质量问题,一切费用由海伦钢琴承担,包括维修费、搬运费、运输费等等。如果用户能够提出海伦钢琴存在的缺陷,海伦钢琴将会给予用户一定的奖励。这一切措施提出的缘由其实也是基于海伦钢琴对于自己产品的自信。

　　海伦公司对各经销商实行了一套良好的管理政策,通过与其签订年度销售框架协议,确定当年合作总体情况,协议中约定考核标准、价格管理和审货管理办法等。同时,公司还为经销商提供全面的信息和技术支持,并在年终对经销商进行考评,对任务完成较好的经销商给予更多优惠和额外奖励,不断提高经销商的积极性和忠诚度,按照一定的筛选标准确定各区域经销商。并按照东北区、华北区、华中区、华东区、华南区、西北区和西南区等区域分设区域经理,分别负责各区域内经销商的日常管理工作。截至 2017 年底,海伦钢琴股份有限公司各类钢琴产量及销售量明显增加。具体数据详见表 7-2。

表 7-2　2013—2017 年海伦钢琴经营情况

年份	2017 年	2016 年	2015 年	2014 年	2013 年
产量					
三角钢琴产量(台)	1,402.00	1,523.00	1,682.00	1,711.00	1,535.00
智能钢琴教室产品产量(台)	137.00	—	—	—	—
电钢琴产量(台)	4,779.00	2,943.00	—	—	—
立式钢琴产量(台)	30,802.00	25,505.00	26,033.00	24,629.00	24,215.00
码克产量(台)	—	30,209.00	30,366.00	31,316.00	29,318.00
销量					
三角钢琴销量(台)	1,606.00	1,490.00	1,596.00	1,564.00	1,685.00
智能钢琴教室产品销量(台)	137.00	—	—	—	—
电钢琴销量(台)	2,059.00	207.00	—	—	—
立式钢琴销量(台)	33,511.00	29,278.00	27,056.00	25,839.00	25,139.00
码克销量(台)	—	30,896.00	30,889.00	30,410.00	29,579.00

资料来源:根据海伦钢琴历年年报数据整理而得。

2. 品牌提升效应

2002 年,海伦自己研发的钢琴码克上市。优良的产品性能和低于欧洲同类产品三分之二的价格吸引了大批国外钢琴买家的注意。文德隆,具有百年历史的奥地利钢琴品牌制造商,其与海伦看似毫不相关也不在一个等级上,但两家公司联系在一起了。当时,全球的乐器制造中心都在往亚洲转移,日本、韩国、印尼成为新兴的乐器生产大国,文德隆一年产量不过 1000 台左右,同时,碍于高昂的欧洲人工工资,公司正在盈亏线上挣扎。文德隆有品牌,有销售渠道,有技术。海伦钢琴从帮 ODM 贴牌做起,从互相了解做起。经过一段时间合作,文德隆对于海伦公司产品品质及公司管理层为人都非常了解,海伦对于文德隆的优势也是看得非常透彻,联系更加紧密,合作更上一层楼,从替 ODM 贴牌,再到建立联合品牌。海伦钢琴公司的产品,在欧洲市场,都以"文德隆—海伦"这样的联合品牌销售,在钢琴普及率相对较高的欧洲市场,文德隆代表老品牌、有质量保证的钢琴,而海伦有价格优势,用中低档价位去冲击市场,取得了不俗的业绩。同时,海伦不仅免费使用了文德隆这个金字招牌,也无形中推广了自己"HAILUN"这个品牌。借用这个模式,海伦和文德隆"联姻"生产的钢琴,继续打入美国、日本等国际市场。目前,在欧洲已有250多家琴行,日本也有40多家经销商销售他们的产品,在美国,代理商主要销售7个钢琴品牌:其中海伦钢琴作为亚洲唯一品牌,与世界顶级钢琴、名琴并放在纽约著名的克拉维亚豪斯琴行,另外6个为欧洲历史品牌。

在短短的几年时间内,海伦钢琴在品质上,已在国际上得到认可,知名度和美誉度快速提升,公司的销售及产值、利润率同时在中国同行业中名列前茅。自"HAILUN"钢琴品牌创立以来,公司一直坚持实施"发展自主品牌为主,适度保持ODM"的经营方针,2009年自有品牌钢琴销量占总钢琴销量的72.60%。公司同时利用一切事件性营销,打造"HAILUN"品牌,其中不乏亮点。2010年海伦钢琴被轻工业乐器监督中心认定为行业标尺。2012年、2013年后、2014年MMR国际乐器评选中,海伦钢琴连续荣膺年度声学钢琴大奖,2015年,海伦钢琴获得了美国MMR终身成就奖。近两年,海伦钢琴不断参与开展国际各大品牌推广活动,2017年,海伦钢琴成为第55届意大利布塞托威尔第之声国际声乐比赛中国赛区选拔赛指定用琴,品牌影响力不断提升。

3. 产品技术升级效应

宁波作为我国五金配件生产最为集中的地方之一,全国钢琴配件市场份额的60%以上也被宁波占据。正是基于这样的现实条件,陈海伦看到了商机——钢琴配套。1986年,宁波北仑钢琴配套厂成立,主营钢琴五金件及钢琴琴凳、钢琴外壳。1999年,在偶然的机会下,陈海伦参观法兰克福乐器展,看到中国制造的钢琴得不到顾客的认可。因为在国际市场上,钢琴作为西洋乐器,欧洲有几百年的制造历史,品牌、工艺一直排第一,美国第二,接下来是日本和韩国。钢琴对于中国只是大玩具,没有谁会认为中国也能制造好钢琴。这令人难以忘记的一幕,彻底激发了陈海伦心中的一股强烈斗志,陈海伦也要造钢琴。

制作一架钢琴需要装配9000多个零件,有150多道工序。而钢琴的核心是码克,做工要求极为精细,码克质量的好坏直接影响钢琴的音色、稳定性等指标。这一核心部件对于钢琴生产厂商来说,就是生命线,可以这样讲,能生产钢琴码克的厂家一定能生产钢琴,但是,能生产钢琴的厂家不一定会做码克。大量的资金和研发人员投入,使得海伦公司码克技术得到突破性进展,并迅速取得回报。在2002年举行的法兰克福乐器展上,海伦公司的码克配件引起了世界大批顶尖钢琴企业的关注和好评,订单不断增加,码克产品的国际市场越来越广。码克的成功给了陈海伦信心,他又先后投资 8500 多万元,从台湾、日本等地引进钢琴专用数控加工中心 16 台,价值 1400 多万元,组建了现代化的钢琴生产线,实现了全程数据化管理;同时邀请奥地利、日本、美国等钢琴制造专家前来进行技术指导。这完美实现了日本的精益化数控加工模式和欧洲的百年经典手工加工工艺结合,立式 120、123、125 型号,三角式 150 等系列钢琴产品不断下线。至此,海伦已经成功实现了从钢琴配套技术到钢琴的整琴生产技术的快速升级。

现阶段海伦对世界钢琴行业的历史和现状进行了深入考虑和分析,特别是在多年研究钢琴行业国际和国内两个市场实际情况的基础上,确定和发布了公司钢琴产品发展三步走规划,即系列钢琴、精品钢琴、智能钢琴 3 个发展阶段,计划用 10 至 15 年,时间完成,即:第一步研发生产海伦系列钢琴产品,力求产品品质达到本土品牌的最高水平,抢占中高端市场;第二步研发生产海伦精品钢琴,确保产品品质达到国内各类品牌钢琴的最高水平,巩固海伦钢琴的中高端品牌形象和市场地位,并进一步向高端市场发展;第三步,在精品钢琴的基础上,海伦钢琴将进一步着手开展智能钢琴研发的准备工作。目前,海伦钢琴在技术创新、产品研发、工艺设计、规模化生产及质量控制等方面,形成了系统的技术工艺管理规范。经过多年的专注和努力,海伦与国内其他大多本土钢琴企业相比,产品技术及工艺等核心竞争力相对更强。

三、基于品牌技术网络的国际化战略分析

随着钢琴产业发展的不断完善,钢琴制造质量不断提高。我国经济的快速发展,经济规模的稳定增长、经济水平的不断提高、经济增长速度的加快不仅促进了钢琴市场规模的持续扩大,还为钢琴产业的发展提供了一个良好的物质环境,拉动了钢琴业的快速发展。在此背景下,海伦钢琴基于先天国际化基础,充分利用全球品牌和技术网络,提升企业核心技术水平和品牌国际影响力,进而获取国际竞争优势。经过 30 年来的发展,海伦钢琴成长为拥有数亿的实体销售额、数千万的线上销售额、国内 500 余家代理经销商、欧美 300 余家琴行和日韩 60 余家琴行代理销售的跨国公司。综上,海伦钢琴的企业国际化战略和路径详见图 7-1。

(一)海伦钢琴国际化战略定位

企业的整体发展目标是根据社会的发展形势和经济变化而确定的,随着

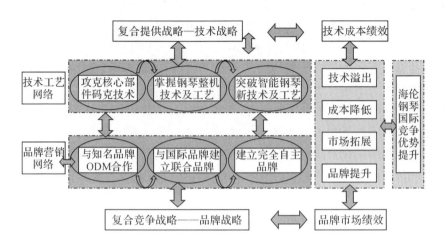

图 7-1　基于全球技术品牌网络的海伦钢琴国际化战略

经济形势的日新月异,为了保持企业的核心竞争力和市场份额,就必须要求公司做出相应的整体战略规划。海伦钢琴以钢琴市场为导向,以经济效益为中心,积极运用国际化战略理念,坚持企业国际化战略跨越式发展,确立国际化战略高起点、高标准、高要求的发展思路,坚持走可持续发展道路,致力于钢琴产业的结构总体优化、产业全面升级,争取成为产业特征明显、竞争优势明显、投资价值明显的大型钢琴产业企业。根据海伦钢琴国际化轨迹和战略实践,可以将海伦国际化发展定位总结如下:着力发展钢琴行业产业、加强钢琴制造人才的培育、强化公司自我核心技术的掌握和拥有,搭建全国钢琴交易平台,形成产销一体化的流通服务,形成上下游延伸的经营格局。

1. 企业发展定位

海伦钢琴以现有经营业务、客户及软硬件设施为基础,以钢琴产业需求为对象,有效整合内部资源,将海伦钢琴发展变成以品牌过硬的大型中高端钢琴公司。海伦在发展中,逐渐定位为以钢琴制造为载体,利用其品牌优势、规模优势、人才优势、技术优势等,资本经营和生产经营相结合,将公司发展成钢琴行业的大型钢琴制造企业。

2. 业务市场定位

海伦钢琴根据消费者的选择进行市场群体的划分,然后结合海伦钢琴本身的特色进行合理的选择和定位。发展自己擅长的才会得心应手,海伦钢琴的主营业务就是钢琴制作,因此要稳固根基,并且力求突破,寻求打破中低端、走向中高端的技术和成长机会,进而让企业得到更加长远的发展和核心的竞争力。在保持主营业务优势基础上,进一步扩大钢琴材料产业经营范围,形成以钢琴产业为主,其他产业为辅的综合性产业。一方面是利用企业上市公司的体制、机制优势和融资优势,继续做大做强主营业务;另一方面以现有产业为载体,建立新的子公司,形成遍布全国各地的营销网络体系,提高销售规模,打造核心竞争力。内部实施统进分销、资源共享;结合连锁经营、产业配送手段,扩大营销网络,延伸服务链条,促进经营规模扩大。

3. 客户管理定位

客户定位主要是对客户内外消费属性的行为,要准确地找对客户的特点,才能够更好地针对客户去策划销售活动。首先应该重组内部资源,将与钢琴有关的经营性资产进行整合。然后收购全国钢琴产业企业,形成遍布全国各县级区域的钢琴营销网络体系,提高在钢琴生产企业中的供应商和营销商的位势,构建全国最大的钢琴产业和营销企业。同时积极引进战略投资者,优化产权结构;坚持走品牌化发展战略,走特色经营之路,扩大产业规模;加快地市网点建设步伐,构建点面结合的立体营销网络体系;积极引进外资,强强联合,扩大钢琴产业市场规模,做优做特,将其建成全国钢琴产业经营规模最大的产业中心。

4. 文化定位

文化定位是企业发展的灵魂所在,是一个企业的特色所在,是一个企业的精神支柱和象征。海伦钢琴要发展文化定位,其实就是要更好地打造中国钢琴龙头企业的形象和国内外知名度。基于此,海伦钢琴积极发展钢琴产业,以国际化战略中心为基础,根据全国的经济发展趋势,动态优化业务和网点布局,进一步完善钢琴销售网络,在文化重省,比如上海、北京、济南、西安、郑州、武汉等地建立全国大型产业交汇中心,促进整个企业的产业协调,积极发挥产业钢琴核心优势,结合钢琴需求,科学进行产业合理的布局,以企业自身投资主导,争取政府的支持,扩大国际化战略中心,完善钢琴功能。

(二)基于研发设计网络获取技术优势

技术战略措施主要是针对企业生产过程中从低级向高级发展的一个重要的过程,包括生产要素、生产经营、技术的不断提升。海伦钢琴在我国钢琴产业中属于中上游层次,在技术上有着自己一定的优势。但是,海伦钢琴制定国际化战略就需要从全球的眼光去分析和看到自身的优势和不足。海伦钢琴公司自成立以来高度重视技术研发创新,联合大学,引进世界知名钢琴设计制造大师,创建钢琴设计中心,多年来一直专注于钢琴制造领域的技术研发,不断推出各种型号、不同档次的钢琴新品。在钢琴设计和制造技术方面,海伦钢琴不但吸收了欧洲钢琴的先进设计理念,同时创新地结合美、日等国的现代工业化生产模式和加工工艺,逐步形成了将现代高新技术与钢琴传统的个性化加工工艺相结合的特有技术特点,建立了一整套自身独立的创新技术体系。直接与世界领先的设计和工艺接轨,采用标准化、系列化、正规化管理,最大限度地应用现代高新科技成果设计和制造钢琴并注重继承、发展钢琴的传统音乐特性,摆脱了国内企业传统手工和一般加工工艺生产钢琴的模式。

为保持技术领先优势,海伦钢琴专注于钢琴制造领域的技术研发,持续推出钢琴新品。公司在钢琴设计和制造技术方面吸收了欧洲钢琴的先进设计理念,结合美、日等国的现代工业化生产模式和加工工艺,逐步形成了将现代高新技术与钢琴传统的个性化加工工艺相结合的技术特点,建立了一整套独立的创新技术体系。公司为国家级高新技术企业和国家火炬计划重点高新技术企业,并在行业内率先将计算机辅助开发技术和数字化加工技术应用于钢琴生产。2017年公司共设立了7个新产品项目,新申请10项专利,取得4项专利,获得软件著作权1项,截至报告期公司已取得56项国家专利。概括来讲,海伦钢琴的技术战略逐渐形成技术优势效应,具体包括以下几种。

1. 产品设计优势

海伦钢琴进入钢琴生产伊始就全面摆脱传统的放样、模仿、测绘、实物试制修改的研发模式,在国内率先全面使用CAD(计算机辅助设计)、CAM(计算机辅助制造)、3D动漫、数字模拟、数字比对优化等先进手段,把产品设计研发周期从传统的2～3年缩短至2～3个月,并保证产品结构性设计的一次成功率。在产品的音乐特性设计开发方面,直接采用高线分析标注法、网格状频率振幅分析法、内应力色彩对比法、三维坐标频率曲线动态分析、击弦机动静负荷及传动比效果分析、音频传导速率检测对比分析、调音音准物理和感官曲线分析等先进手段分析检测音板弧形应力;同时,公司吸收应用国际领先的前期预设计、效果预测及修订等设计方法,大大减少了产品工艺和钢琴音乐品质方面的试验次数,压缩了实验周期。

2. 制造工艺优势

海伦钢琴斥资引进国际领先的数字控制生产线,直接与设计衔接,在每一个关键生产环节,依靠数控机床加工,彻底摆脱传统落后的加工模式,保证了产品零部件的精度、标准化程度和质量的稳定。公司在国内第一家采用定位孔联锁式工艺流程，该工艺一环连接一环，上下环节紧扣和制约，一个环节出问题，后续生产将无法进行。这一套完整的联锁式工艺流程是实现流水化生产的关键技术创新，在国际同行业属于领先水平，在国内属于首创的成果，取得了发明专利。

3．材料应用优势

钢琴由近 9000 个零件组成，涉及钢铁、有色金属、木材、化工、毛毡、纺织物、皮革等多类材料。在材料选用和预处理时公司采用多项具有高技术含量的化学处理工艺和高新科技材料成果，取得了良好效果。公司对钢琴专用传统材料大胆创新，率先使用铸铝合金中盘、合金铜和合金钢弦枕、特制击弦机弹簧、聚合、复合材料击弦机和琴键、仿天然合成黑檀木黑键等多项新技术、新材料，产品品质得以不断改善提升，多项技术取得国家专利。

4．技术人才优势

海伦钢琴在发展过程中逐步形成了一支素质高、专业结构合理、实力较强的技术创新型人才队伍，人员组合来源于中国、德国、奥地利、法国、美国、捷克等多个国家的著名专家以及公司多年来自主培养的一批中、青年技术骨干和技术带头人。自成立以来，公司技术研发团队逐步壮大，核心技术人员稳定，公司设立的钢琴制造工程技术中心为省级高新技术企业研究开发中心。此外，公司积极与德国贝希斯坦、捷克佩卓夫等多家国际知名钢琴生产厂商开展 ODM 合作，通过双边合作，学习引进了多项国际先进的技术、管理经验，对提升公司生产技术水平和持续创新能力发挥很大的促进作用。

（三）基于品牌营销网络获取市场优势

海伦钢琴品牌策略是对自身产品的精准的定位，走品牌差异化道路，立志把宁波海伦钢琴塑造成一个独立、准确、独具个性的品牌，通过对国际市场的调研，寻求差异点和个性点。因此，海伦钢琴将总体国际市场细分寻找出符合自己产品的特色、可以提供有效服务的目标市场，并依据目标消费群体的特征进行合理的定位，集中本企业的"优势兵力"将企业的这块"市场蛋糕"做大。

自主品牌建立以来，海伦钢琴一直积极致力于实施自主品牌战略，公司品牌知名度和影响力在钢琴行业中不断上升，在消费者中形成了较好的口碑和关注度。经过几年的整琴生产，海伦和奥地利文德隆合作的钢琴颇有成效地开拓了海外市场。2005 年 1 月 29 日，公司与欧洲总代理商合作的"奥地利维也纳—中国海伦钢琴城"隆重开业，这个举措使几年来开拓的欧洲市场得到进一步的稳固,也让海伦钢琴的品牌得到了更好的宣传。

近年来公司及其钢琴产品获得国内外多项荣誉,如 2008 年"HAILUN"牌钢琴被法国 DIAPASON 杂志在钢琴类"金音叉"大奖上评为音乐品质、声音、手感、感情色彩、踏板、外观 6 颗星(国际最高级别奖项);2010 年公司生产的 H-3P123 型立式钢琴、HG178 型三角钢琴被国家轻工业乐器质量监督检测中心作为对钢琴音乐性能鉴定的参照样琴;2011 年初,"HAILUN"牌钢琴被美国 The Piano Book 列入世界钢琴质量排名消费级钢琴品牌最高级别,为仅有的两个入选该级别的中国自主品牌之一。

2012—2014 年,海伦钢琴连续 3 年在北美斩获 MMR 奖项,2015 年,海伦钢琴荣获终身成就奖,更加强化了海伦钢琴在北美市场的王者地位。2015年,海伦钢琴股份有限公司在上海国际乐器展览会举行新品发布会,正式推出将互联网与传统钢琴技术理念结合的第一代海伦智能钢琴产品。2017 年,海伦钢琴产品再次力克众多知名钢琴品牌,斩获美国 MMR 年度声学钢琴大奖,公司产品的国际影响力进一步攀升。2017 年 7 月,公司与沈阳音乐学院签约成立了校企合作教学实践基地,这不仅发挥了高等院校供给侧作用,更是加强校企联盟建设的有益尝试,进一步探索如何培养高素质实用型专业人才,实现校企之间的优势互补、互惠共赢、服务社会的积极作用,使高校教学、科研与社会生产实践高度契合。2017 年,公司荣获浙江省重点文化企业,公司会继续做好重点文化企业的示范带头作用。

(四)基于企业家精神提升复合式能力

企业家能力本身对于企业的贡献,在中国表现得尤其突出。由于制度环境,中国企业现代化的起步相对较晚,而大部分民营企业的早期发展与企业家具备的冒险精神和个人资源积累是分不开的。组织的快速扩张反过来又推动企业家不断通过探索式学习和利用式学习强化了个人的企业家能力。在海伦钢琴的发展历程中,陈海伦先生以他坚定信心、敢于承担社会责任及勇于创新的气魄,一次又一次地推动了海伦钢琴的转型发展。海伦钢琴的发展面临的数次选择都透视出陈海伦作为创业者、企业家的战略眼光。

1. 敏锐判定市场趋势,专注生产钢琴五金件

20 世纪 80 年代中期以前,海伦钢琴前身企业所涵盖的业务主要是装潢五金,有些情况下也会接到其他产品的一些订单,比如钢琴五金件。1986 年,由于改革开放后政策的变化以及市场体制的改革,原来的农机厂一下子分成了两个厂——一个农机厂和一个五金厂。陈海伦负责担任五金厂的厂长。起初,五金厂主要生产电风扇之类的产品,但一段时间之后,大家发现自己生产的电风扇并不适应市场,业务呈现下滑趋势。这期间,陈海伦惊奇地发现五金厂的钢琴五金零配件的订单还是比较稳定的,虽然盈利不是特别丰厚,但就当时的情况来说,钢琴五金件订单可以让企业渡过这次难关。通过反复思量,陈海伦决定只做钢琴零配件,放弃其他产品的生产。

2. 明晰市场需求,瞄准钢琴码克核心零部件生产

90 年代中后期,陈海伦发现,生产钢琴五金件所获得的利润已经达到了瓶颈阶段。这时,他做出了一个大胆的决定:生产钢琴的核心部件——码克。陈海伦具有老一辈创业者朴实踏实的秉性,2001 年,经过多年的积累与准备,陈海伦成立了宁波海伦乐器制品有限公司(海伦钢琴股份有限公司前身),开启了自己与乐器制造的故事,并开始筹备生产码克。"码克"又称共鸣盘,是钢琴最核心的部件,也是技术含量最高的部位。要解决技术难题,必须要聘请高技术人才,通过多方面的努力,陈海伦聘请到了具有多年钢琴制作行业经验的曾兴华担任技术开发总工程师。经过长时间的筹备,码克的研发和生产拉开了序幕。2003 年,海伦钢琴的码克一经推出,就得到了欧洲高端市场的充分认可,引起了欧洲大批顶尖钢琴企业的关注和好评。年产 30000 台的码克除了自用以及国内厂家的订单以外,还有一部分销往欧美和日本。从这一点,反映出了陈海伦对行业和市场的准确预见性。

3. 技术逐渐成熟,制造自主品牌钢琴

海伦钢琴走上生产钢琴整琴的道路,得益于陈海伦一次偶然却又符合情理的谈话。当时的上海钢琴厂与奥地利的文德隆品牌合作,为对方组装钢琴,而一些钢琴零部件就来自于陈海伦的企业。因为生意上有所交涉,陈海伦与文德隆负责人彼得也彼此认识。一次偶然的机会,彼得和陈海伦谈到了国内钢琴制造技术方面的问题。彼得表示,尽管文德隆委托上海钢琴厂组装自己品牌的钢琴,不过就当时的情况而言,他们对其组装的钢琴质量并不是很满意。文德隆方面的失望也或多或少反映了一些当时国内钢琴组装的状况。2003 年,陈海伦以自己的名字注册了"HAILUN"钢琴品牌。陈海伦一直希望有中国的钢琴、有自己的钢琴品牌能真正站在世界顶级的钢琴舞台上。在陈海伦眼中,品牌就代表着企业精神的一种归属,只有拥有自己的品牌,只有自己的产品有优秀的品质,才真正有机会能在国际市场占有一席之地,才能真正反映出自己创办民族品牌的决心和意念。

4. 持续资金和人才投入，提升整琴技术工艺

大量的资金和人力的投入得到了充分的战果，海伦公司凭借着深厚的钢琴部件制造底蕴自行研制出了国际上顶级钻头、红外线双工位数孔钻孔设备，一举攻克了日本引以为豪的码克数控技术和真空铸铁技术；结合引进的五轴联动等专用设备，组建出了国际领先水平的码克生产流水线，不仅实现了全程数据化管理，也创造性地以高精度生产模式取代了传统的手工工艺，可以说是海伦助推了中国钢琴制造业的技术升级。专业流水线的形成，彻底颠覆了国内传统的制琴模式，在国内钢琴制造行业开了先河。这一系列富有魄力而又充满前瞻性的举措在后来海伦钢琴股份有限公司的飞速发展中得到证明。

5. 强强合作开拓，稳步进入国内钢琴市场

为了发展"海伦"品牌，陈海伦和海伦钢琴走过了一条迂回曲折、先国际后国内的道路。创建海伦品牌之初，陈海伦就清楚地知道获得品牌影响力的路途会充满坎坷，自己只有把握住自己的生产优势，才能一步步向前推进。2005年，一架标有"海伦—宁波"的海伦钢琴进入维也纳金色大厅，海伦钢琴成为第一架进入维亚纳金色大厅的亚洲钢琴。次年，这架钢琴凭借完美的音色，成为继世界名琴"施坦威"、"贝森朵夫"之后又一架获得维也纳金色大厅永驻权的钢琴。2016 年，陈海伦与夫人金海芬因创新精神荣获奥地利尚彼得奖。陈海伦正是凭借着中华民族特有的那种勤奋坚持与中国人特有的智慧，才打造出了一个具有自主科技高度研发能力与生产能力兼具的民族创新企业。

第二节 基于全球生产网络的竞争力战略分析
——海天集团典型案例研究

改革开放以来，大量中国企业通过为发达国家领先企业代工积极嵌入全球制造网络，通过嵌入全球生产网络，增强自身的工艺创新和产品创新能力。但部分企业却一直粘滞在制造环节，很少能升级为全球知名的品牌企业或者多元业务的企业集团。海天集团在国际化过程中，通过全球制造网络获取技术和市场的同时，凭借企业的创新资源整合提升企业全球市场话语权，逐渐成长为民营注塑机制造帝国。本节以全球生产网络为主线，详细分析海天国际化战略及经验做法。

一、海天集团的国际化背景

(一)企业家精神推动企业走向国际市场

近年来围绕企业成长与企业家精神的相关研究证明了即使在相似环境下的相似的企业中,由于企业家大相径庭,企业也会选择不同的发展战略,企业家也会以不同的方式影响企业的发展进程。海天集团董事长张静章及其家人,由于特殊的机遇进入注塑机领域,一直以强烈的企业家应有的社会责任,坚持锐意进取,推进着海天集团一步步成长为装备中国的典范。在海天的发展过程中,每一步都映射了企业家精神在企业发展成长中的重要作用。首先,企业家的责任担当成为海天国际化的动力。甬商自崛起发展至今,一直站在中国商业的高峰,很重要的原因在于甬商既有敏锐商业意识,又具有立志带动家乡和国家民族进步的家国情怀和利他精神。因此,以敢于担当社会责任为己任和使命,成为驱动企业深耕国际市场的动力源泉。面临中国机械装备制造业严重落后的困境,海天集团董事长张静章先生以"国家兴亡,匹夫有责"的信念,坚定发展装备制造,以工匠精神打磨精品,打造国内注塑机第一品牌,立足产品质量,进军欧美市场,最终实现"装备中国、装备世界"。其次,企业家的创新进取成为推动海天国际化战略的基石。创新是企业家精神的灵魂和核心,也是甬商精神的典型特征。技术、管理及机制等创新和应用,是企业发展的重要因素。企业家的创新进取精神也成为企业融入国际市场,真正实现企业国际化的重要驱动力。在开放多元的国际市场竞争中,海天集团通过海外投资建厂及并购等多元化手段,在并购扩张过程中传承企业家合作精神,吸纳全球人才构建国际化管理团队,迅速实现国际化。

(二)国际需求扩容引导企业国际化

产品与市场主要反映的是一个国家或地区的市场环境(市场规模、市场潜力等)是否有利于企业的成长以及开展跨国投资行为。一般来说,一个国家或地区的市场环境越好,就越有利于民营跨国公司的发展。如果一个国家或地区的市场潜力较大,就会吸引较多的企业开始创业,进而进行生产和投资。良好的市场环境更是给中小企业跨国成长提供了良好的发展环境和机遇。海天集团主营产品是塑料注射成型机(通称"注塑机")。在我国,注塑机占塑料加工机械领域主导地位,年产值占比约为40%。注塑机按照原料加工前的熔融程度及成型工艺的不同,主要分为注塑机、挤出机和吹塑机,约占总产值的80%以上,而这其中,注塑机产值占比约为40%。在制造业中,注塑机属于重要零部件生产设备,其需求量也与制造业资本成正相关关系。注塑机是一种将塑料通过成型工具制成各种形状的塑料制品的机械设备,是我国产量最大、产值最高、出口最多的塑料机械设备。虽然注塑机的应用领域很广泛,但是在国内,仍然具有优异发展和提升的空间,注塑机的下游产品主要应用于塑料、汽车、家电等行业。在国外,美国、日本、德国、加拿大等发达国家中,在塑料成型设备中,注塑机产量及需求都非常高,占比高达60%~85%,这个数字还有提升的空间。美、日等注塑机生产大国,早期垄断国际市场。近年来,海天快速发展,不断通过整合全球资源,提升产品质量的同时也较好地控制了产品成本。海天的产品在国际市场中需求日益旺盛,在此背景下,海天也在需求的动力推动下,不断扩大产能占领国际市场,逐渐成长为国际跨国公司。目前,海天的产品已经远销美国、欧洲、南美洲、中东、东南亚等50多个国家和地区,设立了巴西、加拿大、墨西哥、意大利、土耳其等5个海外分中心,辐射周边国际市场。

(三)国家走出去政策支持中国制造走向世界

自改革开放以来,"走出去"逐渐成为推动我国经济发展的重要国策。而中国制造作为中国的支柱产业,也成为政府"走出去"政策的重点鼓励和推进的对象。"中国已经成为世界上最强大和最重要的国家之一。你能看到中国的速度,面向全球的本土化发展,因为制造商大多来自中国,而中国制造的质量也正变为最好的。"与习总书记同步登陆美国的国家形象纪录片《乐享中国》中,来自西班牙的亚里克斯·里瓦斯这样评价"中国智能制造"。随着全球新一轮工业革命的来袭,中国智能制造已上升为国家战略,并成为两化深度融合的主攻方向。宁波是近代中国民族工商业的重要发祥地之一,也是中国民营经济的主要阵地区域。在制造业领域,宁波被誉为"制造之都",是国内规模较大的制造业产业集聚区。在国家政策的鼓励和指导下,海天集团从20世纪70年代初生产螺钉螺帽等小五金件转向注塑机的开发与生产,1972年成功研发了企业历史上第一台注射量30克的小型注塑机。目前海天是国内注塑机行业的领导者,小型注塑机国内市场占有率30%以上,大中型注塑机国内市场占有率超过60%,同时产品还批量销往130多个国家和地区,是目前世界产量最大的注塑机设备供应商。

(四)技术和人才集聚支撑企业国家化

一国的研究与发展水平在一定程度上决定了该国企业的技术水准。在科技迅猛发展的今天,技术无疑是影响企业跨国成长的一个重要因素。具体来说,技术可以创造需求和市场,同时,技术可以降低成本,提高产品的质量,增强企业在国际市场上的竞争力。反之来讲,一国如果研发水平不够,低下的技术水平就会影响中小企业的跨国成长,在国际市场上的竞争就可能遭遇失败。很多民营企业往往扎堆在劳动密集型行业,从事代工生产,企业积累往往用于扩大生产规模、转投房地产等,而非用于提高技术水平、主动研发创新,从而陷入"低端依赖",无法实现价值链升级。海天集团在发展过程中始终以工匠精神作为企业文化核心,坚持技术进步与技术创新,逐渐成为注塑机领域的核心技术拥有者。另一支撑企业快速发展的重要资源要素是企业人力资本。一般来说,无论是高层管理者,还是普通的员工,如果文化水平普遍较低、接受的培训严重不足,这显然不利于企业的长期发展。由此可见,人力资源也是影响中小型跨国公司成长的重要因素。对于中小企业来讲,管理者没有超前的国际化经验,不关心国际市场,甚至不了解国际商业规范;员工素质较低,严重缺乏开拓国外市场的专业人才等问题都制约着中小企业的跨国成长。海天集团从成长初期,以"家文化"作为企业人力资源战略的核心战略,帮助企业集聚了一批有工匠精神,又富有创新力的国内外技术人才,他们成为支撑企业成长的重要基石。

二、海天集团国际化成长历程及国际化绩效

(一)海天集团国际化成长历程

海天所在行业是塑料机械装备制造业,属于技术密集型制造业,其发展状况在一定程度上反映出一个国家或地区国民经济及技术发展水平。我国是世界注塑机制造产量第一大国,但大部分产品的技术性能仅达到发达国家20世纪末期的第二代技术水平,离新兴第三代技术水平还有差距,且长期依赖国外技术引进,因此仍称不上是塑料机械制造强国。然而,随着注塑机产业技术进步与纵向专业化分工的深化,全球网络已成为弥补单个企业内部能力不足、促进产业技术创新和技术扩散的必由之路。目前海天以其产量世界第一、技术位居我国注塑机行业之首,是该行业中已获得相当认可并最具希望成为国际品牌的企业。海天集团的第一大主业为注塑机产品,是产量世界最大、技术国内第一的注塑机生产基地,目前在世界塑机行业排名第一。同时拥有数控机床六大系列几十个品种规格,可满足汽车、模具、航空航天、五金等各种机械加工领域需求。海天还是国家高新技术企业,首批90家中国创新型企业之一,已具备很强的自主创新能力。同时海天作为一家民营企业,相对于国有企业

或者其他类型企业，产权相对清晰，受体制等相关情境变量的影响较少，技术引进行为具有较大的自主性和灵活性，对企业国际化绩效的影响也更加突出。

1. 初步探索进入塑机领域

海天的前身是江南农机厂，曾经只是一座隐于破庙里的小厂，所有流动资金加起来不过 100 元。当时的国情以农为重，海天的产品也主要向"服务农业"靠拢，为水泵、镰刀、锄头等农机用具。20 世纪 70 年代，海天在一次偶然的机会下，初次进入注塑机领域。1973 年，成功试制了第一台 60 克直角式注塑机。随后，海天没有任何技术基础，要发展注塑机企业只能进行模仿创新。公司以向国有塑料机械厂购买图纸、参观学习等方式，获得了最初的第一代连杆式注塑机技术，正如一位被访的海天经理所提到的，70 年代时，全国没有多少企业生产注塑机，海天最初就是和周边的几家国有企业有联系，其中最早的就是上海塑料机械厂。到了 80 年代中期，随着市场需求日益旺盛，海天迫切需要改进原有生产工艺以应付产能不足，而国有塑料机械厂有一大批工程师，因计划体制收入较低，很乐意周末到海天搞"创收"。这样，国有塑料机械厂通过与海天合作生产的形式，有效地帮助海天对原先掌握的第一代注塑机产品进行产能扩充，这一时期以改进型创新为主。从整体上来看，这时期海天主要先后经历了二次创新的两个阶段：模仿型创新阶段和改进型创新阶段，即模仿国有企业的二次创新。

2. 提升对接国际品牌合作生产

20 世纪 90 年代，随着中国经济全球化程度的日益深入和行业环境的变化，跨国公司纷纷进入。但由于注塑机生产的特点是要对当地使用客户有足够的了解，否则即使是拥有技术上的优势也很难在短时间内打开市场。与此同时，进入 90 年代以后，一些跨国公司都到中国来寻找合作伙伴，例如德马格，他们的液压注塑机技术非常成熟，在此背景下，海天抓住时机与德马格建立合作关系，公司也取得快速发展。1989 年，海天出口第一台注塑机；1994 年，海天的产量名列世界第一，并至今仍保持此地位；1997 年，海天制造了当时中国锁模力最大 25000KN 的注塑机；1997 荣获中国机械工业部授"中国机械工业名牌产品"称号；1998 年，海天与德马格注塑机集团联手创立合资公司，合作于 2005 年终止。因此，海天能够顺利嵌入全球网络，德马格也可以更多地通过技术许可让海天生产。在这样的行业背景下，海天后续又有机会接触到我国台湾琮玮、德国德马格的第二代液压注塑机技术，并进行模仿创新。90 年代中期，鉴于国内市场的快速增长，海天抓住机会与台湾琮玮、德国德马格建立合资企业生产产品,这一定程度上也促进了海天将外资技术国产化。在这一阶段,海天的生产从原来的技术依赖进步到部分部件能够自主生产,海天也将全部的精力投入注塑机生产中。到了 90 年代末期海天注塑机走进芝加哥展览会,这是中国第一台在国外展出的注塑机。

3. 加快产品技术改进创新

进入 21 世纪,海天加强了对第二代注塑机技术的改进创新。为了满足中国本地市场低成本、低能耗、高精度的需要,海天与北京化工大学共同投资建成海天北化研究院,加强二板机、伺服节能机的开发,并针对品牌企业需要开发专用注塑机。在此期间,专注技术改进和创新,市场也给予了海天同样的回报。2002 年,海天制造了当时中国锁模力最大 36000KN 的注塑机;2004 年,海天制造了当时中国锁模力最大 40000KN 的注塑机;2004—2005 年,海天荣获中国机械工业企业管理协会授予“中国机械 500 强”称号;2005 年,海天全电动技术得以产品系列化,拓展了集团的产品范围。2005 年,海天与北京化工大学合作成立海天北化。北京化工大学是塑料加工机械领域中顶级学术研究机构,与其合作显示了海天国际对研发的重视,坚持以研发为基点成为行业领袖的决心。2005 年,荣获国家税务总局、财政部、国家发展和改革委员会以及中国海关总署评定的“国家认定企业(集团)技术中心”称号,海天为该年度中国唯一荣获此项荣誉的塑料机械加工企业;2005—2006 年,海天荣获中国商务部授予“重点培育和发展的中国出口名牌”称号;2006 年,海天国际控股有限公司成功在香港证券交易所(SEHK)挂牌上市,首次公开发行股票,并有幸成为国务院国有资产监督管理委员会,中华全国总工会、国家科学技术部认定的“全国首批创新试点企业”;2007 年,海天收购德国长飞亚塑料机械制造有限公司;2007 年,荣获“中国名牌”、“中国驰名商标”;2008 年,“荣获国家级高新技术企业”称号并晋升中国机械 500 强、浙江省百强企业称号和全国创新型企业称号。同年,海天国际华南技术中心、华东技术中心先后开业,2009 年德国长飞亚新厂房开。与德国长飞亚的合作主要是为了获得德国的最前沿技术。在与外部合作过程中,海天注意到第三代全电动注塑机正在兴起,主导设计正在形成,又从德国长飞亚研发公司引进实验室技术进行第三代全电动注塑机的研发。该阶段,海天在大型注塑机技术和全电动注塑机技术上的代表性产品有:2013 年,开发了全球最大锁模力的 JU66000 二板式液压注塑机;2010 年,海天中德 12 名工程师共同研制了“长飞亚天润 ME”注塑机,该机型拥有十多项欧洲专利;2012 年,海天第二代天锐 VE 开发成功,达到了“国际先进”水平。

4. 国际市场快速扩张

海天包括三大主业,注塑机、精工和驱动。2002年,海天精工成立,目前已跻身机床制造业重点企业行列。2006年,公司创建海天驱动,主要以制造和研发节能注塑机中的伺服电机为基础,拓展到攻克新能源动力设备的核心技术。目前,海天驱动年产伺服电机3万台,已成为国内最大的永磁伺服电机生产基地,公司研制的伺服机械手、行走机械、汽车混合动力等一大批新能源装备,也逐步投入生产。2015—2017年,海天又新建了两个分厂,2个海外生产基地,公司全面修订制度和流程,坚持"在发展中巩固,在调整中再发展"的发展思路,稳扎稳打,立足主业前行。为进一步提高技术竞争力,海天于1990年与香港宁兴合作,获得自主进出口权,1992年又先后与我国台湾琼玮和德国德马格合作,获取注塑机核心技术。2005年,海天加入德国研发中心,2007—2011年,海天与北京化工大学共同完成了一项国家科技支撑计划重点项目,旨在解决精密塑料注射成型的关键工艺,2010年海天又在日本设立了技术中心,初步形成了全电动机技术的全球研发网络,产品开发平台从搜寻主导转向研究主导。

积累到现在,海天拥有了长飞亚、海天、天剑三大品牌,全面覆盖了高、中、低档注塑机市场,国内市场占有率第一,全球产量和销售额均第一,产品出口到120多个国家和地区,在多个国家建立了装配中心和生产基地,成为全球最大的注塑机生产商和先进注塑机技术提供商。目前,海天集团中拥有海天国际和海天精工两家上市公司,分别在香港H股和中国A股上市。通过对两家上市公司的年报数据统计进行分析,我们可以看出海天集团发展过程中,国际化绩效显著。其中,根据数据结果,海天国际的香港及海外国家营业收入较为稳定,保持公司营业收入的30％的占比规模,因此,随着公司营业收入的增长,2017年公司海外营业收入为30.511亿元,比2008年的13.435亿元的规模,增长了2倍,可以看出公司海外收入呈现持续稳定增长。另外,以海天精工为例,近年来,海天精工的国际销售规模呈现快速增长,从2013年的53.800万元增长到2017年的3247.630万元。海天国际和海天精工的国际市场营业收入情况详见图7-2和图7-3。

(二)海天集团国际化绩效分析

1. 产品质量快速提升

公司成立之初产品定位于高端数控机床,此类产品技术含量高、附加值高,主要竞争对手来自我国台湾、韩国、日本的成熟机床厂家,服务的客户主要

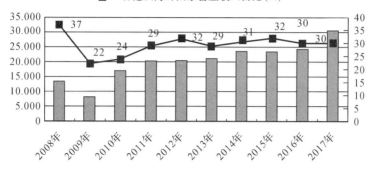

图 7-2 海天国际香港及海外市场营业收入情况

图 7-3 海天精工国际市场营业收入情况

是航空航天、高铁、模具、军工企业等。市场竞争主要依靠产品性能、可靠性和服务,公司依靠良好的性价比和优质的服务抢得市场先机,在数控龙门加工中心领域取得突破。在此基础上,公司根据市场需求不断完善产品结构、丰富产品系列,逐步形成了包括数控龙门加工中心、数控卧式加工中心、数控卧式车床、数控立式加工中心、数控立式车床等多种产品系列。

海天公司以其产品的优质、高效、节能、档次高、经济效益好而闻名于全国塑料机械行业,产品遍及全国各省、市,国内市场占有率中大型注塑机在60%以上、小型注塑机在15%以上,企业整体实力及各项经济指标连续11年在全国同行业中名列首位,是国内同行业公认的排头兵。海天牌注塑机已被外经贸部确认为"国家级重点支持和发展的名牌出口商品",外销量年年增长,2004年公司外销量达8000万美元,荣获宁波市"海外市场开拓先进奖",2005年完成外销量9000万美元,产品批量出口美国、欧洲、南美洲、中东、东南亚等50

多个国家和地区,产量和销售额居中国同行业首位。受益于全球化进程,2007年收购德国长飞亚后,海天国际加快海外市场扩展,在德国、日本、越南、巴西、印度和土耳其等国家成立分公司、工厂和技术中心,注塑机产品出口至130多个国家。中国注塑机行业的市场集中度较高,海天国际享有绝对领先地位。从产量来看,公司2016年生产注塑机29538件,占全球总产量的27%,占国内总产量的40%。第二大注塑机制造商震雄集团的市占率仅为7%。为了进一步完善外销体系和提高国际注塑机市场占有率,海天拥有了20多家国际销售代理商后,又先后在加拿大、墨西哥、巴西、意大利、土耳其开设了境外公司和组装厂,以5个海外公司为中心,辐射周边国家和地区,从根本上解决了机电产品在国际上交货期晚和售后服务困难的问题。

2. 客户关系不断扩张

公司自成立以来就专注于建立和维护良好的客户关系,并根据产品应用领域广的特点,积极拓展下游不同行业的应用市场,形成了较为广泛的客户基础。经过多年的稳健经营,公司在技术研发、产品质量及后续支持服务方面均已建立良好的品牌形象和较高的市场知名度,并与轨道交通、航空航天等领域的一大批核心客户建立了长期稳定的合作关系。海天集团董事长张静章在很长一段时间里一直以企业国际化为目标,他曾说过,"人一定要积极向前冲。从长远看,注塑机市场没饱和,别把目光停留在国内,世界塑料机械发展空间还很大"。因此,对他来说,把企业推向全球,把更多的海天注塑机销往世界各国,企业"走出去"刻不容缓。目前,海天已经构建了覆盖全国市场的营销网络,拥有较强的渠道控制能力。公司将继续以现有营销网络为基础,提高营销深度,结合品牌拉动,增强客户对公司产品的认知程度。未来海天将进一步完善销售网络,加强各销售片区技术支持力量的建设,开发建立长期的销售网络体系。

为了提高眼界,了解差距,海天集团高层管理人员会经常参观国外一些机械厂,逐渐认识到很多外国工厂的硬件并不比国内好,但员工素质高,做事认真到位,产品自然精细,而国内的企业则往往存在"马马虎虎、不求精益"等问题,质量永远差人一等。在此背景下,海天的管理层逐渐意识到海天想要走向世界,就必须站在世界的高度看待问题,以世界的标准要求自己。进入21世纪后,在短短的3年时间里,海天先后从美国、日本、意大利、德国等国家和地区引进了世界一流的技术设备,从而大大提高了产品的质量档次和新产品的开发能力。成本的大投入,促进了生产的大发展;生产的大发展,促进了利润的大提高和市场竞争力的大跃升;竞争力的大跃升,最终促进了国际市场的大占领。1978年,海天注塑机出口为零。经过近40年的发展和努力,海天将注塑机逐渐推广到世界不同角落,目前,海天的市场已覆盖巴西、伊朗、埃及、泰国、美国、英国、法国、马来西亚、南非、新加坡、日本等国。除此之外,海天还有20多家海外代理商,并在土耳其、加拿大、巴西、意大利、美国等国家设立了海外分公司。近两年,海天"走出去"的步伐越发铿锵有力。海天"十三五"的重点仍然要加快步伐实施"走出去"战略,将外贸注塑机的比重提高到40%～50%,还要扩建德国工厂,推进印度工厂,在美国再建一个海外工厂。同时,公司还瞄准发展中国家新兴市场,如金砖国家、东南亚等地。现在的世界注塑机行业中,海天早已名列前茅,是全球注塑机行业的佼佼者和最敢于竞争的"角斗士",它强烈的市场占领意识令同行为之赞叹。

3. 产品技术研发持续创新

海天集团在注塑机、数控机床等研发领域已经有10余年的经验积累。作为创新型企业,公司取得了230项专利,并与国内科研院校合作开发了多项技术,已经成为国内领先的数控机床研发、生产企业。多年来,海天始终站在国内数控机床市场与技术的前沿,精确把握市场,以市场、客户为导向,以技术创新为优先的策略,在不断赢得市场份额的同时,也为公司的研发、创新带来新的动力。其中,宁波海天集团下属的宁波海天精工机械有限公司,专业生产数控机床,加工中心,依托海天集团的先进管理理念,引进日本新泻(NIGATA),大日金属(DAINICHI)等产品技术,通过精工先进的加工、装配、检测等手段,生产出技术成熟的三大数控精品系列:卧式加工中心 HTM-H 系列,龙门式加工中心 HTM-G 系列,数控车床 HTM-TC 系列,近百余个品种机器。可满足汽车、模具、航空航天、军工、五金等各种机械加工领域的需求。

海天的研发经费投入常年保持在销售收入的5%左右,在市场遭遇国际金融危机重创,订单最少的时候,仍坚持开发新产品。每一个新产品的开发首先基于对国内和国际市场需求的了解,再设计出产品,进而通过小规模试用、用户反馈、修改等过程达到性能稳定的要求,最后再大规模投入市场。正是通过严谨的研发试验到投入产出的过程,海天用系统完善的制度管理保障了产品质量控制。Hision-Olylmpia(海天精工—奥林匹亚)工程技术有限公司是由宁波海天精工机械有限公司与加拿大的菲利普—奥林匹亚合营的一家工程技术有限公司。它集合了美国、加拿大的菲利普—奥林匹亚公司先进的产品技术及宁波海天精工机械有限公司优良的制造技术,采用国际化研发、联合性制造的手段,为国内及国际市场用户提供最适用的加工制造设备。海天精工现有研发人员117人,高级研发人才33名。海天精工在本部建有技术中心,下辖 3 个产品研发部,并在常州、德国、北京、沈阳设立研发分中心,研发队伍具有很强的新品研发能力,是企业自主创新、快速发展的基础。海天精工近年来研发费用及占比情况详见图 7-4。

图 7-4　海天精工研发费用及占比情况

4. 社会知识网络竞合发展

2003 年 8 月,为了进一步推动企业改革,优化和组合企业要素,发挥群体优势,以宁波海天股份有限公司为母体联合股份公司下属控股子公司的海天集团股份有限公司成立。2004 年集团公司旗下又纷纷成立了海天保税区公司和海天重工机械有限公司,实现了注塑机领域的细分市场的战略步骤。2004 年,公司又与中国最强的塑料机械科研大学联手成立了海天——北化研究中心,走上了注塑机生产产、学、研一体化道路。为了实施跨行业发展的战略步骤,至 2004 年,公司为加工中心——海天精工的建设已经先后投入了两亿资金,目前加工中心占地面积达百余亩,员工二百多名,拥有两万平米中央空调无尘车间,2005 年年产数百台不同规格数控机床,完成近 1 亿元的产值,计划其生产的数控机床将在 3 年后达到 10 亿的产值。

海天非常注重产、学、研结合,积极开展与大学及科研单位的技术合作,与浙江大学、东北大学等高校建立了长期合同关系,并进行了多项技术合作项目,比如与大连后青春工业设计有限公司进行"宁波海天精工产品外观造型设计"技术合作。该项目主要对公司的 HTM-VMC1000、HTM-2150、HTM-TC25x1000 进行外观设计。与浙江大学进行"机械五轴头摩擦学系统设计"技术合作。该技术主要应用于机械五轴头部件的研发设计,该项技术现已成功应用于 HTM-30GLE 龙门五面加工中心。之后,与浙江大学继续进行"自适应式数控机床方滑枕间隙补偿系统"技术合作,该技术主要用于方滑枕的研发设计,现已大量应用于公司研发生产的各类龙门加工中心等。海天精工非常注重社会的研发能力,目前和中科院宁波材料所合作共同研发产品,和浙江大学共建浙大博士后工作站,共同开展项目研发及合作,不断自我突破,向新的高峰攀登。

5. 客户员工人本管理优势显现

在客户服务方面,高端数控机床行业的客户会提出定制化的要求。为满足客户需求,海天逐年逐步提高客户服务质量,在销售服务商的协助下,海天在售前、售中、售后环节均为客户提供满意的服务,获得客户普遍好评。国际数控机床企业普遍存在跨国售后服务成本高的情况,难以提供及时的服务,公司作为本土企业,相对于国际同行具有售后服务人员充足、反应速度快的优势。海天在不断提高自身技术水平,向国际同行看齐的同时,也将继续保持低成本运营并致力于提供高水平服务。目前,海天全面推行交钥匙工程,实施完善的售前、售中、售后服务,为产品提供全周期的服务,不但可为客户提供小型零件全方位数字化工厂的一体化解决方案,更能对客户大型零件的成套加工设备提供全套方案和实施,与客户开展更深层次的合作,渠道管理愈发成熟,营销服务日趋规范,用户忠诚度日益提高。

人本管理思想是把员工作为企业最重要的资源,以员工的能力、特长、兴趣、心理状况等综合性情况来科学地安排最合适的工作,并在工作中充分地考虑到员工的成长和价值,使用科学的管理方法,通过全面的人力资源开发计划和企业文化建设,使员工能够在工作中充分地调动和发挥工作积极性、主动性和创造性,从而提高工作效率、增加工作业绩,为达成企业发展目标做出最大的贡献。海天集团有两个"上帝",一是客户,二是员工。员工是企业发展的重要土壤,只有用心培育土壤,才能使作物苗壮成长,获得高产丰收。时至今日,张静章都在不遗余力地保障员工能够享有"上帝"的待遇。1977 年,张静章已经当了 7 年厂长,职工由十多人增加到好几百人。企业是村集体的,村里的人都想把孩子送到厂里来当工人,因为厂里月工资有 8 元,比挣工分合算。张静章就立下了一个规矩:最穷人家的孩子先进厂。1985 年起,张静章和几位副总承包了企业,他们只拿工资,该拿的承包奖一直没拿,这笔奖金就滚雪球般地变大。到 1993 年企业开始改制时,已经变成 626 万元的奖金是当时的一个天文数字。张静章和几位副总将这 626 万元奖金让利给职工,作为本金让职工入了股。1996 年,在张静章的建议下,海天集团建设海天新村,让职工"安居乐业",房子的价钱是市场价的一半。张静章一直强调海天是员工的企业,大家要共同富裕。海天生生不息的创新能力正是源于张静章为代表的公司管理层,始终把员工放在最重要的位置,在管理过程中也一直坚持提倡并执行"唯才是举、任人唯贤"的人本管理政策。

三、基于技术生产网络的国际化战略分析

进入 20 世纪 90 年代,我国国民经济的持续稳定的增长,带动了注塑机行业的发展。与此同时,注塑机械产业也得到明显的跃升,促使注塑产品的应用领域从一般日用、民用行业向国民经济几乎所有的部门拓展。企业技术装备、市场开发能力、产品应用范围和参与市场竞争的能力等方面与以往相比均有了较大提高,沿海工业发达地区的注塑产品档次接近港台地区同类产品的水平。在此背景下,海天集团自 1966 年其前身创立发展至今,已为国家大型企业、中国塑料机械工业协会理事长单位、中国轻工机械协会副理事长单位,是联合国技术信息促进系统(TIPS)认定的中国优秀民营企业,公司资信状况AAA 级,是中国目前最大的注塑机生产基地。经过近 40 年的发展积累,海天集团基于良好的国际化基础条件,充分利用全球技术研发和生产制造网络,提升企业核心技术水平,逐渐建立了覆盖欧美亚等全球生产制造基地,完成全球生产网络布局。通过清晰的技术成长战略和"走出去"战略,海天集团成为具有国际影响力的注塑机品牌,进而不断提升国际竞争优势。综上,海天集团的国际化战略和路径详见图 7-5。

(一)海天集团国际化战略定位

改革开放以来,大量中国企业通过为发达国家领先企业代工积极嵌入全球制造网络,构建全球制造网络的主要目的是低成本及快速地获取与其互补的资源、能力和知识,以获取自身竞争优势。海天集团作为新兴经济体后发企业的典型代表,以低成本比较优势嵌入全球制造网络的加工制造环节,为提高制造服务能力,海天首先通过对工艺和生产流程的改造来提高生产效率以实现工艺升级,进而通过改进已有产品或引进新产品实现产品升级。同时,海天通过重新组合价值链中的环节如增加研发或营销环节来获取竞争优势,由于与欧洲德国、奥地利及亚洲日本、韩国等相对领先企业所固有的研发设计或品牌营销渠道等核心利益相冲突,这些国家的企业利用贸易壁垒、关税保护及其他排他性的采购供应关系等综合战略隔绝机制,又限制了海天在国际市场的进一步发展。因此,在此背景下,海天通过积极进入全球生产制造网络,从设立海外组装中心到建立海外生产基地等方式彻底规避国际市场壁垒,最终实

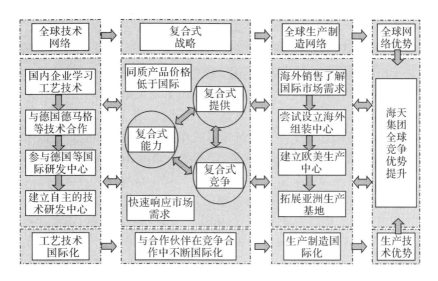

图 7-5　基于全球技术生产网络的海天集团国际化战略

现企业的国际化扩张。概括来讲,海天集团的国际化战略可以分解为技术国际化和生产国际化,通过技术国际化提升产品核心竞争力,在此基础上为企业产品进入国际市场奠定基础,进而通过生产布局,实现建立全球生产制造网络。最终,推动企业的国际化水平持续提高,国际竞争优势不断提升。

1. 国际化发展模式

海天集团成立 40 多年来,从一个只有百元的农村小作坊,壮大成跨越130 个国家和地区的世界级企业,被誉为"中国装备制造业的脊梁"。在此过程中,海天集团始终坚持实业报国的理想,也正是这个理想驱动着海天做大做强装备制造业。海天的国际化,从开始就不是简单地将单一的产品输出,而是系统的输出中国技术、服务、文化和企业发展模式。为了实现企业的"走出去"目标,海天也统一思想,布局国际扩张的思路。概括来讲,海天的国际化战略分为三个阶段:第一阶段是与国际知名企业建立联系,开展技术合作。其中,海天与德国德马格等企业建立关键部件合资企业,如螺杆、阀等,提高企业的产品质量和竞争力,并进入注塑机关键部件的国际市场。第二阶段自主进入海外市场,获取海外销售渠道,建立客户网络。通过起步采用销售渠道本土化的方式,在当地寻求销售人员、跨越语言文化等障碍,了解当地市场需求等,逐渐建立企业自有的渠道和网络。第三阶段建设全球生产网络,逐渐进入欧美等国际市场,从组装中心到生产制造基地,逐渐提升企业国际化深度和广度。

以此为平台,实现企业的技术、服务、文化和企业整体的"走出去"。

2. 国际市场布局结构

海天是国内注塑机行业龙头企业,公司拥有 Mars、Jupiter 和长飞亚电动 3 个系列,满足不同客户的需求,且公司具有良好的战略布局能力和强大的全球销售网络,注塑机市场的发展要具备 3 个条件,一个是天气要热,第二是人要多,第三个是工业发达。在拓展全球市场方面,公司积极持续推行国际化战略,海天国际目前在国外有三大厂房,分别位于德国、印度和越南。2017 年,海天公司出口销售 29.55 亿元,同比增长 25.2%,占整体收入的 29%,其中 30%的产品销往东南亚,超过北美市场的 17%,海外收入的增速基本接近国内收入增速。海天集团为适应国际市场需求,不断在管理体制、技术创新及品牌销售等方面进行改进,在发展模式上海天正从过去粗放的发展方式,逐渐转变为精细化的发展模式,争取更好的成绩。从海外销售的地区结构分析,来自欧洲的收入占比约为 26%;来自南美的收入占比约为 14%;来自北美的收入占比约为 16%;来自亚洲的收入占比为 28%。根据海天国际的公告,美国市场成为公司出口最大的单一市场,增长率达到 16%。海天国产化战略持续推进,使得公司每年的出口收入占比基本维持在 30%上下。公司多年来持续在德国、印度、墨西哥等市场的投资,特别是在印度市场的投资不断加大,亚洲海外市场仍会进一步增长。整个东南亚地区是公司要重点发展的地方,特别是印度市场和非洲市场。近年来,海天海外销售占比相对稳定,基本在 30%左右。

3. 产品多元化定位

按照品牌来看,海天集团公司旗下主要有三大品牌,分别侧重不同的细分市场,包括海天塑机集团、长飞亚和天剑。其中海天塑机的产品主要应用于液压机等,长飞亚的产品主要应用于具备优质部件和领先技术的电气设备,天剑主要满足市场对于低成本简易塑料部件的需求。按照锁模力来看,小吨位注塑机占公司总收入 60%以上。按照产品系列来看,公司注塑机产品主要包括四大系列:火星(节能)、金星(全电动)、木星(两板式)和其他。其中火星系列产品适用于大部分塑料部件生产,也是公司最畅销的系列(贡献 70%以上收入)。金星全电动注塑机(2016 年占总收入 9.8%)主要用于生产复杂而精密的薄壁塑料部件,木星两板式大型注塑机(2016 年占总收入 12.%)节省空间,且效率提升。近年来海天一直推行小型机电动化、大型机二板化的多元化产品战略,以满足日益增长的新兴需求,其中 Venus 系列电动注塑机为满足精密及复杂的薄壁塑料日趋上升的需求,而 Jupiter 系列二板注塑机拥有节省空间、效率提升的优势。公司的产品战略成效显著,这两个系列产品成为增速较快的产品,2017 年 Venus 系列电动注塑机实现收入 10.11 亿元,同比增长 27.1%,占整体收入比 9.9%,其中 2012—2017 年收入复合增长率达 23.7%。2017 年 Jupiter 系列二板注塑机实现收入 13.23 亿元,同比增长 34.7%,占整体收入比 13.0%,2012—2017 年其收入复合增长率 37.0%。整体来看,公司小型机电动化、大型机二板化的产品战略成效显著,从增速和占比来看,这两个系列产品都整体高于公司的其他产品,成为公司增长的重要动力。

4. 企业文化战略

企业文化是企业的战略资源,是实现企业转型升级的有力保障,更是推动企业持续健康发展的重要力量。事实证明,优秀企业文化直接的作用对象是智力资本,是企业拥有的、能够为企业创造价值并构建持续竞争优势的动态性知识的总和。海天经过 47 年的沉淀,形成了"成本,资本,人本"三本管理的企业刚性特征,这恰恰是智力资本的一部分内容体现。具体来讲,通过对企业文化的融合与传递,加强企业内部的整合和外部协调,提高员工的组织认同感和归属感,将企业愿景与个人目标高度一致,从而形成"上下同欲,同心同德,奋发向上,开拓进取"的整体合力,创造出良好的组织绩效。并不断通过精神与物质两大落脚点来巩固员工的积极性,这样就能实现企业健康、持续、协调的发展。概括来讲,人本方面就是公司始终注重对员工关怀到位,依靠员工,做到双赢发展。成本方面就是在生产管理过程中,树立全员质量意识,培养提高员工的责任心和学习心,在生产制造、采购销售等各个环节都做到积极主动控制成本。在资本方面,提倡以人本促进成本、资本管理。从企业的管理层到一线员工,都尽力帮助员工解决生活困难,让员工的发展成为企业发展的一部分,同时企业的发展也成为关系员工发展的重要组成部分。为了适应公司国际化的发展战略,企业在人本管理中,还重视培养员工和发展员工,聘用高层次人才,鼓励年轻人向高层次、复合型国际化人才发展,以满足公司的全球化发展策略,从而推动公司的产品能够销往全世界。

(二)基于研发生产网络获取技术优势

从海天发展历史看,90 年代之前,海天主要通过自身的"干中学"以及与国有企业、高校与科研机构的合作,掌握了小型通用注塑机的基本生产技术与管理技能,并培养了一批自己的技术人员,为后期的升级奠定了良好的技术与市场基础。进入 90 年代之后,海天逐渐嵌入全球网络,通过和合作伙伴的竞争合作,不断加强内部学习,通过技术转化创新,最终实现了技术的"三级跳"。在此过程中,海天集团的研发设计网络的关系也呈现出由弱到强的转变,研发设计网络的形式实现了由合作嵌入到自主构建的转变,研发网络中角色由研发学习到成果输出的转变。综上,基于研发网络的角度概括来讲,海天经历了3个阶段,即嵌入研发设计网络(实现了从技术学习到技术模仿突破)——加强嵌入研发设计网络的深度(实现技术模仿到自主研发突破)——自主构建全球研发设计网络(实现技术吸收到自主研发技术成果对外输出的突破)。

1. 与琼玮及德马格战略合作,嵌入全球研发网络

海天在其发展初期,企业主导技术能力较弱,缺乏必要的人才。依靠北京化工大学、上海轻技集团研究所等科研院所以及国有企业的力量,海天获得了注塑机生产的基本技术。在进行初步技术积累后,随着工厂规模的扩大,企业技术水平上了一个台阶,使企业初步具备了一定的内生技术能力。海天于1990年引入香港宁兴投资,合资成立海天宁兴公司,正式诞生了海天公司。在750g注塑机开发成功以后,海天更加重视内部技术的积累和技术人员的培养。

进入90年代,中国经济的进一步开放以及规模庞大的塑料加工设备市场需求,吸引了世界领先的注塑机跨国公司纷纷来中国投资生产。在此背景下,1992年宁波海天集团先后与我国台湾琼玮和德国德马格建立合作关系,为海天提供了向优秀同行学习、借鉴的机会,同时也提高了海天在国际市场中的知名度。海天和我国台湾琼玮公司进行整合,积极从台湾公司进行技术学习,开始了双向合作技术创新。尤其在与德马格的合作中,德马格提出控股的合作要求,海天为公司长远利益出发,促成合作。在合作过程中,通过技术援助、人员互派、合作开发项目等方式,海天集团获得重要的知识溢出效应,使企业在创新合作过程中也不断地提高自身的技术能力。一方面,海天学到了技术,另一方面,海天学习了对方企业先进的管理理念和海外拓展的优越条件,使海天集团的品牌在国际市场的知名度有所提升。海天通过与海外知名品牌的合作,一方面拓展合作网络同时加强自身的技术创新能力,初步实现了外部研发机构和内部研发组织的整合。在具备整合能力后,海天也就具有了较高的知识吸收消化能力,能够更好地从国际领先企业那里获得技术知识的外溢,同时也为下一个阶段的跃迁打下良好的基础。

2. 与德合作建立研发中心,加强嵌入网络深度

从技术能力演化维度看,企业技术能力的增长就是一个技术能力各要素

的连续性积累和总体技术能力的间断性跃迁的过程。通过 30 多年的发展,国内涌现出许多注塑机企业,低端注塑机市场上的供求关系已从卖方市场转变为买方市场,行业之间竞争激烈。为进一步完善产品开发平台,海天原先建立的塑料机械研究所 1998 年升级为市级塑料机械工程研究中心,1999 年又进一步升级为省级高新技术企业研究开发中心,2001 年海天对原技术开发中心进行重组,在原来技术部和开发部的基础上,新增了研发中心和中试车间两个部门,产品开发平台逐渐从经验主导向搜寻主导过渡。自 2001 年海天成立了研发中心,海天也开始有了相关注塑机技术专利申请,该阶段累积申请专利 24 项。

进入 21 世纪后,随着电子信息、医疗器械、通信设备等行业对塑料制品需求的兴起,注塑机开始向高精密度方向发展。为了顺应市场及产品技术的发展趋势,2007 年,海天正式收购了德国一家注塑机研发公司长飞亚,并从国内派遣了 3 个技术人员参与德国研发中心的工作,通过中德工程师的共同努力,海天对原来的 HTD 问题取得了突破性技术解决,机器性能得到极大提升。2007 年 10 月,海天成功开发出长飞亚天锐 VE 系列注塑机。该阶段,海天拥有了长飞亚、海天、天剑等三大品牌,全面覆盖了高、中、低档注塑机市场,国内市场占有率第 1,全球产量和销售额均第 1,产品出口到 120 多个国家和地区,在多个国家建立了装配中心和生产基地,成为全球最大的注塑机生产商和先进注塑机技术提供商。

3. 自主构建全球研究中心,实现技术成果输出

经历了近 30 年的学习积累,海天从最初简单的技术模仿,逐渐到掌握了注塑机的核心技术,尤其是在小型机电动化和大型机二板化方面的产品研发技术等已逐渐成熟,近两年已逐渐成为公司的主要收入来源。2005 年,随着海天与德国德马格的合作到期,海天终止了双方的合作。随着注塑机市场空间不断扩大,细分市场更加多样,每个细分市场需求规模不断扩大,体育用品、日用塑料品等市场对中小型液压注塑机的需求一直保持着较大的市场规模,同时包装行业、汽车行业等兴起带动了对大型注塑机产品的强劲需求;在传统液压注塑机市场仍然保持着较高增长速度的同时,医疗器械、通信设备、电子信息等行业催生了对高精密全电动注塑机的巨大需求。

在此背景下,2010 年海天集团又在日本设立了技术中心,初步形成了全电动机技术的全球研发网络,产品开发平台从搜寻主导转向研究主导。该阶段初期,已有一定全电动技术开发经验积累的海天通过将跨国并购作为技术追赶的杠杆,实现了在新兴技术上的进一步追赶。之后又随着跨国研发团队

的融合、与国内高等院校的合作以及全球研发网络的建设,逐步掌握了全电动注塑机的核心技术,顺利跨越了技术创新的鸿沟,产品开发平台逐渐转向研究主导,实现了全电动注塑机系列产品的开发。同期背景下,海天积极设立海外生产基地,先后在印度、德国、越南等地建厂。其中,在印度、越南等国家设立的生产基地进行产品组装生产过程中,海天与当地企业合作并为这些地区相对落后的企业输出自主研发的产品技术成果。

(三)基于生产网络获取成本市场优势

注塑行业作为塑料加工行业的一个分支,注塑成型技术因能快速、批量、低成本成型形状复杂的制品,是所有塑料加工技术中发展最快的。但该行业目前从事注塑加工的技术人员大多没有受过专业的技术训练,分析问题与动手解决问题的能力比较弱;生产的管理还比较落后,生产效率、材料损耗、能源消耗、对环境的保护远远不及国外先进的企业的管理水平;行业产能总体过剩,同质化竞争激烈,不断强制性进行自我淘汰、自我升级。在此背景下,企业对成本的控制是决定市场占有率和主动权的重要因素。2007—2017 年,海天集团营业收入复合增长率 10.3%,净利润复合增长率 13.4%,公司的净利润增速明显高于收入的增速,主要是公司的成本费用控制良好,净利率一直处于上升通道,而这些说明了海天在成本控制和市场上的领先优势。结合海天的发展历程,海天在发展中一直注重开放合作,在与国际伙伴合作过程中,从建立海外销售中心——海外组装中心——海外生产基地,一步一步将海天主动融入国际市场中,从深谙国际市场参与规则逐渐成熟到主动构建生产制造基地,在获取成本优势的同时,也通过融入当地市场获取市场控制权。

1. 与香港宁兴合作,开启国际合作发展之路

香港宁兴开发有限公司成立于 1985 年,是宁波市政府在香港设立的海外窗口公司。宁兴立足海外、服务宁波,成为海外宁波帮与宁波沟通的重要纽带,在宁波、香港两地的合作中一直扮演着重要的角色,在成立早期,除了沟通联络宁波帮人士,宁兴公司还借助香港国际金融中心的优势,在国内选择了四十几家有出口创汇的乡镇企业组建中外合资企业,海天塑机、宁波华翔等就是其中有收益的企业。在保障政府获得一定收益的前提下,宁兴为民营企业外向型发展提供了平台。早在合作前,海天主要依靠国内市场,通过传统的销售渠道和方式拓展业务。通过与宁兴公司的合作,海天不再依靠第三方进出口代理公司,而直接拥有了自主进出口的权利,这对海天来讲是真正地打开了对外发展的通道。

2. 先后产品出口欧美等地,开拓海外销售市场

为了进一步完善外销体系和提高国际注塑机市场占有率,公司拥有了20多家国际销售代理商后,2002年又在加拿大、墨西哥、巴西、意大利、土耳其开设了境外公司和组装厂,以5个海外公司为中心,辐射周边国家和地区,从根本上解决了机电产品在国际上交货期晚和售后服务困难的问题。海天的海外销量年年增长,2004年公司外销量达8000万美元,荣获宁波市"海外市场开拓先进奖",2005年完成外销量9000万美元,产品批量出口美国、欧洲、南美州、中东、东南亚等50多个国家和地区,产量和销售额居中国同行业首位。在积极拓展海外销售市场过程中,中国注塑机的发展引起全球的格外关注,一是中国注塑机的出口数量不断增加,出口总值不断上升,从而使全球注塑机市场格局发生了新的变化;二是因为中国注塑机的产品优势明显,不仅产品质量放心,而且性价比高,在国外市场具有相当的竞争力;三是因为中国注塑机产业的发展速度令世界同行所惊叹,而且产业结构调整不断提速,产品档次不断提升,正在更大范围、更广领域、更高层次上参与国际竞争。

3. 建立越南等海外生产基地,构建全球生产网络

海天集团目前在国外有三大厂房,分别位于德国、印度和越南。早在2014年公司就计划扩大其在印度的生产规模。2018年4月,海天国际在印度的新厂房已经落成,厂房面积约1.98万平方米。公司将印度打造成一个大型的生产基地,不仅有利于开拓当地市场,也将在一定程度上减弱美国对产自中国的商品加征关税的影响。2017年,海天国际30％的产品销往东南亚,超过北美市场的17％。海外分支机构从功能上可分为综合运营制造基地、海外组装中心及综合销售服务商等不同功能定位、不同层级的海外机构或生产基地。例如,海天越南生产基地是2011年公司最早组建的生产基地。海天德国公司业务就是为欧洲范围内的客户提供及时的销售及服务支持——包括及时的订单处理、技术及服务支持和培训等,并将海天国际德国公司作为海天国际在欧洲的总部,全面负责欧洲市场的运营。除了机器的制造、装配及客户化定制外,公司还在德国设有独立的应用中心为客户提供全方位的应用、销售及服务支持。印度生产基地是海天近两年重点建设的基地,印度基地定位于集制造、销售和服务于一体,主要服务印度市场。此外,海天还有巴西、土耳其、泰国、印尼、墨西哥和日本等分公司。这些海外公司或基地的情况详见表7-2。基于这些海外公司的成立,海天已成功构建了覆盖全球主要市场的生产网络,通过网络触角延伸到全球终端市场。

表 7-2　海天集团海外公司基本情况

海外公司	公司地点及规模	公司主要业务及定位
海天德国公司	位于德国巴伐利亚州艾贝尔曼斯多夫,生产场地面积约 12000 平方米	为欧洲范围内的客户提供及时的销售及服务支持——包括及时的订单处理、技术及服务支持和培训等,作为海天国际在欧洲的总部,全面负责欧洲市场的运营。
海天印度公司	位于印度古吉拉特邦,生产场地面积约 19800 平方米	集制造、销售和服务于一体,主要服务印度市场。公司目前在新德里、金奈、孟买、浦那、加尔各答等地拥有办事处,为遍及印度各地的客户提供高效的服务及支持。
海天越南公司	越南平阳省新加坡工业园二期,生产场地面积 6600 平方米	公司还拥有专业的销售及服务团队,为当地客户提供高效支持。公司为客户提供及时响应,也在河内、胡志明市、同奈等地设有服务办事处,并在平阳省拥有仓库。
海天巴西公司	位于巴西圣保罗,生产场地面积 4600 平方米	巴西公司设有 8 个服务办事处,为将近 1500 个客户提供优质的服务。国际化专业团队能确保高效的订单处理、并提供全面可靠的客户服务等,全面覆盖注塑技术的各个环节。
海天土耳其公司	位于伊斯坦布尔附近,于 2018 年 6 月投入使用,生产场地面积 5000 平方米	主要用于整机及配件库存。通过新工厂以及专业的销售及服务团队,将为当地客户提供更加可靠、快速的服务及销售支持。
海天泰国公司	位于泰国曼谷,生产场地面积 1400 平方米	公司针对当地市场热销机型拥有整机及配件库存,能有效缩短当地市场的交货周期。另外,一支由中国和泰国的服务工程师组成的专业团队,为当地客户提供高效、便捷服务支持与响应。
海天印尼公司	位于印尼北雅加达,生产场地面积 3000 平方米	为当地客户提供整机及配件库存,有效缩短了交货周期。此外,拥有销售及服务团队,为印尼境内的客户提供快速的服务响应和支持。
海天墨西哥公司	位于墨西哥城的图尔蒂特兰,生产场地面积 2300 平方米	提供综合性的售后服务支持,包括设有电话应答中心、一处大型配件仓库、培训中心、试模设施以及备有大量的整机库存,用于及时交付。
海天日本公司	2016 年 4 月成立,位于日本神奈川小田原,生产场地面积 300 平方米	为世界各国的日籍客户提供更好的服务、完善的售后服务,并加强对客户的服务体系建设。目前公司为日籍客户提供优质且全面的售后服务及支持。

第八章

宁波民营企业国际竞争力提升的对策及建议

　　根据前文中制度观、产业观、资源观结合复合观的理论基础,本研究对民营跨国公司竞争力的影响因素、机制及宁波民营跨国公司典型案例进行了分析。通过分析我们了解到民营企业作为市场主体,其企业行为在纯粹市场环境下是由市场和企业自身决定的。但对于中国这样的转型经济体,市场本身不完善,仍需要企业之外的力量去调节,企业本身的决策也无法脱离时空限制,必须综合考虑国家、产业和企业3个层次的因素,相互协同联动,才能发挥各方面的综合优势。如何加速推进民营企业在国际化中获取优势,我们从宏观产业和微观企业两个层面上提出建议,并寻求政策上的协同效应。基于此,本章将从制度、产业和企业层面提出民营企业国际化进程中提升竞争优势的对策和建议。

第一节　民营企业国际化中面临的问题

　　由于宁波民营企业规模整体偏小,中小微企业的国际化发展并不具备优势。通过调研及前文中对宁波民营跨国公司竞争力的实证分析,我们可以看到宁波企业的国际化态势较好,也呈现出一些新趋势和新特点,带给中小微企业以蓬勃的生机和发展潜力。当然宁波民营企业还是存在诸多问题的,这些问题的存在阻碍了企业国际竞争力的持续提升,这些问题的解决势必会增强中小微企业参与国际竞争的实力。

一、宏观产业层面问题

　　产业观和制度观明确提出了国家制度优势及产业结构等层面因素会影响

到企业国际综合影响力。基于前文分析我们了解到企业国际化进程中,宏观行业层面仍然存在难以找到合适的财务、法律等中介服务机构等显著问题。

(一)政府协调管理体制机制不完善

一是目前我国还没有一个权威性的综合协调管理机构来对企业海外投资进行统一规划和宏观协调,这导致我国跨国公司海外投资盲目行动,"一窝蜂"现象较为严重。此外,政府海外投资审批手续仍较为烦琐,"多头管理"问题依然突出,海外投资信息分享与投资准入仍存在"体制差别"、"双重征税"问题给民营跨国公司带来沉重负担,相关配套政策法规还不完善。二是宁波现有很多民营企业参与到"一带一路"建设中,大多投资和贸易的国家沿线欠发达地区多、宗教矛盾多、突发事件多,在此过程中民营企业对他们的了解不够充分。政府层面也缺乏统一的联系机制,可以请外事、商务、科技、教育、文化等部门充分利用各自驻外机构的优势和资源,提供服务,解决民营企业在"走出去"过程中遇到的困难,或者可以请统战部门、五侨(人大侨工委、政府侨办、政协港澳台侨委、致公党、侨联)部门一起汇聚资源、开拓渠道、提供力所能及的服务。特别是对于"一带一路"沿线,围绕产业、技术、国别,编制专门的投资、贸易、技术合作指南,争取建立更多的友好省份、友好城市,加强合作关系,协助本地企业落地或者开展更多的经贸合作。三是缺乏国际化商务投资的资源和服务的统一信息化平台。缺乏充分便利的"互联网+"服务,形成了民企在"走出去"过程中的信息不对称问题。各区域政府应充分认识到这一问题的重要性,对于已经在实施中的"一带一路"重点项目各相关部门也要携手做好服务,以使其成为示范,引导更多民营企业抓住机遇"走出去"。

(二)国际税收法规等信息指导不足

一是跨国经营涉及的国际税收法规协定复杂,对于如何避免跨国交易和投资架构安排带来的税收法律风险,引导企业在不增加成本的前提下为国内多缴税、多贡献需要加强指导。当前跨国税收体制安排复杂,透明度不高,加大了企业国际税收的法律风险。调研中走访了很多上市企业,这些企业相比较各方面管理机制更完善健全,但依然表示在合理避税的基础上有意愿照章纳税,但对相关国际税收规定难以理解,不知道如何纳税。二是我国与很多国家在签订双边协定时,从招商引资角度出发未签订饶让条款。这导致国内企业利润回流在境外投资目的国享受到的税收优惠不被认可,给企业境外获利境内交税形成障碍,导致国家税收权益的流失。国内引导性的税收政策安排对跨国经营存在不适用的问题,大大增加了跨国公司的税收负担。同时很多企业反映企业境外设立的研发中心也难以与国内一样获得税收优惠,不利于国内企业在国外获得先进技术。

(三)国内的金融保险服务跟不上

融资难、融资贵成为制约跨国经营最为迫切的问题。随着浙江企业境外投资经营的发展壮大,境外资产规模和质量不断提升。但是企业"走出去"融资仍然无法以境外企业的土地、固定资产为抵押获得贷款,极大地降低了企业的融资能力。一是我国银行对境外项目融资的评估管理模式相对滞后,境内外的利率差造成国内融资成本偏高。另外,在境外投资保险领域仍存在信保机构单一、险种不足、保费过高、境外投资保险参保率较低的问题。二是外汇管制给企业跨国经营需要的资金出入带来比较大的不便,"资金池"业务和外汇集中营运管理改革试点还需要进一步探索。我国现有外汇对资金出入境有严格的管制,企业在经营过程中与境外子公司的经营性资金来往都受到外债额度、企业注册资本30%比例的限制,制约了企业跨国经营中使用资金的能力,增加了企业的成本。调研中,我们了解到近六成的企业表示现有外汇政策管制依然过多,资金进出不够自由,应该更具弹性,境内母公司与境外子公司间的短期资金拆借应该不受外汇额度限制。

(四)社会服务机构支持不足

一是我国国有政策性银行和金融机构为民营企业海外投资提供融资支持时,在贷款审批、额度、利率、优惠政策等方面都存在着"歧视"现象。另外是与民营企业"走出去"有关的信息、法律、会计、评估、咨询等中介服务机构发展滞后,相关业务都被发达国家中介服务机构垄断,这进一步增加了民营企业"走出去"的经营成本,也容易造成"商业机密"泄露,给海外投资带来诸多隐患。二是浙江民营企业跨国经营还在起步阶段,多数本土企业境外投资经验不足,对境外投资环境的考察和调研获得的信息还是不全,国内中介机构也难以提供专业化的跨国经营调查咨询服务,投资环境信息的不对称往往会给企业跨国经营带来不少困扰。三是对境外风险预期不足,缺乏前期的应对预案。当前,浙江企业跨国经营销售网点布点已经逐渐在全球展开,研发中心的并购以欧、美、日等国家为主,生产基地投资以非洲、东南亚、拉美等第三世界国家为主。由于第三世界国家政局不稳,风险多发,容易给企业在境外的资产带来损失。

二、企业层面问题

宁波的民营企业的自主研发水平相对于国外企业技术比较落后,自身缺乏核心技术,自主创新能力弱,部分民营企业依靠低成本或者廉价劳动力维持自身企业竞争力。然而随着全球经济格局的改变,中国民营企业需要转变处于产业链下游的现状,许多企业依靠国际化拓展市场,提升品牌影响和企业竞争力,但依然存在一些问题,影响了企业获取竞争优势。

(一)企业发展定位不明确,国际化战略不清晰

企业国际化战略是企业产品与服务在本土之外的发展战略。随着企业实力的不断壮大以及国内市场的逐渐饱和,有远见的企业家们开始把目光投向中国本土以外的全球海外市场。企业的国际化战略是公司在国际化经营过程中的发展规划,是跨国公司为了把公司的成长纳入有序轨道,不断增强企业的竞争实力和环境适应性而制定的一系列决策的总称。企业的国际化战略将在很大程度上影响企业国际化进程,决定企业国际化的未来发展态势。大部分企业采用国际化战略时,是把在母国所开发出的具有差别化的产品转移到海外市场来创造价值。在这种情况下,宁波的很多企业大多把产品开发的职能留在母国,而在东道国建立制造和营销机构,还有很多国际化的企业,企业总部一般严格地控制产品与市场战略的决策权。少数一些企业具备一定核心竞争力优势,或者企业管理者具有较好的国际视野,往往会积极主动制定实施国际化战略,企业也按照企业既定规划目标和方向进行发展。能够使企业在国外市场上拥有竞争优势,而且在该市场上降低成本的压力较小,企业采取国际化战略是非常有利的。

通过调研,我们了解到宁波目前开展国际经营的企业比较多,但大多被动停留在参与产品出口,参与国际贸易的初级国际化阶段。往往,这些企业管理者也满足于稳定的国际订单和市场份额,缺乏进一步提升国际层级的动力和意愿。相比较,部分国际化战略思路清晰的企业,企业负责人和管理团队的国际企业创业就业背景,使其对进入国际市场也具有先天优势。宁波的均胜电子及博威集团等,企业创始人均在全球500强企业有过丰富的管理经验,对国际市场也非常熟悉,因此,企业自成立就较好融入国际市场,也有着比较清晰明确的战略规划和相对更优的扩张成长路径。

(二)企业社会责任不足,难以实现"走上去"

企业国际化与企业家精神具有紧密内在联系,即使在相似环境下的相似的企业中也会出现多种国际战略,而且,由于企业家大相径庭,他们会以不同的方式影响企业的国际化进程。企业家必须采用国际化的创新方式才能通过提升资源整合和价值创造的能力来提升品牌价值。因此,企业高层管理者和

企业家对国际化战略起着十分关键的作用。为积极应对全球一体化的趋势，企业需要加快"走出去"步伐，增强企业国际化经营能力，能够有效整合与转化全球资源，不断提升中国企业的学习能力、适应能力，真正培育一批具有世界水平的跨国公司。目前，宁波企业"走出去"的步伐已逐渐覆盖"一带一路"沿线国家，还会进一步向日、韩、欧美、澳新（西兰）等"一带一路"相关成熟市场国家迈进。同时，这些企业忽视了社会责任观，在"走出去"进程中大多注重项目本身和经济红利，难以在国际市场中全方位塑造宁波企业的新形象、新实力。因此，宁波企业既要去新兴市场国家，也要去成熟市场国家，多关注成熟市场的资质、技术、标准等，同时，宁波企业"走出去"的重点不能仅仅狭隘地着眼于体量和规模、产品和服务，更应重点聚焦在品牌以及品牌价值，从而实现"走出去"到"走进去"再到"走上去"的转变。

通过调研及对相关调研企业资料的广泛阅读和研究，大量的企业国际化的动机根源于国际利基市场的利润诱惑，同时，企业的国际化战略和路径也大都从经济利益出发选择了"短平快"的市场开拓方式。利益驱动是企业能够成功国际化的短期导向，但百年跨国公司的历练成长需要企业家的责任担当指导宏观战略。调研访谈中，贝发集团董事长邱智铭就曾提出，宁波很多中小企业缺乏社会责任感，一味追求平稳回避创新冒险，难以发挥企业引领社会创新的根本作用。盛威国际董事长徐普南，也提出了宁波企业仍处于产品和服务的"走出去"的初级层次，离宁波企业的品牌、文化和企业价值观的内涵国际化还存在显著差距，这也是宁波企业国际化需要努力的方向。

（二）跨文化管理能力薄弱，难以实现文化输出

随着经济全球化进程的加快，宁波越来越多的民营企业开始走出国门，主动参与国际市场分工，积极推进国际化进程。然而相对于大企业而言，民营企业因为规模较小受到各种资源约束，容易面临全球市场声誉偏弱、创新能力不足等障碍。这些企业在国际化进程中，为了规避目标国文化、政治及经济环境等不熟悉而产生的额外成本（Zahra，2005），鲜有通过直接投资设立公司的方式实现国际化。在此背景下，有的企业通过在东道国寻找合作伙伴设立营销基地，借力战略伙伴的渠道和资源开拓市场，还有一些企业通过跨国并购投资进行全球资源整合，快速实现关键技术或渠道资源的内部化。无论是设立营销基地还是通过并购控制关键技术和渠道，宁波的企业大都立足本土化管理的原则，快速高效实现与国际市场的接轨。这种做法虽然能够有效规避或减少跨文化冲突，但是，也使宁波企业丧失了企业文化"走出去"和"走进去"的机会和可能性。

实地走访调研的 30 家企业中,有近 20 家企业都通过与东道国企业建立战略关系的模式,在海外设立营销基地,例如新海电气在美国、德国、日本和韩国都是通过该路径设立海外销售中心,海伦钢琴 2013 年在奥地利与文德隆合作进行品牌推广。此外,有 5 家企业实施了跨国并购战略,实现了对所在行业的产业链的延伸。例如均胜电子先后成功完成了对普瑞、IMA 及 KSS 等企业的并购,但在后续的管理过程中,基本沿用了普瑞等企业的管理方式,难以实现均胜企业核心文化和企业价值的输出。

(三)国际资源整合能力不足,难以突破资源瓶颈

整合全球优质资源,实现企业自身的突破和发展是企业家义不容辞的责任,也是企业家精神的具体体现。民营企业的核心竞争力是其在市场经济竞争中能战胜其他企业,成为市场领导者或者占据市场份额的重要保障。宁波民营企业大多是制造业,相较于传统的加工企业,知识资源是企业核心竞争力的重要组成部分。现阶段宁波市民营企业知识技术资源相对短缺,虽然企业的实力已经不容小觑,但是在面对国际市场的竞争中,宁波市民营企业欠缺突破发展瓶颈的社会资源,主要包括品牌资源、人力资源、基础设施资源和技术资源。因此通过企业"走出去"来获取知识资源优势,通过学习和模仿,整合自身资源和外部知识资源,建立自身的核心竞争优势,提升企业的核心价值显得尤其重要。以低成本优势在国际市场上取得竞争地位的民营企业可以通过战略联盟的方式,整合知识资源,建立或者巩固自身的国际竞争地位。

社会资源短缺使宁波市民营企业"走出去"的过程中同步进行资源整合,宁波博威合金材料股份有限公司明确将"整合资源,强化服务,提高企业的核心竞争力"作为企业方针贯彻实施。该公司在 2015 年对德国 Berkenhoff 进行成功收购,以此实现了企业资本、人才和技术的国际整合。在调研的 30 家民营企业中,二十几家企业通过"走出去"战略进行劳动力、资本整合,从而实现了成本转移。其中主要从事进出口业务的贸易企业更多专注于劳动力和资本整合,如萌恒集团、西赛德渔具有限公司;主要从事研发的高新技术产业更多进行了技术、知识和人才的整合,如海天精工、海伦钢琴和宁波博威合金材料股份有限公司等企业。"走出去"可以帮助民营企业整合不同种类的资源,同时企业可以通过对自身资源优劣势的认识和分析,通过不同投资模式整合企业所需资源,提高企业的竞争优势。现阶段宁波民营企业国际资源整合能力还处于初级水平,应该向更高端的知识、技术和人才等核心资源迈进,同时增加对提高资源整合效率的思考。

(四)管理团队水平不均衡,难以提升全球化视野

民营企业家在开拓全球化视野、组织领导国际化人才储备方面应具有超前的战略眼光。随着经济全球化和区域经济一体化的深入发展,国际产业链和价值链体系正在发生重构。民营企业"走出去",在东道国形成产业集群,需要放眼全球,具备国际化视野,在中观层面明确自身在产业链所处的位置。由于处于产业链中高端的企业数量较少,实力不足,因此在全球化和国际化过程中面临的困难较大。宁波民营企业境外产业链合作形成产业集聚尚处在萌芽和起步状态,而全球化和国际化过程中的核心要素是国际化人才储备。由于地区间的文化和价值观存在很大的差异,民营企业在国际化过程中虽然可以尝试在当地寻找新的合作伙伴,与东道国的企业形成合作生产网络,但需要花费很高的成本,谈判和试错的成本也很高,而且要经过长时期的磨合,这无疑会成为民营企业进行对外投资的障碍,因此民营企业自身提高国际化人才储备数量和发展获取国际化人才的便捷途径显得尤其重要。

宁波民营企业在国际化的过程中,面临国际化人才的巨大缺口。目前,宁波民营企业非常缺乏熟悉国际标准、按国际惯例办事的国际化人才,这导致了一系列如草率制定生产计划、产品从生产到交货毛躁等问题。这不仅难让订货方满意,而且影响企业自身的发展,尤其在国际业务中,国际化职业经理人更加缺乏,无法满足企业对高层次人才的需求。国际化人才储备不足严重影响企业国际化进程。调研过程中几乎所有的企业都面临这一问题。在国际化业务过程中,主要从事进出口业务的萌恒集团谈到掌握小语种的人才匮乏,导致在非洲、西班牙和葡萄牙等国家业务开展出现困难;新海国际谈到在国际贸易中,精通不同国家语言和法律规范的人才比较缺乏,导致其在以往应对反倾销和技术壁垒事件中阻力增加;恒达高集团相关负责人谈到,在开拓海外业务中,既懂语言、又懂海外国家市场法规、税收政策、海关政策和风俗的人才格外稀缺。国际化人才的储备给企业家提出了新的要求,同时前瞻性的人才储备眼光也是企业家精神的突出特点。

第二节　提升竞争力的对策与建议

本节主要从企业内部和宏观行业外部两个层次提出民营企业国际化竞争力提升的对策和建议。企业内部从激发企业家精神责任、提高跨文化管理、加强国际资源整合和重视人才引进及培养等方面入手。宏观行业层面建议采取

创新协调管理机制体制、加强政府公共服务与政策扶持及提升金融与社会中介服务水平等举措。

一、宏观行业层面对策及建议

（一）创新协调管理体制机制

一是研究制订专项发展规划。以"一带一路"建设为契机,研究制订促进民营跨国公司成长的中长期发展专项规划,对民营跨国公司成长的扶持力度、对象、区位、领域、节奏等问题进行统一管理。在此过程中,政府应通过各种渠道与国际经济界进行广泛接触,了解各国经济社会行情,为国家宏观、行业中观和企业微观决策提供第一手资料;要开展国际公关活动,创造机会提高我国企业和产品的国际知名度积极组织和发挥海外侨胞和国外友好团体及友好人士的桥梁纽带作用,向他们做决策咨询,请他们向政府提出政策性建议,做跨国公司参谋,协助企业开拓海外业务。同时要与国际金融界、实业投资界加强合作,以利于我国企业更好地开展国际化。二是建立专题协调机制。强化商务部门对民营跨国公司成长的综合协调管理职能,加强发改、税务、财政、金融、外汇等政府职能部门的沟通协调,最大程度解决"条块分割、政出多门"的问题。三是简化海外投资审批手续。进一步下放海外投资的审核权限,减少审批环节,缩短审批周期,对一些重大项目争取"一事一议"。对于企业国际投资经营活动的审批和登记,可以在项目分类和企业分类的基础上,进行分类管理,减少需审批的类别,使审批过程更加合理化,同时也降低企业的交易成本,使企业集中精力规划国际化战略。鼓励技术开发和技术引进,协助当地经济进行产业结构调整的投资项目实行登记制,只对必须审批,或者得到政府财政或非财政支持以及不符合有关政策规定的限制类投资项目,进行严格审查。

（二）加强政府公共服务与政策扶持

一是加强与东道国政府磋商和沟通,为企业搭建国际化通道。加快与美国、欧盟等主要国家和地区签订《双边投资保护协定》的步伐;结合"一带一路"发展战略,依托"亚投行"、"丝路基金"等机构增强区域影响力,为我国民营跨国公司成长创造良好的投资环境。二是建立信息披露与风险预警,加强信息指导。一方面要充分利用驻外使领事馆、海外侨商组织及国际经济组织等信息资源打造海外投资信息平台;发挥科研咨询机构、金融机构等方面的力量,准确评估投资风险,及时发布风险预警信息,为我国民营跨国公司提供信息服务。另一方面要鉴于市场经济国家对于我国国有企业海外拓展的疑虑,以及国有资产管理本身的需要,政府有关部门要加强监管和引导,避免引起国家政治因素带来的不必要的风险和消极影响,同时也有利于提高国有企业跨国经营的效率。三是加强财税政策支持,简化审批程序。对海外投资企业按照投资额度给予相应的税收减免,对其境外所得已经被东道国政府征税的部分不再重复征收,建立体现国家政策导向的、多种形式并存的海外投资税收激励制度体系。政府应利用税收减免和延期纳税,鼓励跨国公司对外投资。即纳税人获得境外所得按照类别进行归类,对于向发达国家进行获取优势型的企业按优惠税率计算抵免限额,直接抵免外国所得税税款。为支持本国跨国公司与东道国当地公司开展竞争,对本国企业开展获取优势型的国外所得实行延迟纳税或者给予一定年数的免税待遇,即对公司未汇回的国外投资收入不予征税,在一段时间内免收国外投资收入部分的税收,鼓励企业将所得继续投入。

(三)提升金融与社会中介服务水平

一是鼓励金融机构提供融资服务。鼓励国内银行及其境外分支机构为海外投资项目提供融资便利,鼓励国际金融组织和外国商业银行为我国民营跨国公司海外投资提供贷款支持。支持有条件的民营跨国公司采取资产证券化、境内外发行股票及债券、项目融资等多种方式筹集资金,支持民营跨国公司以境外资产、股权、矿业开采权、土地等作抵押,通过"外保内贷"方式获取融资。国家可由国家进出口银行为竞争优势获取型海外投资提供项目总投资的优惠贷款,设立经济发展基金,为风险太大或经济收益太低的与发达国家经济合作项目提供信贷,资助我国跨国公司在发达国家从事创新研究投资。此外,政府可以建立向竞争优势获取型倾斜的专项扶持基金,选择合适的企业,特别是中小企业,提供政府奖励基金,设立新技术鼓励计划,为其派遣技术人员到海外提供费用补贴,或者政府设立投资研究津贴基金,承担一定比例的本地企业为推动海外投资项目所需产品商标境外注册费用、境外产品广告费、产品出口认证的检测费及开拓市场的境外展览会摊位费、公共布展费、研发费用或适当补贴企业在发达国家进行学习研究性投资的资金缺口。二是政府可以成立非营利性的海外私人投资支持机构,并建立一个覆盖全世界的海外投资贸易工作网,为本国跨国公司海外投资提供中短期资金借贷、保险或担保服务,协助公司进行海外投资项目调查和可行性研究,定期发布新闻通讯和专题报道,提供投资东道国的经济产业政策、投资情报,搭建海外投资经验交流平台,提供对外投资咨询服务,协助企业进行投资分析,把握投资机会。此外,还可以设立国际经营服务队,为本国跨国公司培训技术人员和跨国经营人才,提供技术援助。设立经济商业情报中心。在驻外使领馆设立经济商业情报中心,利用外交资源为本国公司开展对外直接投资和跨国经营服务。三是完善中介服务体系。培育面向民营企业海外投资的社会化中介服务机构,提升信息、法律、会计、评估、咨询等中介服务水平,鼓励国内中介服务机构"走出去"设立境外服务站点,为民营企业"走出去"提供有效、有力的综合服务。由于中国企业的自身规模和能力有限,而且国内信息收集条件差,不具备获得所有相关投资信息的能力,政府提供有关东道国地理的、经济的和法律条件的信息,包括政治风险在内的国家风险预警、行业调研和具体的投资机会信息,对于圈定的投资机会给予项目开发和可行性研究。为海外投资提供担保,担保风险包括东道国征用、毁约险、战争险、资本自由流动等。

(四)积极推进国际合作产业园建设

宁波在国际产业合作园建设方面起步较早,自 2002 年成立北欧工业园以来,宁波陆续建立了中意宁波生态园、中捷产业园等园区,现有 4 个国际产业园,承接合作国家产业转移,集聚高端项目。现有 4 家园区合作层次较高,3家是政府主导国家间的合作项目,1 家为园区间合作项目。经过园区实地走访及相关企业调研了解到,园区建设中存在合作双方的合作机制不健全,管理体制不明确的问题。不能重复发挥参与国际产能合作,推进企业提升国际竞争力的作用。因此,一是合作园要加快发展研发设计、技术转移、创业孵化、知识产权、科技咨询等科技服务业,进一步壮大电子商务、智慧物流、服务外包、金融服务业、人力资源服务等生产型服务业,提高对合作园制造业转型升级的支撑能力。二是为实现园区产业引导、集聚及培育的发展目标,园区建设应顺应开放型经济投资基地化、产业链条化趋势,加快推进行业领军企业、国内外500 强企业的进驻。同时,要积极适应和调整投资主体的产业布局方式的转变,开展产业链条招商和产业引导培育,将产品、产业生产的前道、后序企业都招引过来,增强合作园产业聚集,形成完整产业链。三是不断完善园区管理服务体系。根据国际企业偏好轻资产化、集约式经营等方式的投资特点,建议园区要高度重视合作园软硬件设施的建设,以满足投资需求。建议加快 200 亩标准化厂房建设,提供多样化、集约式的厂房供应,以满足不同投资方的需求。同时,要转变政府职能,提供"一站式"服务,并对各部门参与和服务园区建设工作进行绩效考核。

二、企业层面对策建议

（一）激发企业家精神，增强企业国际化社会责任感

企业家精神属于企业智力因素，其中蕴含的社会责任意识与社会责任感决定企业能走多远。作为市场经济的主体，民营企业不仅要创造经济价值，更要创造社会价值，承担应该承担的社会责任。民营企业承担社会责任，是企业实现其社会性的组织需要，是企业保持和发展与各种利益相关者之间的契约关系的需要，更是企业自身伦理道德的需要。民营企业家应关注环境保护，量力而行，奉献爱心，回报社会，积极参与社会公益事业。企业有义务倡导工匠精神，致力于产品质量精益求精，加快产业升级。工匠精神的精髓是注重细节，追求极致，诚心正意，术有专攻，大国气魄，匠人风骨。重实业、强实业的企业家精神是孕育大国工匠精神的土壤，企业家社会责任感和工匠精神的弘扬能使企业在国际化的过程中产生品牌效应，"中国制造"就会通过"中国创造"转型为"大国制造"，各行业的发展与社会整体的服务水平才能够跻身于国际发达水平的行列。

赛尔富电子有限公司负责人指出，三流的企业生产产品，二流的企业制定规则，一流的企业制定行业标准。民营企业在国际化过程中应该积极参与市场规则和行业标准的制定，从而在市场中拥有更多话语权。企业不仅要通过竞争获得成长，提高产品质量，促进企业转型和产业升级，还必须在竞争中与社会协调发展。企业主动承担了对员工、消费者和社区的社会责任，其结果是企业在创造利润的同时也能够获得良好的品牌形象和社会赞誉，实现企业与社会共同可持续发展。企业家的社会责任感最终能促进产品、服务、技术和企业价值观一起实现国际化，并为自身长期良性发展奠定基础。

（二）培育国际化视野，制定合理国际化战略

企业开展跨国经营是企业发展到一定阶段的必然产物。面对经济全球化的发展，企业通过营销服务全球化、制造组装全球化、研发设计全球化以及资金运作全球化，吸纳整合全球资金、市场原料、技术和人才等资源，聚集全球资源参与全球市场竞争，是企业未来的发展大趋势。克鲁格曼曾批评，中国有一个很大的失误就是过多地围绕廉价劳动力、进口替代、模仿来制定企业战略，而对产品和服务的创新重视不够。宁波的民营企业必须意识到进行战略调整的必要性和紧迫性。面对全球公司的竞争，企业应当比过去更具备全球视野，采取积极的竞争策略并根据形势变化不断修正调整，更加主动地吸纳整合全

球资源来参与全球竞争,否则就有被边缘化的风险。既要考虑在适当的时候,以适当的节奏投资,向发达国家吸取其区位优势资源。又要在国际化市场环境里实行跨国经营,更好地获取发达国家的技术、信息和资源,实现企业要素优化配置,增强企业竞争力。海天集团和申洲国际在国际化发展进程中,一直强调重视制定企业发展战略的一个重要原则是如何持续地增强自身的竞争力。因此,企业在国际化过程中,利用国外资源、技术、资金和管理经验,推动企业技术进步和跨越式发展起到重要作用。

(三)加强跨文化管理,促进企业跨区域文化融合

选拔适应文化差异的管理人员,实现文化融合是民营企业家在企业发展战略中需要考虑的首要问题。宁波市民营企业国际化过程中要通过统筹规划,建立科学完备工作体系,努力推进思想融合、价值观融合、制度融合、管理融合,以及员工行为融合,从而实现最终的文化融合。跨文化管理能否得到有效实施,关键在于能否有一批高素质的跨文化管理人员。跨文化管理必须能够贯彻母公司的战略,忠实代表和维护企业利益,同时还具有丰富的专业知识、管理经验和较强的管理能力,尤其要具备在多元文化环境下工作所必需的特定素质。海外管理人员的选拔,要侧重于考察其对不同文化的适应和协调能力,包括民族优越感倾向,对多元文化的体验、认识承受能力、行为承受能力、一般的文化知识、专门文化知识、文化行为和人际交往的敏感性等。

国际化经营的民营企业,需要建立共同的核心价值观。只有在共同核心价值观的基础上开展经营活动,企业才能减少内部冲突,发挥文化差异的优势,创造整体的经营绩效。培育共同的核心价值观,首先要确定合适的国际化发展思路,确定发展目标,确立国际化经营理念,同时兼顾选择和吸纳外来文化中优秀的元素,做到优势互补。在培育过程中,要注意子公司的企业文化不是母公司文化的自然延伸,而是在全球化战略指导下的企业创新。确立的文化内容要清晰明确,能被具有不同文化背景的职员所理解和接受。管理人员要以身作则,落实企业文化与共同价值观,树立良好典范,在企业中营造开放沟通的气氛和环境,提供员工有关企业内部的各种信息,以便增进员工对企业的认同,使员工的个人文化能够真正融入企业文化,从而充分发挥文化差异的价值。

(四)充分整合国际资源,提升企业产业链地位

民营企业家关注企业在国际产业链中的地位和国际资源整合是企业进一步发展壮大的必要条件。我国劳动力比较优势促进了过去 20 年制造业的蓬

勃发展,随着人口红利优势的消失和全球产业转移,传统的比较优势失去活力。提升宁波民营企业在全球产业链中的竞争力,最有效的方式是通过创新实现突破。创新不仅包括在商业模式上的创新,而且包括产品和技术上的创新。民营企业通过增加研发,改进技术,创新产品实现价值链的整合,从而推动宁波市民营企业在国际产业链中的地位。民营企业一方面应突破静态比较优势的束缚,升级要素禀赋结构,引导制造业向高增值环节攀升;另一方面,民营企业应建立与跨国公司的供需关联,进一步融入全球生产网络。这一关联的建立有助于企业融入全球产业链分工,尤其有利于本国供应商融入全球价值链。民营企业建立能够整合多个全球产业链环节的国内供应商体系,根据产业链各环节需求,实现有效对接。民营企业在全球产业链地位的提升有助于建立产业集团,壮大企业规模,充分发挥聚集效应和范围经济对宁波企业议价能力的提升作用。

国际市场环境的变化要求民营企业家重新进行市场定位并规划企业的生存发展之路。在开放市场环境下,民营企业家需重新认识企业自身和竞争者,同时,在战略实施阶段,需要整合国内外的所有资源,充分利用国际市场。在国际竞争中,民营企业一方面要借鉴国际先进的竞争策略,结合企业自身的发展阶段,有选择地进行模仿创新或自主创新,另一方面民营企业要学习国际贸易和投资法规,遵守国际规则,融入全球法律法规体系,经过长期产品质量保证和信誉积累逐步参与国际标准制定过程。

(五)重视人才引进培养,提升管理团队水平

培养一批既了解国情又具有国际化知识的复合型人才,是中国在经济全球化背景下参与国际竞争的迫切要求,也体现了民营企业家的组织战略眼光。首先,民营企业应加强国际化知识的宣传和普及,更加准确全面地了解世界各国的政治、经济、文化、历史、地理和社会发展状况;其次,培养具有包括外语语言能力、计算机操作技能等开展国际交流交往所需要的基本技能的人才;再次,培养掌握各领域的国际惯例和规则,具有与国际先进水平和标准相一致的专业技能的人才;最后培养有宽容精神、尊重个性、勇于创新、对多元文化和价值观念具有良好接纳能力的人才。企业应加大与专业技术院校的合作,利用高校力量进行专业化人才培养,具有相同人才需求的企业可以进行人才联合培养,创建人才共享机制,充分利用现有的资源,制定有效的人才储备机制。

宁波市民营企业的一大特点是家族企业,而且一直延续采用家族式的管理方法。在创业初期每个家族成员可以"同甘苦共患难",表现出创业优势,但是,当企业强大到一定程度,具备一定规模,寻求再发展时,家族式的管理模式

就暴露出它的局限性和不足,当企业面临国际市场上的竞争时就会失去竞争力。在经济全球化背景下,民营企业要发展壮大,确保基业长青,企业家必须具有世界眼光和中国情怀,遵循企业发展战略理论的内在逻辑,在对企业内外部环境进行科学、系统分析的基础上,转变战略管理理念,达成战略管理共识,明确战略目标,制定战略规划,因时制宜、因地制宜地实施并加强企业国际化战略管理。

参考文献

[1] Buckley P J, Clegg L J, Cross A R, et al. Erratum: The Determinants of Chinese Outward Foreign Direct Investment[J]. Journal of International Business Studies, 2007, 38(4): 499—518.

[2] Cuervo-Cazurra A. Sequence of Value-added Activities in the Multinationalization of Developing Country Firms[J]. Journal of International Management, 2007, 13(3): 258—277.

[3] Drucker P F. The Coming of the New Organization[J]. Harvard Business Review, 1988, 66(1): 45—53.

[4] Dunning J H, Lundan S M. Institutions and the OLI Paradigm of the Multinational Enterprise[J]. Asia Pacific Journal of Management, 2008, 25(4): 573—593.

[5] Globerman S, Shapiro D. Governance Infrastructure and US Foreign Direct Investment[J]. Journal of International Business Studies, 2003, 34(1): 19—39.

[6] Hymer S H. The International Operations of National Firms[J]. Journal of International Business Studies, 1976, 9(2): 103—104.

[7] Henisz W J. The Power of the Buckley and Casson Thesis: The Ability to Manage Institutional Idiosyncrasies[J]. Journal of International Business Studies, 2003, 34(2): 173—184.

[8] Kanter R M. The New Managerial Work [J]. Harvard Business Review, 1989, 67(6): 85—92.

[9] Kaufmann D, Kraay A, Mastruzzi M. Governance Matters Iii: Governance Indicators for 1996-2002[J]. Social Science Electronic Publishing, 2003, 18(2): 253—287(35).

[10] Kolstad I, Wiig A. What Determines Chinese Outward FDI? [J].

Journal of World Business，2012，47(1)：26—34.

[11] Kaufman D，Mastruzzi A K M. The Worldwide Governance Indicators：Methodology and Analytical Issues[J]. Hague Journal on the Rule of Law，2011，3(2)：220—246.

[12] Kostova T. Transnational Transfer of Strategic Organizational Practices：A Contextual Perspective[J]. Academy of Management Review，1999，24(2)：308—324.

[13] Lewin A Y. Outward Foreign Direct Investment as Escape Response to Home Country Institutional Constraints[J]. Journal of International Business Studies，2007，38(4)：579—594.

[14] Luo Y，Tung R L. International Expansion of Emerging Market Enterprises：A springboard perspective[J]. Journal of International Business Studies，2007，38(4)：481—498.

[15] Margaret A P，Jay B B. Unraveling the Resource-Based Tangle [J]. Managerial & Decision Economics，2003，24(4)：309—323.

[16] Meyer K E，Estrin S，Bhaumik S K，et al. Institutions，Resources，and Entry Strategies in Emerging Economies[J]. Strategic Management Journal，2009，30(1)：61—80.

[17] Narula R，Dunning J H. Explaining International R&D Alliances and the Role of Governments[J]. Research Memorandum，1997，7(4)：377—397.

[18] Powell T C. Competitive Advantage：Logical and Philosophical Considerations[J]. Strategic Management Journal，2010，22(9)：875—888.

[19] Rugman A M，Li J. Will China's Multinationals Succeed Globally or Regionally? [J]. European Management Journal，2007，25(5)：333—343.

[20] 金碚. 竞争力经济学[M]. 广州：广东经济出版社，2003.

[21] 张金昌，陈南通，刘静. 打造国际竞争力[M]. 北京：经济管理出版社，2008.

[22] 王强，万祥春. 发展中国家跨国公司的特点及其竞争优势[J]. 社会科学家，2005(1)：245—246.

[23] 马桂景，孙岩. 现代经济条件下跨国公司的核心竞争力分析[J]. 对

外经贸,2005(12):26—27.

[24] 吴昌南,曾小龙.西方跨国公司逆向知识转移研究综述[J].经济评论,2013(1):145—151.

[25] 戴万稳,陈晓燕.基于竞争优势架构的中韩跨国公司海外扩张动机比较研究[J].亚太经济,2013(4):86—90.

[26] 白瑛,蔡建峰,王晓新.基于转移价格下的跨国企业可持续竞争力[J].科技进步与对策,2008(12):134—137.

[27] 黄兆银.新兴市场跨国公司的优势与战略[J].中南大学学报(社会科学版),2009(3):385—391.

[28] 柴忠东,刘厚俊.剖析美国回归制造业的新动向[J].福建论坛(人文社会科学版),2015(7):51—57.

[29] 王强,万祥春.发展中国家跨国公司的特点及其竞争优势[J].社会科学家,2005(12):245—246.

[30] 林丽端.关注跨国公司在华并购对我国产业竞争力的影响[J].经济纵横,2014(5):80—84.

[31] 蒋天颖,张一青,王俊江.企业社会资本与竞争优势的关系研究——基于知识的视角[J].科学学研究,2010(8):1212—1221.

[32] 杨振兵,马霞,蒲红霞.环境规制、市场竞争与贸易比较优势——基于中国工业行业面板数据的经验研究[J].国际贸易问题,2015(3):65—75.

[33] 周富.企业经营战略管理研究[D].西南交通大学,2004:30—42.

[34] 高秀娟,崔新健.跨国公司对我国省区科技竞争力的作用效果分析[J].中央财经大学学报,2008(5):10—20.

[35] 余官胜,杨文.中国企业对外直接投资的国内决定因素——基于投资规模的实证研究[J].经济经纬,2015(4):61—66.

[36] 周密.跨国经营打造世界级企业[J].中国报道,2014(2):72—73.

[37] 殷群."世界级"创新型企业成长路径及驱动因素分析——以苹果、三星、华为为例[J].中国软科学,2014(10):174—181.

[38] 李平,臧树伟.基于破坏性创新的后发企业竞争优势构建路径分析[J].科学学研究,2015(2):295—303.

[39] 孟繁瑜,庞墨涵.跨国房地产公司的投资规律与核心竞争力研究——以新加坡 CapitaLand 为例 [J].亚太经济,2011(1):117—120.

[40] 房晓琳.我国中小型跨国公司成长机制研究[D].浙江工商大学,2012：20—46.

[41] 陆亚东,孙金云,武亚军."合"理论——基于东方文化背景的战略理论新范式[J].外国经济与管理,2015(6)：3—25.

[42] 马鸿佳,宋春华,葛宝山.动态能力、即兴能力与竞争优势关系研究[J].外国经济与管理,2015(11)：25—37.

[43] 边春鹏,阮文婧,黄叶金.中国企业国际化竞争优势评价——基于内生异质性视角[J].现代管理科学,2015(11)：48—50.

[44] 丁月华,刘翠荣.基于势科学的企业竞争优势测度方法创新[J].商业经济研究,2015(1)：99—100.

[45] 陈岩,杨桓,张斌.中国对外投资动因、制度调节与地区差异[J].管理科学,2012(3)：112—120.

[46] 薛求知,李茜.跨国公司绿色管理研究脉络梳理[J].经济管理,2012(12)：184—193.

[47] 高祖原.基于核心竞争力的中国企业跨国并购研究[D].华中农业大学,2013：26—45.

[48] 林毅夫,李永军.比较优势、竞争优势与发展中国家的经济发展[J].管理世界,2003(7)：21—28.

[49] 李梅,柳士昌.对外直接投资逆向技术溢出的地区差异和门槛效应——基于中国省际面板数据的门槛回归分析[J].管理世界,2012(1)：21—32.

[50] 祁春凌,邹超.东道国制度质量、制度距离与中国的对外直接投资区位[J].当代财经,2013(7)：100—110.

[51] 赵伟,古广东,何元庆.外向FDI与中国技术进步：机理分析与尝试性实证[J].管理世界,2006(7)：53—60.

[52] 蒋冠宏,蒋殿春.中国对发展中国家的投资——东道国制度重要吗?[J].管理世界,2012(11)：45—56.

[53] 冀相豹.中国对外直接投资影响因素分析——基于制度的视角[J].国际贸易问题,2014(9)：98—108.

[54] 王恕立,向姣姣.制度质量、投资动机与中国对外直接投资的区位选择[J].财经研究,2015(5)：134—144.

[55] 陈怀超,范建红,牛冲槐.制度距离对中国跨国公司知识转移效果的影响研究——国际经验和社会资本的调节效应[J].科学学研究,

2014(4)：593—603.

[56] 阎大颖,洪俊杰,任兵.中国企业对外直接投资的决定因素:基于制度视角的经验分析[J].南开管理评论,2009(6)：135—142.

附录 1

民营跨国公司竞争力初始评价
指标集专家咨询表

尊敬的专家：

您好！

非常感谢您在百忙之中抽出时间帮忙填写本问卷！

本调查主要围绕民营跨国公司竞争力的评价研究展开，旨在针对本研究所构建的民营跨国公司竞争力初始评价指标集向您咨询意见和建议，了解您对各项初始指标重要性程度以及指标数据的可获得性的理解，以实现对初始评价指标集的筛选与修正。本调查不记名，仅用于学术研究，您的选择对本研究非常重要，因此，诚请您根据自己的真实想法回答下列问题。再次由衷感谢您的合作与支持！

请您分别判断各项指标对于竞争力形成和提升的重要性程度（1—很不重要，2—不重要，3——一般，4—重要，5—很重要），以及各项指标数据的可获得性（1—易得，0—不易得，在相应分值的方框打"√"）。

目标	系统层	序号	初始指标	重要性程度					易得性	
				1	2	3	4	5	1	0
基础竞争力	规模实力	1	总资产							
		2	主营业务收入							
		3	固定资产							
	盈利能力	4	销售利润率							
		5	资产净利率							
		6	净资产收益率							
	国际化水平	7	国际市场占有率							
		8	境外收入增长率							
		9	国际化销售密度							
	发展速度	10	销售收入增长率							
		11	销售利润增长率							
		12	资本积累率							
核心竞争力	创新能力	13	研发投入强度							
		14	模式创新水平							
		15	组织创新程度							
	风险控制能力	16	主营业务占比							
		17	资产负债率							
		18	股权集中度							
	经营管理能力	19	品牌知名度							
		20	经营管理水平							
		21	社会网络能力							
		22	技术吸收能力							
潜在竞争力	经济政治环境	23	人均国民收入							
		24	外贸依存度							
		25	法律法规完善度							
		26	政府效率与信誉							
	文化创新环境	27	教育支出占比							
		28	人均受教育年限							
		29	产权保护程度							

附录 2

民营跨国公司竞争力定性指标专家打分表

尊敬的专家：

　　您好！

　　非常感谢您在百忙之中抽出时间帮忙填写本问卷！此次调研主要围绕本研究所构建的民营跨国公司竞争力的评价指标体系展开。评价指标体系中有7项定性指标，请各位专家根据您对各地的实际情况的认识和判断给出相应评分。本调查不记名，仅用于学术研究，您的选择对本研究非常重要，因此，诚请您根据自己的真实想法回答下列问题。再次由衷感谢您的合作与支持！

　　请您根据自己的判断和理解，就下列指标对各城市指标水平进行打分评价（1—很不高，2—不高，3———一般，4—高，5—很高），请在方框内填上分值。

序号	指标	宁波	深圳	厦门	青岛	大连	杭州	温州	绍兴	金华	衢州	舟山	台州	嘉兴	丽水	湖州
1	模式创新水平															
2	组织创新程度															
3	品牌知名度															
4	经营管理水平															
5	社会网络强度															
6	技术吸收能力															
7	产权保护程度															

后 记

　　随着宁波民营企业成为"走出去"的生力军,以及宁波民营跨国公司在宁波经济发展中的引领作用,近两年来,本人基于对宁波民营企业国际化实践的持续跟踪和关注,逐渐确立了本书的研究内容和研究框架构思。自初稿到最终定稿历时 2 年多时间,在书稿撰写过程中,为了能够深入了解到宁波民营企业国际化进程中的基础、动机、优势及障碍,以及归纳总结出决定宁波民营跨国公司竞争力形成的重要内外部因素,本人在同事、朋友和家人的帮助支持下,阅读了大量的国内外文献及专著,对新兴经济体国家企业的竞争优势来源进行了研究脉络梳理,逐渐形成了本书的理论基础和研究思路,利用陆亚东教授 2013 年提出的复合基础观,整合资源观、产业观和制度观的观点,有效解释了我国民营企业竞争力的来源与构成。

　　为保障书稿的顺利完成,本人在确定书稿研究思路、整理相关文献资料及相关企业调研中投入了巨大的精力。在此过程中也得到了众多领导、同事和朋友的帮助。在本书稿即将完成之际,衷心感谢宁波市教育局、浙江万里学院、宁波市社科院等部门机构相关领导对本书撰写中所需的调研走访等给予的支持。同时,对在研究思路讨论和文献资料整理中给予我大量帮助的同事和朋友表示诚挚感谢。特别感谢在本书研究初期整体框架思路设计调研方案和企业样本选择中,孟祥霞院长给予的关心和指导;感谢在本书的文献资料收集整理及案例研究分析中,我的朋友沈德亿、陈舒焕给予的鼓励和帮助。专著的出版还要感谢浙江大学出版社的杜希武老师及其他同志,他们对工作的投入和敬业,保障了专著的质量和顺利出版。最后,感谢我的家人对我的工作的支持和生活的照顾。

　　时光荏苒,回看撰写专著的两年,有辛苦的付出才有收获的喜悦。我将以此为起点,继续关注民营企业国际化,对新兴经济体民营企业的竞争优势进行深入的研究,以期为我国民营经济、民营企业的发展及相关理论的研究略尽绵薄之力。

作　者

2018 年 9 月 9 日于校园

后记